美国国家环境政策法
未来议程

[美] 林登·基思·考德威尔 著
Lynton Keith Caldwell

谢海波 译

中国政法大学出版社

2022·北京

The National Environmental Policy Act: An Agenda for the Future
by Lynton Keith Caldwell
Copyright © 1998 by Lynton Keith Caldwell
Simplified Chinese language translation rights licensed from the English-language publisher, Indiana University Press. All rights reserved.

版权登记号：图字01-2022-4389号

图书在版编目（ＣＩＰ）数据

美国国家环境政策法：未来议程/（美）林登·基思·考德威尔著；谢海波译.—北京：中国政法大学出版社，2022.2
书名原文：The National Environmental Policy Act：An Agenda for the Future
ISBN 978-7-5764-0332-9

Ⅰ.①美… Ⅱ.①林… ②谢… Ⅲ.①环境保护法－研究－美国 Ⅳ.①D971.226

中国版本图书馆CIP数据核字(2022)第030372号

出 版 者	中国政法大学出版社
地　　址	北京市海淀区西土城路25号
邮寄地址	北京100088 信箱8034 分箱　邮编100088
网　　址	http://www.cuplpress.com（网络实名：中国政法大学出版社）
电　　话	010-58908289(编辑部) 58908334(邮购部)
承　　印	北京鑫海金澳胶印有限公司
开　　本	880mm×1230mm　1/32
印　　张	10.125
字　　数	240千字
版　　次	2022年2月第1版
印　　次	2022年2月第1次印刷
定　　价	55.00元
声　　明	1.版权所有，侵权必究。 2.如有缺页、倒装问题，由出版社负责退换。

谨以此书表彰美国国会参议员亨利·M. 杰克逊（Henry M. Jackson）的远见卓识和政治家风范。

亨利·M. 杰克逊（1912年至1983年）
1953年至1983年担任美国国会参议员

推荐序

政府的设立是为了满足人民对公共品和公共服务的需要。但由于环境的公共品特性,在过去一个很长的历史时期里,人民和政府都常常忽略了公共环境受到损害这个事实,政府行为有害于环境的影响曾经长期为人民和政府所忽视。

政府行为有害于环境的影响被忽视,不等于它们不存在。随着科学和技术的发展,政府行为有害于环境影响的问题,终将得到人们的重视。在美国,海洋生物学家蕾切尔·卡尔逊于1962年出版了《寂静的春天》一书。该书记载和披露了大量有害于环境并最终有害于人类的联邦、州或地方的政府行为,唤起了大众对政府行为环境影响的高度重视。在这样的社会背景下,美国国会于1969年制定了《国家环境政策法》(NEPA)。

美国《国家环境政策法》是一项重大制度创新。首先,该法声明的国家环境政策为联邦政府设立了新的行为规范。这说明立法者认识到政府行为有可能给环境带来不利的影响,因而需要以新的行为规范而规范之。该法声明的国家环境政策就是这个规范,它使得法律对政府行为的规范更加完善。其次,该法为保障新规范得到遵守而专门规定了环境影响评价程序。这说明立法者注重制度创新的周延性,注意以可操作的行政程序确保新规范得到遵守。最后,该法要求联邦政府各部门和行政机构对照国家环境政策,检查和修改其现行行政职责和行政程序,并将就此向总统作出报告。这表明了立法者对设立这个新行为规范的严肃态度。总之,该法反映了立法者推进行政程序改革的意图和在治国理政制度建设上的科学态度和长远眼光。

因此,至少从理论上看,自该法生效之日(1970年1月1日)起,美国联邦政府的职责和行政程序就朝着有利于人类与环境长期协调共存的方向发生变化。五十多年以来,大量的美国官方和非官方的研究报告表明,尽管存在很多需要改进的地方,该法的立法目的基本上得到了实现。主流的观点是:美国《国家环境政策法》是一项好的制度创新,它促使国家治理朝着好的方向进步。

印第安纳大学的林登·基思·考德威尔教授在国会两院通过《国家环境政策法》的最后关头,建议增加关于环境影响评价程序的规定并得到采纳,从而"临门一脚",使得该项立法最终闭合其逻辑链条,成为一部由可操作和可问责的程序加以保障的法律。他的立法建议,合乎管理科学的规律,看似个人之偶然,实为时代之必然。

从1998年考德威尔教授的这部著作出版以来,美国经历了克林顿、布什、奥巴马、特朗普和拜登五位总统的领导。在国家环境政策上,这些总统的作为并不一致,其轨迹有时甚至犹如过山车之轨迹。作为国家环境政策的最重要的执行者,他们的表现是否符合这部法律的立法初衷呢?这不仅是美国人,也是关心美国国家环境政策实际走向的其他国家的人士都关注的问题。

考德威尔教授在《国家环境政策法》施行近三十年之际发表的这部著作,既有对该法的回顾,又包含了对该法的展望。对于希望深入了解该法的立法初衷和理论与实践价值的人士而言,这部著作无疑具有很大价值。

推荐序

　　谢海波博士对考德威尔教授这部著作的翻译,为我国的立法、行政、司法和学界深入了解该法的理由和逻辑提供了一份宝贵的参考资料。

　　热烈祝贺谢海波博士这部译著的出版!

上海交通大学教授,博士生导师
昆明理工大学特聘教授,博士生导师
2022 年 1 月 25 日

译者序

  这部著作是林登·基思·考德威尔教授参与美国《国家环境政策法》立法、关注其实施以及思考其未来的总结。考德威尔教授是美国印第安纳大学政治学教授,1969 年美国《国家环境政策法》的主要设计者,被誉为"美国《国家环境政策法》之父",也是"环境影响评价制度"的创立者。

  美国《国家环境政策法》是现代环境法的一座里程碑。这部法律被誉为美国的"环境大宪章",并且被美国环境法学者誉为世界上最成功的环境法。1960 年代中期,考德威尔发表了《环境:公共政策的新焦点》一文,使得整个美国都开始意识到环境问题的严重性,迫切需要制定一项新的环境保护政策。他与国会参议院内政与岛屿事务委员会主席、参议员亨利·M. 杰克逊合作,产生了该法最著名的"强制行动"条款——要求美国联邦政府在采取行动之前不得不先审查其行动对环境产生的影响,开创了环境影响评价制度的滥觞。美国《国家环境政策法》于 1969 年通过,在短短的几年内,其促使美国联邦机构在作出决策时考虑环境影响方面发挥着重要作用,并在美国近一半的州产生了"小国家环境政策法",随后被世界上 100 多个国家的环境立法所仿效。美国各大法学院有志于研究环境法的学生,沉醉于这一短小精悍且神秘的法律,并受到它的鼓舞和震撼。

  这部著作是考德威尔于 1998 年所写作的。当时美国《国家

译者序

环境政策法》实施了将近30年。考德威尔像美国《国家环境政策法》的父亲般一直守护着这部法律。在这部著作完成之时的至少十年前,他就开始发表一系列文章对该法进行批判,直至这部新书出版,将批判推向高潮。考德威尔像许多父亲一样,看到了孩子的缺点,发现了美国《国家环境政策法》未发挥的全部潜力,未达到父亲对孩子所期待的一切。于是作者在书中全方位地向读者展现了美国《国家环境政策法》可以发挥潜力之处。他按照其时空轨迹探讨其潜力所在,通过时间之维,回顾了美国《国家环境政策法》产生的背景、立法过程、行政实施、司法审查、宪法发展的未来可能等重要过程和事件;通过空间之维,将美国《国家环境政策法》适用范围从美国国内拓展到海外联邦行动、全球公域,甚至地球之外的浩瀚宇宙。从其立法精神的高度来说,美国《国家环境政策法》似乎不仅是在为美国人民的环境保护立法,更像是站在全人类的高度,为人类社会的可持续发展提供立法经验并树立现代环境法立法典范。从书中我们可以看到考德威尔的几乎全部的国家环境政策法思想。同时,这在某个侧面反映出美国环境法学者对环境法未来发展方向的反思,以及他们希望通过美国《国家环境政策法》使美国在世界环境事务中继续处于领先地位并且发挥领导作用。

虽然美国《国家环境政策法》颁布已过去多年,但对世界环境法的发展仍有借鉴意义。该法已超越了生态环境部门监管法的定位;该法也不单单是环境影响报告程序的定位,其仍有国家环境政策的实质性目标和要求。美国《国家环境政策法》关于信息公开、公众参与、替代方案和司法审查的理念已为世界各国环境法普遍接受,对现代环境法产生了深远的影响。本书涉及环境法法典化、宪法环境权、国家环境政策目标与国家机构的职责及实施程序、行政决策程序与环境影响评价立法、环境法的域外适用、环境法与全球公域,以及环境法的国际地位等环境法的重要议题,这些议题中有些议题正是我国当前面临而又尚未得到解决的,有些议题可能会纳入我国环境法的未来议程。相信读者在阅读了本书之后可能会有所启发和收获。

在译者完成本书翻译之际,感谢美国芝加哥肯特法学院丹·塔洛克教授推荐这部关于美国《国家环境政策法》方面的重要著作,感谢恩师上海交通大学王曦教授给予的关心和鼓励,感谢本书的编辑冯琰主任所付出的艰辛努力,感谢北京信息科技大学刘永林教授、当代世界出版社陈邓娇女士及中国政法大学出版社的编辑联系本书的出版以及进行的前期准备工作,感谢爱人唐瑭为我能够坚持完成翻译工作给予莫大的支持。翻译的过程是一个不断学习和自我思索的过程。尽管在这条漫长的翻译之旅中充满了艰辛,译者仍尽量努力将著作的原意传达给读者。由于本人翻译水平有限,难免存在疏漏或错误之处。请读者批评指正。

是为序。

谢海波

上海陆家嘴·上海中心

前　言

这本书的写作完成是基于一种信念，即《国家环境政策法》提供了能够指导国家迈向经济和环境的包容与可持续未来的一系列目标。为此，《国家环境政策法》呈现了一个时空轨迹——从1970年的立法意图到21世纪的未来可能。这要求为《国家环境政策法》提供背景，以明确一直与《国家环境政策法》相关且现在正成为具有跨国性和全球性的重大环境问题。因此，这个空间维度已经扩展，但不是因为该法案条文的变化，而是因为其实际关联的范围正在开始被理解。由于《国家环境政策法》关注的范围总是与人类环境一样广泛，所以增加了其适用的机会。

这本书没有提供关于《国家环境政策法》的法律或者立法分析，或者详细的历史。其他著作已经涵盖了这些内容。这本书重点强调该法的立法意图、规定性的声明及其未实现的潜力。它讨论了通过程序改革重新调整国家政策，但是其重点在于政策。它关心的不是《国家环境政策法》是如何实施的，而是它在21世纪各国相互影响、全球化的世界中对美国政策的潜在指导作用。它的文献记录仅限于说明、阐述或者区别文中提出的论点的来源，以及确认直接引文。注释和参考文献并没有提供关于该主题的完整参考书目。这样的书目清单很容易超过当前文本的篇幅。一般可及性是纳入标准之一，而未纳入的相关书籍和文章并不表示对其质量或重要性的判断。不必注意人类或者表述为 man、mankind、humans、humanity 或 human species，在本书背景下，无关性别歧视。

虽然国会对《国家环境政策法》的适用有许多例外规定（截至1997年，《美国法典》中至少有28项），但自1969年颁布以来，《国家环境政策法》的条文几乎没有任何变化。但在过去的30年中，《国家环境政策法》的适用条件发生了重大变化。《国家环境政策法》在时空轨迹的位置已经发生了变化；20世纪后半叶，国际事务彼此关联以及全球化，迅速地使美国参与世界各地的行动。只要在联邦政府采取行动的地方，就适用《国家环境政策法》。简而言之，适用《国家环境政策法》的空间维度已经扩展。随着历史进程的加速，其正在以前所未有的速度走向不确定的未来，适用《国家环境政策法》的时间维度也发生了变化。《国家环境政策法》不会将美国人的价值观和要求强加于其他人。《国家环境政策法》的目的和程序仅适用于美国联邦政府的行动。

美国人在应对未来的方式上存在分歧，这种分歧影响了《国家环境政策法》和国家的未来。这种普遍分歧（因此是不完善的）是介于一种乐观的自由放任和市场导向的意识形态与一种相反的警告意见之间的分歧，后者认为需要进行预测、预期性规划和适应性管理。后者意味着努力规划一个优选的未来，包括《国家环境政策法》第101（b）条所设定的目标。自由放任的追随者在很大程度上是丰裕心态者（cornucopian）。他们预见到如果政府不干预的话，将会出现"进步"和"丰裕"的未来。大多数"环境主义者"（以及其他许多人）持相反的观点，他们对未来表示怀疑。有些人被称为"灾难论者"，即所谓的悲观主义和预感派。然而，更多的人采取预防的观点，即不相信个人追求个体利益将有助于公共利益。从环境方面考虑，《国家环境政策法》提供了一个面向更美好未来的全社会参与规划的议程。趋势分析和预测是《国家环境政策法》第二章第204条授权的，但是在1980年至1981年《2000年全球报告》之后，环境质量委员会未能履行其这部分职责。

三百多年来，欧洲殖民者以及他们的美洲后裔一直有一个统一的目标，那就是"征服""镇压"和驯化美洲大陆。如今，随着经济增长和开发扩张，这个目标已经被重新定义——但它不再具有统一的力量，也不再为未来的生活质量提供任何指导。美国人的历史统一因素是大陆边界。自19世纪末国家的边界闭合以来，美国人就一直没有取代者和替代品。1954年，美国科学研究与发展办公室向总统提交了一份题为《科学：无尽的前沿》的报告。随着1957年俄罗斯发射了地球轨道卫星（人造地球卫星），外层空间代表了一个新的前沿。但是这些和其他前沿精神的召唤，从来没有为所有美国人提供参与的机会；他们也无法像西部边界那样，影响到这个国家的民族精神和期望。

《国家环境政策法》声明的环境原则和目标，能否或将成为美国公民生活中一个统一的因素尚不确定。这也许是一种综合可能性。虽然概率是不确定的，但来自科学的证据以及来自测得的趋势的统计预测表明，人类和生物圈将面临严重的问题。可预见的灾难威胁有时会对社会产生统一影响。1993年《世界科学家对人类的警告》（忧思科学家联盟）报告指出，"人类和自然界有可能发生严重冲突"，并且已经做出了许多类似的、高度知情的评估。对这些预测的一个谨慎和理性的回应是，承认《国家环境政策法》是一项保护性的国家战略，以实现可持续发展的未来。

《国家环境政策法》提供了这种可能性，这是本书的主要论点。迄今为止，采取的环境保护措施仅起到了减缓不利趋势的作用，而且似乎不足以防止地球的生态恶化。可能是全球气候变化、保护性臭氧层变薄、人口增加、生物多样性丧失以及农业生产力恶化的过程，现已不可逆转地融入了世界体系。后代可能不得不适应一个比我们现在生活的世界更加拥挤，污染更严重，生态更不稳定，更容易受到破坏的世界（《2000年全球报告》）。人类是一种具有高度适应性的物种，毫无疑问能够形成一种与我们自己的文明非常不同的文明，以应对我们今天认为无法接受的状况。

但是，一旦理解了收益和成本，人类也有能力对各种可能性作出反应。《国家环境政策法》宣布了一项可能的议程。如果无法避免对环境质量造成巨大的损害，则可能有望减少这种损害——而且随着时间的推移，这种破坏性的趋势可能会停止，甚至有可能逆转。为了使这种情况在美国乃至全世界发生，必须改变人类的观念，就像17世纪哥白尼宇宙革命之后那样。地球不再被视为宇宙的中心，人类既不是生物圈的中心，也不是生物圈的主人。《国家环境政策法》和联合国《21世纪议程》阐明了为实现一个包容的、可持续的未来而应该采取的措施。在社会所有部门中，集体学习与促进式领导之间的相互关系将是必要的，而且在最高政治责任级别上确实是必不可少的。

制定国家未来议程的必要性并不是什么新鲜事。1968年，内政部部长斯图尔特·L.尤德尔（Stewart L. Udall）发表了《明日议程》；1985年，"美国最重要的环保组织负责人"共同起草了一份《未来环境议程》。他们的议程提出了一系列在实质上与《国家环境政策法》的规则和原则相一致的建议，但并未援引《国家环境政策法》规定所提出的建议。我认为，《国家环境政策法》为具体的国家目标和环境未来目标提供了一个法定依据，

前言

这些目标与1985年负责人的《未来环境议程》的修订和扩展版本相对应。为制定一项可靠的议程来应对美国的长期需求，需要来自许多方面经过深思熟虑的集体贡献。这不是一项适合单个作者的任务。

实现《国家环境政策法》背后的意图意味着一项可能的议程。这种可能性需要将明智的远见和公众对政治意愿的理解相结合。在1970年，即《国家环境政策法》成为法律的那一年，我在一份关于美国环境教育的报告中写道："我们的国家面临着一场比环境危机更深刻、更具有威胁性的思想和精神危机。"我称之为"意志和理性的危机"。现在，将近三十年过去了，我找不出任何理由修改我的评价，但我仍然抱有希望。

致　谢

因为这本书是我三十多年来对环境政策和法律参与的结晶，所以我无法找出所有以各种方式为这本书做出过贡献的人。如果试图再次感谢所有影响或告知这一努力的所有人，将有可能错过一些提供了重要帮助的人。然而，我们有可能认识这本书的实际出版的主要贡献者。印第安纳大学公共与环境学院院长A. 詹姆斯·巴恩斯（A. James Barnes）建议，这本书应该及时出版。亨利·M. 杰克逊基金会（Henry M. Jackson Foundation）为学校提供了资金支持，以协助其筹备出版。詹妮弗·米切纳（Jennifer Mitchner）和伊芙·亚历山大（Eve Alexander）也提供了高效的快速打字的原稿。威廉·普卢默（William Plummer）协助搜索参考文献。印第安纳大学图书馆的馆员文献服务是一项必不可少的帮助来源，特别是在研究文库、政府出版物、法学院以及公共和环境事务学院。

总统行政办公室环境质量委员会的工作人员，尤其是总法律顾问黛娜·贝尔（Dinah Bear）和高级政策分析师雷·克拉克（Ray Clark），对于原稿的信息和事实审查也是不可或缺的。我还要感谢理查德·N. L. 安德鲁斯（Richard N. L. Andrews），丹尼尔·A. 德雷福斯（Daniel A. Dreyfus），菲利浦·埃米（Philip Emmi），克里斯汀·斯雷德-弗雷切特（Kristin Shrader-Frechette），詹姆斯·M. 麦克尔菲什（James M. McElfish Jr.）和保罗·维兰德（Paul Wieland）审阅原稿，并感谢我的妻子海伦·考德威尔（Helen Caldwell）提供敏锐和实用的编辑建议。最后，我要感谢印第安纳大学出版社、社长约翰·加曼（John Gallman），及其编辑和制作人员的热情响应。虽然作者可以准备原稿，但要出版成册，还需要更多人的工作。

作者的结论或对《国家环境政策法》的解释均不代表任何联邦机构或人员。

目 录
Contents

推荐序	I
译者序	IV
前言	VII
致谢	XII
导论　重申《国家环境政策法》	001
第一章　环境政策：价值观和认识	011
第二章　《国家环境政策法》：制定和解释	040
第三章　环境影响评价	075
第四章　融合环境政策	108
第五章　国际环境政策	138
第六章　《国家环境政策法》和全球环境	170
第七章　未来方向：超越《国家环境政策法》	198
附录　1969年《国家环境政策法》	234
注释	244
索引	280

导 论
重申《国家环境政策法》

这本书的目的有两重：第一，加深对一项独特且被低估的国家环境政策声明的理解；第二，展示这个政策如何为未来的国家行动计划提供基础。

这本书的主题是《国家环境政策法》（第 91-190 号公法，National Environmental Policy Act，简称 NEPA）表达了一种成熟的价值观，这种价值观虽然广泛传播但尚未为被美国人所认同。要在实践中实现《国家环境政策法》所声明的原则，就需要在提高和维持国民生活质量方面做出战略性的长期努力。我认为，《国家环境政策法》的实质性规定（包括对联邦机构的指令）具有法律原则的地位，这些原则可以通过政府行动或通过法院强制执行的法定措施加以实施。

《国家环境政策法》不仅仅是空谈，它要求联邦机构采取协调一致的程序，并使对环境产生重大影响的联邦规划和决策民主化。然而，《国家环境政策法》的更大意义可能在于它明确阐述的价值观和目标，这些价值观和目标可以指导美国从目前的状况走向应对 21 世纪集中出现的问题。为了充分理解《国家环境政策法》的这一潜力，有必要了解该法的历史背景，还必须将《国家环境政策法》的潜在意义发挥到广泛的国家和国际社会、经济和政治事务之中。

正文的主要部分将确定一些主要的环境问题，这些问题为《国家环境政策法》的出台营造了关注的氛围。自从《国家环境政策法》成为一项政策以来，严重环境危害的数量和规模有所增加，或者被发现的时间较晚，其关联性已经扩大，并超越了我们的国界。

当我在使用"环境"这个术语时，环境不仅仅意味着人与自然之间的关系，还涉及技术的交互作用。虽然这些考虑的确是国家和国际政策的核心，但它们并没有传达出作为地球生命条件的环境的最终范围和深度。尽管在减缓或逆转特定的环境退化方面取得了明显的进展，但全球环境总体上正在以令人震惊的速度恶化。不能意识到这些危险，至少在一定程度上是由于对环境短视、狭隘的看法。

从广义上讲，环境不应被定义为一种"特殊利益"，也不应被视为一系列问题的范畴，包括那些被定义为生态、经济、政治、自然、美学和道德的问题。事实上，环境以各种方式包含了这些。从更广泛的意义上讲，环境不亚于人类与宇宙之间相互关系的总和。终极环境从无穷小（微观宇宙）延伸到无穷大（宇宙）。正如卡尔·萨根（Carl Sagan）解释的那样："从非常真实和深刻的意义上来说，我们是宇宙的一部分，诞生于宇宙，我们的命运与宇宙紧密相连。"[1]虽然这个概念反映了物理现实和哲学真实性，但它是不可控的。认识到这一终极维度，对于观察人类事务是非常重要的，但环境概念必须分解为符合人类目的的独立而又相互关联的部分。

《国家环境政策法》的条文隐含了对环境的更广泛的理解，它宣布了一项国家政策，鼓励人与环境之间富有成效和令人愉快的和谐；创造和保持人与自然得以共处与和谐生存的各种条件，并满足当代国民及其子孙后代对于社会、经济和其他方面的要求。环境和经济不是需要"平衡"（balance）的二分法。经济和生态价值之间确实可能发生冲突，但经济是较之更大的人类环境中的一个组成部分。恰当的关系是综合（synthesis）——而不是平衡。

经济学家赫尔曼·E. 戴利（Herman E. Daly）认为，这种关系可以用两个图来说明——一个标为"经济"，另一个标为"环境"，标为经济的图处于标为环境的更大的图之中。[2]我认为，这是看待这种关系的正确方式。从根本上讲，环境是包罗万象的——它包含宇宙和微观宇宙的现实。人类只能管理已定义的增量。如果人类在管理某些部分的努力中，没有将这些努力与整体——确定人类成就的整体要素——联系起来，他们就会冒着犯错和失败的风险。

第一节 《国家环境政策法》的五个方面

《国家环境政策法》是对更大范围的环境问题的协调反应。它的含义不应被视为晦涩难懂或与其他立法脱节。《国家环境政策法》的文字简短，没有术语。然而，该法经常被误解和歪曲。为了充分理解其目的并纠正其曲解，有五个方面需要考虑，并且将在下面的章节中重新讨论。这里对此总结一下，以帮助理解《国家环境政策法》作为一项目的和承诺的声明。然而，《国家环境政策法》的简单性在某种程度上具有欺骗性。该法本身是一项不寻常的立法——一项需要执行和修改一些长期存在的国家优先事项的政策声明。

第一，《国家环境政策法》是一项政策性法案——它为政府行为制定了方针；《国家环境政策法》不是一部行政监管法（regulatory statute）。它确实包括并通过扩展提供了一些强制行动的功能——主要在第 102 条——要求由对具有重大环境影响的提案负责的联邦机构来识别和评估环境影响。在总统的授权下，环境质量委员会（Council on Environmental Quality，简称 CEQ）向联邦机构发布有关影响报告编制和内容的规定。环境保护局（Environmental Protection Agency，简称 EPA）会初步审查影响报告是否充分，以及是否符合《国家环境政策法》的要求，未解决的问题将提交给环境质量委员会进一步审查。

《国家环境政策法》的沟通功能在于联邦政府与州、地方政府以及其他有关的公共和私人团体合作所应遵守的国家环境目标和价值观。《国家环境政策法》的语言被理解为一种政策声明，其原则性和一般性适用于复杂而全面的公共政策领域。然而，《国家环境政策法》的实际意义可能会被忽视，因为尽管该法案声明了在公共政策中表达的价值观，但它既不赋予个人权利，也不调整私人行为。亨利·M. 杰克逊（Henry M. Jackson）参议员意识到了价值选择的重要性，他指出：

> 声明环境政策不仅仅是我们作为一个民族和国家信念的声明。它确立了优先事项，并表达了我们的国家目标和愿望。它起到了宪法的作用，因为当人们发现环境价值观与其他价值观相冲突时，人们可以援引该政策来指导决策。[3]

《国家环境政策法》对联邦机构政策的实际影响程度并不容易概括。对许多人来说，"法律"是指法院强制执行的权利或规定。《国家环境政策法》被解释为具有可诉性，并且主要是与环境影响报告（Environment Impact Statement，简称 EIS）有关的。对于那些对环境概念理解有限的人而言，《国家环境政策法》中隐含了更多的含义，那些含义不是显而易见的。联邦法官亨利·J.弗兰德利（Henry J. Friendly）比那些目光短浅的批评者更能理解解释《国家环境政策法》的困难。他在纽约市诉美国案（City of New York v. United States, 331 F. Supp. 150, 159）中指出，《国家环境政策法》"范围太广，但又不透明，以至于要理解其影响需要花费比平常更长的时间"。《国家环境政策法》的语言很简单，但是其更大的含义是深远的。已声明的政策在通过合法化程序或在实在法激活之前是不起作用的。《国家环境政策法》作为政策，是一个"范本"（template），可以用来比较影响环境的决策是否符合《国家环境政策法》已声明的原则。

第二，《国家环境政策法》的程序要求旨在迫使人们注意该法的"目的声明"（第2条）和第一章（第101条）中声明的政策。该法的目的是编制环境影响报告。将第102条〔所谓的《国家环境政策法》程序（NEPA Process）〕的强制行动条款视为该法的实质，是对其目的的曲解——在1969年环境影响报告概念提出之前，其实质内容在国会中已经审议了至少十年。影响分析是规划和决策的一个重要方面，并已广泛应用于政策决定——但它不应取代其意图激活的已声明的政策。环境影响分析和评价具有一种发现功能，用于查明具有重大环境后果的提案风险和利益范围。因此，它具有披露功能，可以使政策过程民主化，并根据《国家环境政策法》的原则确定拟议行动的替代方案。1969年4月16日，参议院内政与岛屿事务委员会就《国家环境政策法》（参议院第1075号法案）举行的听证会，明确了政策与程序之间的联系。

第三，《国家环境政策法》是面向未来的，在一定程度上促进了美国社会长期以来存在的价值观的发展。从原则上讲，似乎可以肯定地说，当今的大多数美国人坚持这种价值观。在美洲大陆的历史性定居点和经济发展中，物质增长是主导价值，很少考虑到改造和操纵自然或城市环境建设的长期后果。弗朗西斯·培根（Francis Bacon）的名言"要征服自然，就必须服从自然"（Novum Organum，1620）只被理解了一半。到20世纪中叶，物质增长的生活质量目标因经济活动和技术的过度和滥用而受挫。环境运动产生的原因是，如果不重新定位价值观和重新考虑行为，通过经济增长和技术创新寻求的生活质量将无法实现或维持。《国家环境政策法》表达了这一认识，并提供了一项议程，以协调合理的可持续经济目标与更大的环境价值。

许多人都意识到有必要重新评价公共政策的优先次序，但却迟迟不了解对生活质量感到威胁的根本原因。正如亨利·J. 弗兰德利法官所认为的，理解和实施《国家环境政策法》声明的原则需要时间。《国家环境政策法》程序，大于环境影响报告程序（EIS Process）。这是一个政策领导、社会学习和价值观重新考虑的过程——反映在社会、政府和经济的目标和运作中的科学进步、心理和行为变化。全世界越来越多的人认识到，人类在许多方面利用环境的方式可能不再是可持续的了，但是对于应该如何应对这些问题以及何时采取行动，人们却没有达成共识。《国家环境政策法》为美国在应对人类环境未来的全球挑战中所扮演的角色奠定了基础。

第四，《国家环境政策法》不是自我执行的（self-executing）。环境影响报告旨在促使人们注意《国家环境政策法》声明的目标和原则。但是，环境影响报告所强制采取的行动并不能决定机构决策记录（Record of Decision，简称 ROD）中表达的结果。这一决定不仅受到行政机构法定使命和优先事项的影响，而且还受到利益集团、总统的优先事项、国会委员会以及法院意见的影响。环境影响报告提供的信息和理性的分析导致一些提议被修改或撤回。《国家环境政策法》程序更多的是纠正或预防，而不是加强。在《国家环境政策法》中已经声明或隐含了许多问题，国会和总统都没有采取任何行动。此外，一些全国委员会也提出了一些建议（例如人口、预测和物质资源），这些建议如果得到实施，甚至得到认真考虑，可以进一步实现《国家环境政策法》的目的。

第五，《国家环境政策法》与大量的环境政策和法律（联邦、州和地方）之间的区别在于它们的焦点、范围和重点不同。判例汇编和法院的环境法基本上是补救性、促进性或禁止性的，旨在消除或阻止对人类健康、安全和优选生活质量的特定环境威胁。这些政策解决零碎或部分的潜在问题。然而，它们是实现《国家环境政策法》目的所必需的。

《国家环境政策法》的区别在于，它全面解决了更大的环境问题。律师和法官所适用的传统成文法（statute），由于通常是针对具体案件和程序性的，所以显得相对明确（有时带有欺骗性）。《国家环境政策法》的目的是非传统的，其目的在于扩大理解，并帮助重新定位价值观、信仰和行为。《国家环境政策法》不是通过强加价值观来为价值观立法，这是任何法规都无法做到的；而是通过让这些价值观在全国范围内具有知名度，并协助实施这些价值观来为价值观立法。这项任务比控制工业废水和排放或处置有毒废物更为根本。《国家环境政策法》的实施需要一种新的、广泛的信仰和行为的共同进化，与世界运行的方式一致。这就是《国家环境政策法》难以理解的原因。人们还不习惯从整体的角度来看待"环境"。这并不是人们日常生活所涉及的直接环境。即便如此，人类对环境状况的认识也在发生变化，而且这种变化正在全球范围内发生。对地球环境中互动效应的理解及其增长，以及在外层空间的发现，可以使人们认识到人类的家庭环境与地球所存在的宇宙环境之间的最终统一。

立法创举的成败在某种程度上取决于具体情况。就《国家环境政策法》而言，它是对国家环境意识觉醒的政治回应，在正确的时间以正确的形式出现，并对未来产生了重要影响。

第二节 《国家环境政策法》的未来

《国家环境政策法》的未来仍然是个问题。《国家环境政策法》声明了一项协调环境价值和经济价值的政策。为了实现这一目标，有必要综合各种价值。平衡权益可能达成政治妥协，但不太可能找到长期解决更严重的人类环境关系问题的方法。《国家环境政策法》没有规定采用任何特定的方式来协调可持续的环境质量与经济或其他利益，但它确实表达了需要维护的环境价值观——这些价值观应能提高美国未来的环境质量。

在我们这个高度多元化、短视、以个人为中心的社会中，要普遍理解地球环境对生命的重要性并达成共识，可能还需要大量的社会学习。社会学习需要有见地和有说服力的教学——这种素质有时会出现在政治领导中，但并不常见。对于人类学习和公共政策而言，最重要的目标莫过于充分认识到地球的无生命和有生命系统中所表现出来的环境的时空维度。这是通过正规学校教育和公共事务经验所难以完成的事情。当我们不能认识到人与自然在一个无限整体中的相互联系时，我们就低估了人与自然在环境中相互作用的重要性。我们只能处理细节问题，但是只有在我们尽可能理解它们的背景时，才能明智而成功地做到这一点。《国家环境政策法》为美国设定了目标，美国为此努力了 20 年，在大多数环境政策领域都处于世界领先地位。然而，1996年，经济合作与发展组织（Organization for Economic Cooperation and Development，简称OECD）对成员方的环境绩效评估发现，美国对环境行动的承诺是不确定的，尤其是在国际问题上。[4]

当然，在一个日益相互依存、相互影响的世界里，没有一个国家能够脱离全球趋势。《国家环境政策法》明确了美国在保护和改善人类环境和生物圈方面的积极关注，并使之合法化。将环境看作一种"特殊利益"是对人类处境的误解。环境无处不在；它包含了全人类。环境和生命本身一样，都是人类的"利益"，是生命不可分割的一部分。《国家环境政策法》强调需要知识和远见指导人类与环境有关的行为，并为未来的可持续发展提供方向。

这本书的主要论点——《国家环境政策法》的政策声明为未来设定了一个实质性议程——本质上是一份环境法研究所的研究报告，即《重新发现国家环境政策法：回到未来》（1995年9月），由詹姆斯·麦克尔菲什（James McElfish）和艾莉萨·帕克（Elissa Parker）共同编写。在其导言一章中，作者提出了以下关于《国家环境政策法》的概念，这也是我的观点：

> 关于《国家环境政策法》的传统观点认为，《国家环境政策法》是一个华丽的序言，其附有一个要求（是完全程序性的），即要求为一小部分联邦决策准备环境影响报告。这种传统观点是错误的。就像一个人在太小的时候读过的经典文学作品一样，人们对《国家环境政策法》的记忆实际上并不是它最重要的部分。《国家环境政策法》不仅仅是一部环境影响评价法。更确切地说，它是对这个国家未来的展望，加上一个极为实际的行动战略。

尽管埃德蒙·马斯基（Edmund Muskie）、盖洛德·纳尔逊（Gaylord Nelson）参议员和约翰·丁格尔（John Dingell）众议员对后来《国家环境政策法》的立法做出了重要贡献，但我最看重的是亨利·M. 杰克逊参议员的领导作用。他是第 91 届国会中这项立法最具说服力、最有效的倡导者。我认为，他对这项法案的范围和意义有着最深刻的见解。在制定《国家环境政策法》的过程中，我有幸咨询了亨利·M. 杰克逊参议员和参议院内政委员会，因此我能够观察到使参议院第 1075 号法案成为法律的决定和立法技术。无论过去还是现在，《国家环境政策法》都是一部非常特殊的立法。我怀疑，如果没有亨利·M. 杰克逊的领导和他手下的工作人员的能力，这项立法不可能获得通过。

第一章
环境政策：价值观和认识

> 声明国家政策，促进人类与环境之间的充分和谐；努力提倡防止或者消除对环境与生物圈的损害，增进人类的健康与福利；充分了解生态系统以及自然资源对国家的重要性；设立环境质量委员会。
>
> ——《国家环境政策法》第2条"目的声明"，1969年

第91届国会通过这一目的声明，并寻求建立一项国家政策，以对美国社会广泛享有的价值观作出回应，这种价值观因环境质量恶化而处于危险之中。在1969年4月16日的参议院内政与岛屿事务委员会的听证会上，关于参议院第1075号法案（该法案演变为《国家环境政策法》），委员会主席亨利·M.杰克逊发表了以下声明：

我之所以提出这项措施，是因为我认为我们目前的知识、既定政策和现有机构，不足以应对日益严重的环境问题和国家所面临的危机。

现有知识、政策和体制的不足，反映在我们国家的历史、态度和我们当代生活中。我们周围都存在这种不足：无序的城市发展、开放空间的丧失、露天开采、空气和水污染、土壤侵蚀、森林砍伐、交通系统步履维艰、农药和化学品的扩散，以及布满广告牌、电线和垃圾场的场景。

传统的政府政策和计划并非旨在解决这些不足，但是也不是为了避免不足。因此，这些不足不可避免地发生了。

作为一个国家，我们未能设计和实施一项国家环境政策，这将使我们无法权衡其他选择，并且无法预测到由于我们现行的政策、计划和行动而引起的不希望发生的不良后果。

显然，今天我们不能继续延续过去的错误。我们不再拥有过去所享有的容错的余地。

鉴于这种背景和这些考虑，我提出了参议院第1075号法案，这是创设国家环境政策的法案。该法案有三重目的：第一，创设国家环境政策；第二，授权拓展对我们的自然资源、环境和人类生态的研究和理解；第三，在总统办公室下设一个具有适当人员配备的环境质量咨询委员会。[1]

在将这一目的进行立法时，国会不仅需要对日益恶化的环境所引起关注的潜在价值观做出回应，还需要尽可能地调和并协调美国社会所出现的多元化的有关环境的价值观和观念。并非所有人都以同样的眼光看待或者以相同的方式对其重视。因此，调和关于环境在公共政策中位置的意见分歧，成为（并且仍然是）一个政治、司法、行政的问题，其根本是伦理问题。《国家环境政策法》声明的原则和目的被广泛共享，并且很少引起冲突。当价值观和利益发生冲突时，正是实施这些法律（主要是其他环境法规）出现了政治难题。[2] 参议院第1075号法案最

第一章 环境政策：价值观和认识

后通过前，亨利·M.杰克逊参议员对参众两院协商委员会关于参议院第 1075 号法案的报告评论道，《国家环境政策法》"提供了一个法定的基础，行政人员可以参考……在决策过程中发现环境价值与其他价值发生冲突时可以提供指导。"[3]

《国家环境政策法》（参议院第 1075 号法案）颁布近 30 年后，亚利桑那州国会约翰·麦凯恩（John McCain）参议员提出的一项实施法案（参议院第 399 号法案），即《环境政策和冲突解决法》（第 105-156 号公法），该法案由克林顿总统于 1998 年 2 月 11 日签署生效成为法律。该法案创设了环境冲突解决机构，以"协助联邦政府实施 1969 年《国家环境政策法》第 101 条"。该部法律授权联邦机构在有关环境、公共土地，或者自然资源的纠纷、冲突事件中利用该机构。该机构与亚利桑那大学莫里斯·K.尤德尔基金会（Morris K. Udall Foundation）设立的中心关系密切。环境质量委员会主席被任命为该基金会的无投票权成员。[4]

第一节 政策声明

理解《国家环境政策法》的基础在于：《国家环境政策法》是一项带有强制行动条款的政策声明，并且是一部政策法，而不是一部行政监管法，即类似于有关空气、水、有害物质、濒危物种、湿地、荒野和历史遗址的环境法律。对其理解同样很重要的是，《国家环境政策法》在 20 世纪下半叶全球价值观的进步变革中占有一席之地。

《国家环境政策法》第一章"国家环境政策声明"重申了《国家环境政策法》的目的，即"发展和增进一般福利，创造和保持人与自然得以共处与和谐生存的各种条件，并满足当代国民及其子孙后代对于社会、经济和其他方面的要求"。美国国会仅为国家立法，但其法案适用于美国管辖范围内的个人和机构的行动，无论这些行动的影响处于其领土范围之内还是之外。《国家环境政策法》的范围扩展到"努力提倡防止或者消除对环境与生物圈的损害"。

亨利·M. 杰克逊参议员在解释这一声明时宣称："我们不打算以政府或人民的身份发起危害人类持续生存或健康的行动。"[5]从这些陈述中可以得出一个合理的推论，即《国家环境政策法》声明了美国政府的行动政策，并扩展到对整个地球及其居民产生环境影响的联邦机构的计划和项目。《国家环境政策法》声明其负责的环境和生物圈在范围上是全球性的。美国不是"全球"，"人类"远比美国人民更具包容性。显然，《国家环境政策法》的起草者希望该法律具有全球意义。一项成功的"鼓励人与环境之间富有成效和令人愉快的和谐"的政策，必须在国家层面上调和并协调各种价值观，然后美国才能为世界环境事务提供合作和领导。

第二节　环境意识的兴起

环境问题作为国际关注的问题出现于 20 世纪下半叶，最初是在西欧和北美，[6]随后在全球范围内传播，导致 1972 年召开联合国人类环境会议（United Nations Conference on the Human Environment，简称 UNCHE），1992 年再次召开联合国环境与发展大会（United Nations Conference on Environment and Development，简称 UNCED）。随着社会价值观的巨大转变，这种环境意识的增长尤为显著，但需要与传统意识相协调。在传统意识中，除了公共健康和卫生设施（例如城市烟雾和污水）之外，环境质量主要局限于有限的城市美学（例如城市规划和美化）。这种转变仍在继续，可能需要数十年方能普及。

对环境影响的认识一直是很缓慢且不平衡的，原因是：①未充分地理解环境相互关系；②与传统假设背道而驰的观念；③无法分辨概念化的整体环境与适合人类管理方面的环境之间的区别。最后一种区别是环境影响评价（environmental impacet assessment，简称EIA）的基础——判明环境的哪个方面与人类行动相互作用以及产生何种影响。对环境在理解上的差异使环境政策的实施变得复杂。例如，一位环境资源教授宣称："我在环境方面的立场很简单，就是没有立场。世界上存在多少生物，就有多少环境，每个生物都有其自己的环境。"[7]的确，每个有生命和无生命的事物都有独特的环境关系。但是所有这些事物都受到环境力量和现象的影响——无所不在的和宇宙的。在可以判明环境的相关影响范围的情况下，只考虑环境的个人或特定方面，而忽视整个环境的较大范围，这是一个严重误解。

在联合国会议上，普遍认为，与环境有关的行为涵盖了地方和国际维度（例如全球思考、本地行动）。自然界是一个复杂的整体系统，在政治上被组织为一个独立的主权国家的人为系统。由于没有世界范围性的立法权威，全人类和地球的环境政策只能通过各国政府的共同行动加以制定。国际环境政策要求各国采取集体行动，但各国政府必须为自己的国家行事，以便与其他国家合作。国家行动可能先于国际行动，但有时也可能响应国际倡议。

尽管美国和其他国家已经设法解决了环境政策的特定方面（例如英国《城乡规划法》和荷兰《土地利用条例》），但美国似乎是第一个全面响应采取行动保护环境质量这一公众迫切（尽管初期）要求的国家。虽然需要全面的立法，但是国会没有国家环境政策的制定范本或先例。最相似的立法似乎是1946年《就业法》，其涉及经济的一个更可界定的方面。制定和实施环境政策的主要障碍是认知——人们理解"环境"的含义和重要性的方式差异。例如，各种观点将环境政策视为主要是反污染问题，并且与自然资源保护相混淆，引发了对财产所有者权利的争议，并导致了这些和许多其他政策领域的政治冲突。人们承认的价值观可能反映了传统原则，但实际利益受到寿命和个人情况的限制。原则性的价值观与实际利益即使没有冲突，也常常是分离的。环境价值与经济利益的调和是《国家环境政策法》的主要目标。但是，《国家环境政策法》的成就是一个长期的过程，悲观主义者认为，这个过程太漫长，以致于无法防止人类正在走向可避免的灾难。

1950年代和1960年代，许多批评者提出需要采取行动来扭转环境恶化的趋势，但是采取行动的手段没有得到系统地解决。然而，我于1963年4月发表了题为《环境：公共政策的新焦点》（《公共行政评论》第23卷）的文章，呼吁对环境进行重新概念化，以体现政府的责任和职能。我于1966年3月又发表了题为《人类环境：高等教育日益面临的挑战》（《高等教育杂志》第37卷）的文章。显然，如果要使国家价值观和优先事项发生重大变化，就必须改变公共行政和教育。公众价值观的变化预示着公共机构的变化。

1968年初，通过自然保护基金会主席拉塞尔·E. 特雷恩（Russell E. Train）和亨利·M. 杰克逊参议员之间的安排，我应要求协助制定《国家环境政策法》的内容。在威廉·范·尼斯（William Van Ness）的帮助下，在为参议院内政委员会编写的报告中，关于回应国家关注的立法，我提出了以下意见：

> 为有效起见，一项国家环境政策必须与国家需要应对

第一章　环境政策：价值观和认识

的其他需求协调一致。但是，它还必须从国会、总统、行政机构和选民可以考虑并采取行动的角度来定义美国人对环境管理的意图。像其他主要政策声明一样——国家环境政策必须关注原则而不是细节；但必须是可以付诸实践的原则。有效的环境政策的目标不能成为完美的建议；国家所需要的是指导方针，以帮助政府、私营企业和公民个人共同计划并共同应对更好的环境挑战。[8]

一年后，《国家环境政策法》确实提供了帮助政府、私营企业和公民个人共同计划并共同应对更好的环境挑战的一些原则，但是缺乏可操作性的指导方针。然而，在实施《国家环境政策法》"政策声明"中提出的各项原则时，人们对环境的认知存在巨大差异。尽管意见分析证实了对环境保护和改善的强烈关注，但在政府的角色以及环境在其他公共优先事项的重要性方面，各个人持有不同的价值观、信念和利益。《国家环境政策法》制定了一项广泛构思的原则声明，旨在将有关环境的态度和行动提升到国家政策水平。

国会不能将《国家环境政策法》声明中隐含的价值观强加给每个美国人，这也不是其目的。它可能会提高国民对环境的意识，但它可能仅要求联邦机构遵守《国家环境政策法》的价值观。今天，联邦机构采取的行动遍及整个国民经济，对环境产生直接和间接影响。经济的每个方面几乎都受到公法和行政监管的影响，例如：农业（包括林业）、能源、商业、交通运输、健康与安全、教育、科学研究与开发以及军事国防之中更为突出。

自 1969 年以来，环境问题就成为公共政策的一个重要关注点，但是其遵循过去的传统。在过去，土地和所有其他自然资源的经济开发是美国的主要目标。美国建立了政府项目和机构来"开发"国家的物产;教育和研究得到公众支持,以促进农业、林业、采矿和工程学的发展。这些方面的专业态度和价值观(如法律和医学等其他实践领域一样)被灌输到学校,并应用于政府项目的管理。因此,在实现国家环境政策目标时,有必要对联邦官僚机构提出明确的强制性要求,因为他们对新环境目标有天生的抵触态度。但是,无论是在世界各地还是在历史上,官僚机构在规避对他们不利的政策规定方面都是非常狡猾的。

第三节 价值观和认识

人们及其政府官员对"环境"的认知和评价方式千差万别,而且这些方式往往相互冲突,因此,在环境政策中的沟通和共识方面就会出现问题。应该被普遍理解(但是没有被理解)的是,《国家环境政策法》基本上是关于价值观的立法。但是《国家环境政策法》并未试图强加价值观。第91届国会做了其力所能及的工作——以原则的形式提出了与环境有关的价值观,以指导联邦机构为实现其使命而采取行动。《国家环境政策法》隐含的环境价值观是人与周围环境之间的优先关系,如今,这种关系可能从家庭延伸到整个地球。"价值观"一词无法精确定义,但它表达的是一种态度,而不是确定一个对象或条件。[9]但是,宣布和实施环境价值观的立法并没有让一些美国人满意。在美国社会中,有些价值观根深蒂固,是与环境质量价值观和关注点相反的。尽管它们不能消除人们对环境质量和可持续性的广泛关注,但却阻碍了将《国家环境政策法》原则扩展到行动方案的全国共识的达成。保守的美国企业研究所的一份出版物严厉批评《国家环境政策法》是"特殊价值观立法",不能代表大多数美国人的价值观。[10]这种被称为"反环境主义者"观点，认为政府干涉私人生活是可以容忍的，但对经济活动的监管却常常受到谴责，这与保守派强调的"家庭价值观"以及与传统道德相关的价值观形成了强烈的反差。

由于联邦行动在美国经济中的范围和影响，要求在联邦行动中实施环境价值观的政策可能会在整个美国社会中产生成倍的影响。除美国以外，早在1960年代，环境意识就开始在全世界范围内兴起。1968年，在起草《国家环境政策法》之前的立法时，由联合国教科文组织（UNESCO）领导的若干国际机构主办的第一届生物圈会议在巴黎举行。[11]《国家环境政策法》的起草者无法预见随后几十年环境运动的国际化，但亨利·M. 杰克逊参议员认识到美国在世界环境方面的责任，《国家环境政策法》可能是第一部宣布以"努力提倡防止或者消除对环境与生物圈的损害"为目的的国家法规。人类在自然界中地位的世界观意味着需要为全人类制定一套共同的共识性环境价值观。

欧内斯特·贝克尔（Ernest Becker）阐述了价值观与政策之间关系的本质。他写道："任何文化中最基本的价值观问题都可以用简单的措辞表述——对哪种环境进行何种控制？"[12]真正的价值观深深植根于人类的心灵；对人类与地球上的生命之间关系的直觉感知具有一种情感特征，理性话语或政治命令很难轻易获得。价值观可以被理解为等级性的，有些价值观与维持生命息息相关，而另一些价值观则随着知识和经验的变化而改变。

第四节　道德责任

环境政策解决了一个巨大而复杂的人类问题——试图理解、合理化和正式化与地球生命支持系统的关系，而人类本身就是这个系统的一部分。人类的信念和行为与环境的关系是由价值观和观念所调节的，这些价值观和观念在设计中是文化上的，并日益受到科学的影响。人类有限的寿命和对其必需品的追求导致了狭隘和短视的环境观。为满足当前的需求和目的，不考虑未来，默认环境连续性的假设，因此环境被忽略了。美国人（以及许多其他人）的主流历史风气导致了环境的损耗和退化。人类对技术的掌握造成了一种控制自然的错觉。欲驾驭自然必先顺之。《国家环境政策法》为过去的假设提供了一种替代方案。而以往的经验表明，这些过去的假设在一个极限的世界中是无法实现的——这种替代方案受到了人类对环境前所未有的需求，并被强大的技术放大。未来对人类的意志和理性提出了挑战，要创造一种精神，使人类生活的改善与环境生命支持系统的可持续性之间相协调。

这种精神的本质是一种比传统意义上的环境关系大得多的道德。[13]这不亚于人类在宇宙中的关系。这些关系包括人与人之间的关系。弄清和解释这些关系一直是所有主要宗教的一项功能。数千年的思考和启示，留给我们一个深刻的谜团，似乎超出了人类的思维范围。关于宇宙的起源，以及地球生命的起源，今天的科学假设巨大的能量爆炸成物质（"大爆炸"理论）。在那之前呢？什么都不是？我们面临着当今科学无法解决的问题。

根据圣约翰的说法，终极的奥秘——现实的起源和意义——可能在《新约福音书》的开头几行中得到了最好地表达：

> 太初有道（logos），道与神同在，道就是神。

圣经学者詹姆斯·莫菲特博士（Dr. James Moffett）将"道"（逻各斯，logos）这个词定义为"神创原则，除此之外，宇宙是无法理解的——"[14]在对宇宙的认知中，我们所能理解的"道"

这个词无非是在遵循自然、生物、文化和道德评价的创造性要求所体现出来的。这个奥秘也许永远超越了人类思维的极限，但是它的含义并非如此，因为它渗透了所有伟大的宗教。它们暗示着谦卑、忍耐和对人类参与的巨大创造过程的尊重。这并不意味着人类不应对其他威胁其生存的生命形式（例如致命微生物）采取行动。相反，它意味着伦理、道德、公平和正义不是上天安排的，而是人类发现的。注入我们本性的创造力似乎已将实现这些价值观的冲动植入人类的心灵，但却超出了我们的理解。在实际生活中实现这些价值观是《国家环境政策法》的声明所隐含的目标。认真追求其议程可以极大地提高全国公民的生活水平，并提高我们对人类生活的重要性和质量方面的认识。

第五节 概念和观点

评估环境真实状况的根本困难在于环境的复杂性、综合性和不断变化的特征。从理论上讲，环境作为一个整体系统的概念既简单又基本。尽管环境的整体概念除了提供关于"世界如何运行"的一般看法和观点之外，环境的整体概念在操作上是难以控制的，但它在引起人们考虑违背自然可能造成疏忽后果方面具有警示价值。人类在忽视不利影响和后果的情况下而采取的行动导致了诸如北美五大湖地区的斑马贻贝、澳大利亚的兔子、佛罗里达州的水葫芦等"瘟疫"，以及控制它们付出的沉重代价。

对一个相互作用的世界系统的这种看法是非常重要的，因为它是必须做出影响环境的理性决定的背景。但是很少有人关注他们眼前的日常事物。在其无限的相互关联的细节中，整体环境似乎超出了人类的理解。在为诸如全球气候变化等重大问题超出了一般预期、评估和行为而定义和实施环境政策时,这种复杂性可能是最难以理解的障碍。合理的环境政策需要理解"自然"系统,自然系统是科学的事情。但是,政策和法律最终关注的是人类社会系统与环境相互作用的行为。

肯尼思·博尔丁(Kenneth Boulding)在他的《形象》(*The Image*,1956年)一书中指出,人们之所以这样看世界,是因为世界已经为此付出并继续付出代价。在这种情况下,人们坚持保护自己的价值观,否认威胁他们利益的解释。环境运动和立法的许多目标确实与营利和财产权的期望相冲突。现代社会的物质至上和以自我为中心的利益观念是反对"环境主义"的根源。强烈反对《国家环境政策法》(主要是反对环境影响报告)和许多其他环境保护法规可能是"后防"行动,持续了一段时间并取得了一些胜利。但是,知识的增长以及自然环境对社会经济秩序的强制力和限制,将使反环境态度在未来难以持久。同时,它们阻碍了许多环境问题的建设性解决方案,并可能造成无法挽回的损失。[15]

目前,一些自封的保守派人士认为环境教育是建立在伪科学基础上的灌输。另一些人则认为,环境主义是对"自然"的偏爱,阻碍了人类的进步。在某种程度上,这些信念被认为是真实的,它们是对虚拟现实的感知,不需要真实即可相信。这些消极态度并不反映保守主义的广博和包容。它们从一些有时可能被误解和不具有代表性的细节中概括出来。他们也没有认识到,理解环境一直以来都是一个学习的过程。正如所预料的那样,新知识可能改变观念,并可能导致对假设和价值观的重新评估。即使是宗教教义也免不了要重新思考。

在过去的2000多年里,植根于欧洲和中东的一神论宗教所

第一章　环境政策：价值观和认识

表达的道德和实践信仰的特点是假定地球及其所包含的一切都是为人类而创造的。尽管神学道德家们——尤其是方济各（St. Francis）——宣扬了同情和管理生活世界的教义，但"滥用自然"很少被视为宗教罪。人类对地球万物的主宰不仅是由神授的，而且人类从地球的其余部分——自然中被分离出来。几个世纪以来，人与自然的二分法一直是西方文明的基本假设。在宗教、经济和治理中根深蒂固的这种假设（直到最近很少有人质疑），并没有因为扩大了对所有生物物种和地球及宇宙的物理因素之间相互关系的认识而轻易地被抹去。

然而，近年来，许多宗教团体采用或恢复了尊重自然和环境管理（stewardship）的伦理。1986年，在方济各的故乡意大利阿西西（Assisi, Italy）举行的世界野生动物基金会周年庆典上，世界主要宗教之间建立了一个普世伦理生态联盟。对自然伦理的尊重在多大程度上内化为多少人之间，以及宗教教义如何影响行为，这些都是需要善待解决的问题。但是，生态意识和伦理道德在世界主要宗教中得到表达，并于1993年在"人口与环境：人口压力、资源、消费、宗教和伦理国际暑期学院"得到叙述，该暑期学院是由维多利亚大学（不列颠哥伦比亚省）宗教与社会中心组织的。[16]

当人类遭遇环境灾难时，这种二分法仍然支配着人们的看法，而且公共政策往往会对因果关系的错误观点做出反应。环境灾难常常被归咎于意外事故或大自然的恶意，而人类将自己置于自然灾害危险之中的倾向可能是造成灾难的真正原因。[17]直到20世纪下半叶，人们才普遍认识到人类与环境关系的真实本质，这种认识发展到足以使环境成为一个政治问题，并使——但不总是能够实现——环境成为以现实为导向的公共政策焦点。即使在今天，人们仍然难以相信许多环境问题实际上是人的问题。

保护、恢复或提高环境质量的努力总是涉及人们的信念和行为。但是，大多数人及其政府似乎尚未充分理解，人类是生物圈这一整体现实的一部分的观点。一些政治领导人可能会提出一个关于环境的整体概念，但对他们的实际决策几乎没有影响。林登·B.约翰逊（Lynton B. Johnson）总统在1965年召开的白宫自然美会议上呼吁：

> 我们的保护必须是一种创造性的恢复和创新的保护。它关注的不仅仅是自然，而是人类与周围世界之间的整体关系。[18]

然而，林登·B.约翰逊后来担任总统期间的许多行动表明，他对环境整体特征的"哲学"认识与他作为政治家的实际行动之间存在脱节。这种宣称的信念和不一致的行动（认知失调）的二分法，或许在政治家中比在大多数人中更为明显，这大概是为了适应相互冲突的价值观和实际利益。在公众关注的所有领域都存在信息和见解上的差异，人们对经济的理解可能并不比对环境的理解更好，但人们一致认为，无论在经济政策上有什么分歧，经济都是根本性的。关于环境作为一个公共问题的重要性存在更大的矛盾心理，这解释了公共当局对实施环境政策声明所采取的谨慎态度。

《国家环境政策法》第101（b）条一般性地声明了"联邦政府有责任采取一切切实可行，并与国家政策的其他基本考虑因素相一致的措施"来实现的条款、原则、目标或价值观。其列出了六项警告，在任何特定情况下，每一项都需要解释和评估。作为价值观的表达，它们不可避免地是笼统的，但在行动中，尤其是在行动的结果中，它们是可以识别的。联邦政府奉命：

改进并协调联邦的计划、职能、方案和资源,以达到如下目的,即国家应当:

(1) 履行每一代人都作为子孙后代的环境保管人的责任。

(2) 保证为全体国民创造安全、健康、富有生命力并符合美学和文化上的优美的环境。

(3) 最大限度地合理利用环境,不得使其恶化或者对健康和安全造成危害,或者引起其他不良的和不应有的后果。

(4) 保护国家历史、文化和自然等方面的重要遗产,并尽可能保持一种能为每个人提供丰富与多样性选择的环境。

(5) 谋求人口与资源的利用达到平衡,促使国民享受高度的生活水平和广泛舒适的生活。

(6) 提高可更新资源的质量,使易枯竭资源达到最高程度的再循环。

《国家环境政策法》的行政当局尚未充分实现的一个目标是自愿地将这些环境价值融入联邦政策。《国家环境政策法》第一章第102(2)(c)条(EIS条款)所要求的环境影响识别,并未明确规定各机构有义务使其决定与第101条中声明的原则(或价值)相协调。但前一条款即第102(1)条明确规定了这一点,其指出:"国家的各项政策、法律以及公法解释与执行均应当与本法的规定相一致。"显然,第101(b)条的六项规定同样地不适用于特定的联邦行动。按照《国家环境政策法》目前的规定,它可能会阻止一个机构对环境价值造成明显的损害,但它没有提供第101(b)条所声明的提高未来生活质量和环境的计划或项目。例如,代际公平是第101(b)(1)条和克林顿政府所提倡的可持续发展概念所要求的考虑事项。然而，法令或条例中没有任何强制性规定，促使各机构评估其行动对可持续性的影响，而不仅仅是可能的长期影响。

《国家环境政策法程序规定实施条例》（《CEQ条例》，环境质量委员会根据1977年5月24日第11991号行政命令颁布）第1502.2（d）条提供了第101（b）条的规定与第102（2）（c）条的详细说明之间最密切、明确，但显然不具说服力的联系：

> 环境影响报告应说明报告中考虑的替代方案，以及根据替代方案作出的决定是否符合《国家环境政策法》第101条和第102（1）条以及其他环境法律和政策的要求。

第102（1）条规定："国会授权并命令国家机构，应当尽一切可能实现：（1）国家的各项政策、法律以及公法解释与执行均应当与本法的规定相一致……"对于不熟悉官僚主义作风的人来说，这种警告似乎足够明确。但显然不是。要确认机构是否遵守《国家环境政策法》的目的，似乎有必要提供符合《CEQ条例》第1502条规定的具体和可验证的证据。揭示第101条阐明的价值观在机构行动中得到尊重的程度的一种方法是，提出类似于检查清单的一系列问题（见第三章），为环境评价和报告编制者提供指导，并确保不忽视重要的考虑因素。

第六节　环境和环境主义

整个环境成为全球关注的问题标志着历史上一个新的时代的开始。它在21世纪将如何发展？我们无法自信地预测。如前所述，不同的人对环境有不同的看法，很可能很少有人看到整个环境，这远远超出了他们直接的个人意识。伟大的世界意识

第一章 环境政策：价值观和认识

形态（尤其是基督教和伊斯兰教）从微不足道的起源逐渐发展，然后呈指数级增长。但是，与宗教从先验启示中发现真理不同，环境运动的基础是经验证据——通过科学发现因果关系。环境运动具有情感、美学和伦理方面的内容，并且日益受到基于科学的启示的影响。伦理价值观有时近似于一种自然宗教，它是许多关心环境的个人作出承诺的基础。环境运动的更广阔视野是人类物种在地球上的地位——宇宙中地球生物物理系统的临时居住者。环境视角可以被描述为"生物中心主义"——以生命为中心——与现代文明独享的"人类中心主义"或以人为中心的世界观形成鲜明对比。"生物中心主义"并不是对人类漠不关心。相反，它寻求一种能够维持地球上人类生命的关系。

人类与地球之间关系概念的不断变化，与17世纪哥白尼的"启示"一样具有革命性意义——地球不是宇宙旋转的中心。人类已经占据了先机，并被认为能够管理地球，但最终却面临着被称为"自然"的宇宙所固有的条件所限制。然而，自《国家环境政策法》起草以来的30年里，生物圈概念，即世界环境作为一个整体相互联系的系统，虽然被广泛接受，但它在美国社会中并不是一个积极的主导性假设。不理解的"保守派"继续抱怨环境运动是反人类的——"自然"比人类更受青睐。然而，亨利·M.杰克逊参议员在为《国家环境政策法》辩护时宣称：

> 环境政策是人民的政策。它最关注的是人类及其未来。其基本原则是，我们必须竭尽所能，以达到人类与自然环境之间关系的卓越标准。[19]

在关于世界的运作方式和人类在系统中的地位的普遍共识中，为了代际公平而保护环境是几乎每个人都持有的价值观。但是，这一共识尚未达成，而且许多环境问题存在争议——与传统的权利和价值观概念相左。因此，一些以经济为中心的批评家仍将对环境状况的关注视为"特殊利益"。这种所谓的特殊利益被赋予了"环境主义"（environmentalism）的称号。经济在美国人生活中的重要性很少被描述为"经济主义"。然而，人们对同样重要的环境状况的关注却被贴上了"环境主义"的标签。

后缀"主义"（ism）是一种常见但不精确的语法手段。当特定性或歧视会很尴尬，并且可能削弱使用者希望提出的论点时，后缀"主义"通常被用于泛论。由 C. O. 西尔维斯特·莫森（C. O. Sylvester Mawson）编纂的《词典伴侣》（*Dictionary Companion*，1932 年）列出了"主义"的五种不同含义。与环境主义相关的含义是对"制度、学说、政策或实践"的承诺。"主义"几乎总是通俗易懂的术语，常常掩盖了共同关注领域中观点和强度的差异。"环境主义"作为一般性概念，意味着对环境完整性和可持续性的广泛承诺。但是，如果不加区别地将其适用于构成环境社会运动的各种观点和优先事项，可能会产生误导。

对于每一种"主义"，都有一个"主义者"（ist），C. O. 西尔维斯特·莫森将这个主义者定义为："实践或信奉某一信条、制度或宗教信仰的人。""环境主义者"（environmentalist）一词通常意味着对环境的高度、积极或专业的关注。为了使名称更加突出，"活动家"（activist）一词是指为环境问题从事政治宣传或公开行动的人。尽管这些术语现在已经很常用，但它们的特点是新闻性质的，很少考虑准确性或重要性；它们的目的是识别"行动者"（actor）及引起反应。在某种程度上，它们对《国家环境政策法》的目标是有害的，因为它们含蓄地暗示"环境"是一种"特殊利益"。

但是，环境主义并不是一种"特殊利益"，因为特殊利益是某些特定群体不顾社会代价，为自己的成员谋取利益，这是令人反感的。环境主义者在很大程度上不是一个有组织和有凝聚力的群体。他们共同关心的是整个社会和生物圈以及一个可持续的未来。他们认为自己的关心是为了公共利益。[20]作为"环境主义者",他们追求经济和环境目标的协调统一。但是,他们的价值观和议程可能会不顾公共利益而为个人利益采取行动,从而剥夺他人获得经济利益的机会。"特殊的"利益不一定是有害的。有些可能是有益的,有些则是中立的。但是,有些经济、行为和娱乐活动实际上降低了当前和未来环境的质量和可持续性,因此遭到"环境主义者"的反对。

在评价环境主义的重要性时,社会学家罗伯特·尼斯贝特(Robert Nisbet)推测说:"当20世纪的历史最终被书写出来时,这一时期最重要的社会运动完全有可能被判定为环境主义。"[21]但他也宣称:"环境主义已经成为一场大规模的社会主义运动,其参与者不是愚蠢的人,而是那些太阳崇拜者、长寿论者、森林德鲁伊教团员和大自然爱好者,而且还不失其精英气质。如果不是完全出于毁灭资本主义的共同意图,一般都是理所当然的。"罗伯特·尼斯贝特的评论来自一本名为《偏见》(*Prejudices*)的书,书中没有解释环境运动的许多参与者的清醒担忧,他们既不是资本主义更为温和模式的反对者,也不是社会主义意识形态的"真正信徒"。然而,他确实从历史角度来看待这场运动的力量,并将其与过去的救赎运动和革命运动相比较。

在美国环境运动的早期,大多数评论家没有认识到环境运动的国际性。这不是一种稍纵即逝的美国时尚,很快就会让位于一些其他暂时的热情。[22]环境主义在美国正在成为一种持久的和不断增长的价值,这一点可以从自然资源保护委员会(1970年)、环境保护基金会(Environmental Defense Fund,简称EDF,1967年)和塞拉俱乐部法律保护基金(1971年)等公益律师事务所的成立、生存和成功中得到证明。1960年以后，非政府环境组织的成员数量成倍增长，许多较老的环境组织和户外运动者组织都采纳了环境议程。商业公司开始宣传其对环境价值的关注。无论如何，对环境的关注正成为越来越多的美国人的核心价值。[23]

在《国家环境政策法》颁布前后，许多出版物都认为，历史已经到了必须作出变革的临界点。具有代表性的作品有：奥尔多·利奥波德（Aldo Leopold）所著的《沙乡年鉴》（*Sand County Almanac*，1949年）；德内拉·W.梅多斯等人（Donella W. Meadows et al.）所著的《增长的极限》（*The Limits to Growth*，1972年）；蕾切尔·卡尔逊（Rachel Carson）所著的《寂静的春天》（*Silent Spring*，1962年）；斯图尔特·L.尤德尔（Stewart L. Udall）所著的《宁静的危机》（*The Quiet Crisis*，1963年）；W. R. 卡顿（W. R. Catton Jr.）所著的《超越：革命性变化的生态基础》（*Overshoot: The Ecological Basis of Revolutionary Change*，1980年）；弗里特乔夫·卡普拉（Fritjof Capra）所著的《转折点：科学、社会和崛起的文化》（*The Turning Point: Science, Society and the Rising Culture*，1984年）；莱斯特·W.米尔布拉思（Lester W. Milbrath）所著的《环境主义者：一个新社会的先锋》（*Environmentalists: Vanguard for a New Society*，1984年）；马克斯·尼科尔森（Max Nicholson）所著的《新环境时代》（*The New Environmental Age*，1987年）。

1968年，由意大利实业家奥雷利奥·佩切伊（Aurelio Peccei）和英国科学家亚历山大·金（Alexander King）发起的"罗马俱乐部"的成立表明了环境问题的跨国性。罗马俱乐部由受邀的科学家、政治家和商界领袖组成，他们将不断加剧的"人类困境"环境视为世界"难题"。罗马俱乐部委托编写了一系列报告，例如《增长的极限》（1972 年）、《人类的转折点》（*Mankind at the Turning Point*，1973 年）、并出版了罗马俱乐部理事会报告《第一次全球革命》（*The First Global Revolution*，1991 年），其作者是亚历山大·金和伯特兰·施耐德（Bertrand Schneider）。

如果这些关于历史转折点的看法是正确的（越来越多的证据证明这一点），那么保护人类生活和生物圈本身的质量作为一种社会价值已经获得显著地位，大多数发达工业国家的政府感到有义务解决这一问题。这些关切所表达的含义是，环境主义不仅仅是一种需要由反污染法规缓解的暂时性焦虑。这样的一种反应，往往是早期的反应，因为人们越来越多地认为，工业文明正在接近一个临界点，如果要保持经济的可持续性和生活质量，就必须重新评估其优先事项。1968 年和 1969 年制定的《国家环境政策法》倡议是基于这样一种假设，即必须通过立法对未来进行根本性的改变，以应对公认的"人类困境"。

第七节 危机抑或转折？

尽管造成环境问题的原因比其表象更为深刻，但是正如亨利·M. 杰克逊参议员所指出的，20 世纪 60 年代和 70 年代的美国环境主义是在公众对环境的许多方面不断恶化的认识中发展起来的。核污染一直是一个令人担忧的问题；伊利湖（Lake Erie）被宣布"死亡"；满是油污的凯霍加河（Cuyahoga River）着火了；石油和化学品泄漏污染了美国加利福尼亚州、法国和英国的海岸线以及许多国家的河流。户外休闲区被过度使用而变得十分拥挤。1961 年，户外休闲资源审查委员会的报告指出，他们面临的压力越来越大。对健康、安全的威胁以及野生动物（尤其是鸟类）数量的减少都是由于误用和滥用有毒化学品造成的。一份日益增加的环境损害清单几乎可以无限扩展。环境灾难的发生频率和多样性被描述为"危机"。在某些情况下,这个术语并不是误称,但从根本上来说,环境状况的范围、意义和持续时间都比危机的概念更大。

不幸的是,美国的政治倾向于被一种危机心态所主导。如果一个问题不从其最终后果来衡量其内在重要性,那么很少将它视为优先事项,除非它是一个"危机"。例如,全球气候变化的前景可能被认为具有重大的政策意义。然而,一位白宫发言人在解释美国拒绝对全球变暖采取积极措施时说:"美国人应该对我们不再处理经济或安全危机这一事实感到安慰。这不是一个高调的时刻。"

未来的历史学家无疑会将 20 世纪末视为人类历史的"分水岭"。现代主导人类与地球之间关系的假设和价值观开始被认为是不可持续的。一次性解决办法——通过技术或法律手段克服危机——将不足以应对人类所面临的持续挑战。人们一直认为,20 世纪 60 年代末和 70 年代初的"环境危机"是一种暂时的情况,是由于疏忽引起的,但是可以通过有针对性的法律法规加以纠正。1970 年 1 月 1 日,理查德·M. 尼克松(Richard M. Nixon)总统在签署《国家环境政策法》时宣布:

> 20 世纪 70 年代绝对是美国通过恢复其空气、水和我们的生活环境的洁净偿还过去债务的年代。不管是现在还是永远。[24]

对"环境问题"的误解一直是妨碍认真实施《国家环境政策法》的一个主要因素。承认环境问题是社会的一项无限期持续的任务,将意味着政策优先事项的重大调整。1977 年,埃里克·阿什比爵士(Sir Eric Ashby)在斯坦福大学的一次演讲中阐述了人类今后生活不得不面对的环境状况。以下段落说明了这种情况：

> 我相信，在过去的一百年里，西方社会中人类对自然的态度几乎已经发生了潜移默化的变化，而且这种变化是朝着好的方向发展的……但是我并没有低估工业社会所面临的危险，尽管我认为有些人针对环境危机警告我们，但是他们的观点是错误的。事实上，我认为他们称之为危机是完全错误的。危机是一种会过去的情况；它可以通过暂时的困难、临时的调整、技术和政治上的权宜之计加以解决。我们正在经历的不是一场危机；而是一个转折。对于人类在地球上余下的历史，就我们所能预见的而言，人类将不得不面对人口、资源和污染问题。然而还有一个重要的问题仍然没有解决：人类能够适应预见的环境约束吗？还是像其他动物社会一样，人类只有在受到伤害之后才适应以应对环境约束？[25]

如果埃里克·阿什比爵士对现代社会与地球环境之间关系转折的解释被接受，那么就必然需要重新考虑将人类带入这一历史转折的价值观和观念。在环境主义作为一种社会和政治运动出现之前的几十年里，人们对与自然界有关的价值观和观念进行了批判性的审视。但是，主导现代价值观和假设的本质上的经济精神尚未被取代；相反，它已经被修正，并在某种程度上得到重新调整。

第八节　学习的需要

由于人类社会面临着真实（可验证）现实的限制，所以对虚拟（表面）现实的误解在历史上已导致环境生命支持系统的退化、贫困和崩溃。在人类假设和行为中，许多错误的估计实际上是由于缺乏知识造成的，部分可以通过经验（有时代价高昂）加以纠正，或者可以通过应用科学知识加以预防。一个可持续发展的社会将寻求了解哪些明显的障碍可以安全地突破或扩大，哪些限制不能被打破，或者违反哪些会导致不良后果。在真实的世界里，并非所有的事情都是可能的，非故意的破坏环境事件应该很少发生。

学习是在极限之内生活和生存的必要条件——有些极限只是表面的，有些极限是无法克服的。[26] 实施《国家环境政策法》各项原则的一项基本任务是了解如何在实践中实现这些原则。这项任务对于《国家环境政策法》在制定未来国家议程中的作用至关重要，并将在本书中予以强调。环境影响分析及其结果报告最重要的但往往未被承认的目的是，在遭受拟议行动的后果之前，了解拟议行动的影响。这个目的适用于"跃前观望"（looking before leaping）的古老训诫，而观望则意味着了解。

人类在发明有用技术方面的聪明才智并不总是与应用方面的智慧相匹配，发明的热情也很少因洞察力和远见而受到抑制。为了实现《国家环境政策法》中声明的价值观，朝着这些学习特性迈进是必要的，而这隐含在第二章第204（5）、（6）条中，该条款授权环境质量委员会：

> （5）对生态系统与环境质量进行调查、研究、考察、探讨与分析。
>
> （6）记录并确定自然环境的变化（包括植物系统和动物系统的变化），并积累必要的数据资料及其资讯，以便对这些变化与发展趋势进行持续的分析研究，并对其内在的原因作出解释。

第一章 环境政策：价值观和认识

作为共同学习的章程，《国家环境政策法》第二章第205条规定了一个召集和协调的过程，其中规定：

委员会（环境质量委员会）在行使其按本法规定的权力、职能和职责时应当：

（1）征求根据1969年5月29日颁布的第11472号行政命令而设立的公民环境质量咨询委员会和具有提供意见能力的科学、工业、农业、劳工、自然保护组织与州和地方政府以及其他团体代表的意见。

（2）充分利用公共与私人机构组织以及个人提供的服务、设施和资料（包括统计资料），以避免造成措施和开支的重复，保证委员会的活动与有关政府机构依照法律规定进行的同类活动不发生不必要的重复或冲突。

如果这些规定在实践中很少得以实现，那么问题就不在于立法，而在于环境在美国政治中处于次要的、有争议的地位。在这方面，《国家环境政策法》似乎走在了时代的前面——它的时代已经到来，因为教育的努力改变了目前占主导地位的现实观。尽管环保教育受到一些错误的保守派的批评，他们认为环境教育是毫无根据和颠覆性的。但环境教育却仍然伴随着环境研究的发展，并可能影响未来几年公众舆论的优先事项。

世界范围内的环境教育运动是由联合国教科文组织发起的，该组织在出版物《联系》（*Connect*）中报道了各种活动和发展情况。北美环境教育协会（North American Association for Environmental Education，简称NAAEE）专注于初级和中级水平的学习。在美国，《环境教育法》（第91.516号公法，1970年10月17日）在《国家环境政策法》颁布后，设立了环境教育办公室（负责提供赠款和合同），并设立了环境教育咨询委员会。这项立法在罗纳德·里根总统的反环境法案（第 97-35 号公法，1981 年 8 月 13 日）中被废止。但环境教育办公室在第 101-169 号公法（1990 年 11 月 16 日）中得到恢复，并且在北美环境教育协会与环境保护局之间建立了国家环境教育与培训伙伴关系。

在更高的教育水平上，许多学院和大学都建立了环境学院和环境研究项目。截至 1997 年 5 月 21 日，至少有 60 所学院和大学被列入《高等教育环境项目目录》(Directory of Higher Education Environmental Programs，简称 DHEEP)，并且由国家环境研究所委员会维护了一个本科生和研究生跨学科项目的万维网数据库。据报道，美国有 80 多个学术和专业教育项目，这一情况为美国未来的环境优先事项提供了很好的理由。为解决环境问题而成立的专业和科学组织包括：1975 年成立的全国环境专业人员协会；1981 年成立的国际影响评价协会 (International Association for Impact Assessment，简称 IAIA，其中包括环境影响以外的影响)；1988 年成立的国际生态经济学会；早在 1969 年，国际科学联盟理事会 (International Council of Scientific Unions，简称 ICSU) 成立了环境问题科学委员会 (Scientific Committee on Problems of the Environment，简称 SCOPE)。尽管如此，在环境运动的早期，许多科学家（通常是专家）对环境主义的真实性持怀疑态度。然而，到了 1992 年，当忧思科学家联盟发布了由 1600 名国家或国际科学院院士和 104 名诺贝尔奖获得者签署的《世界科学家对人类的警告》时，除了少数专业的反对者之外，几乎所有的专家都接受这样一个观点，即人类在与世界环境之间的关系中面临着严重的问题。[27]

但是，对于环境的学习和立法最有说服力的力量可能是来自非政府环境组织的政治压力。这些志愿者协会目前在全世界有数百个，并且积极地参与国家和国际政策的制定。一些组织，

第一章　环境政策：价值观和认识

特别是世界自然保护联盟（IUCN），已与政府和联合国机构合作制定了《世界自然保护战略》（World Conservation Strategy）。据估计，至少有400个非政府组织（nongovernmental organizations，简称NGOs）参加了与1972年在斯德哥尔摩召开的"联合国人类环境会议"同时举行的"环境论坛"；据报道，至少有1800个非政府组织出席了1992年在里约热内卢举行的"联合国环境与发展大会"。自上述里约大会以来，"发展中国家"中的非政府组织数量呈爆炸性增长。根据1993年的估算，全世界非政府组织的数量为35 000个。虽然并非所有国家都关心环境问题，但仍有很多国家关心环境问题，这可能对国际环境事务产生影响。[28]

回顾过去，现在《国家环境政策法》被视为美国参与世界范围内的社会和知识运动的一项重大承诺。与许多政策声明不同，《国家环境政策法》的实质性条款是无法在某个固定日期实现的。《国家环境政策法》规定了应该采取的行动，但由于情况的多样性，要求采取行动必须通过其他法律授权，正如在某些情况下已经发生的那样。（例如美国文物、历史保护区、濒危物种、海岸带管理、荒野地区，等等）。联邦机构必须按照《国家环境政策法》声明的原则以及第102（2）条规定的强制行动条款行事，旨在确保机构注意该法序言和第101条声明的原则和价值观。然而，正如已经指出的那样，将《国家环境政策法》的价值观转化为机构实践存在障碍。

实施《国家环境政策法》需要一个社会学习的过程，尽管不是在《国家环境政策法》文本中，但它意味着一个"公众"教育和说服的过程。如何实现第101（b）条声明的结果，是联邦机构、环境质量委员会和国家的一项方针。从我们的角度来看，人们不应该寻求法律批评家指责《国家环境政策法》未能提供的精确性和具体性。《国家环境政策法》号召做国家尚未做的事情,为了实现《国家环境政策法》的目标,美国人民必须学会如何将其规定转化为行动。

《国家环境政策法》的天才之处在于,它有可能将立法中的原则与程序实现衔接,将国家精神从先锋伦理转变为环境保护与关怀伦理。用一个恰当的比喻来说,《国家环境政策法》是一部四维的法律:

(1) 实质性——美国人的目标、原则和价值观的声明,期望政府应遵守该声明。

(2) 操作性——向联邦机构说明对人类环境有重大影响的计划、方案和决定中应遵循的原则和程序——但在该法中未明确与第101条声明的原则相关联。

(3) 评估性——一种加强并在需要时改革价值观的手段;从此以后,美国人民对环境的看法和行为必须被理解为包含了地球的未来。

(4) 进步性——它的全球性和跨代性的目标和原则,为未来提供了一个基础议程。

这些方面概括了未知的《国家环境政策法》的意义——这部法律不是将价值观强加于公民个人,而是声明为维持当代和后代美国人的生活质量和经济活力所必需的环境价值观。由于《国家环境政策法》的意图在其颁布后的几十年没有得到充分实现,这不是将《国家环境政策法》视为基本无效而废止它的正当理由。仅根据《国家环境政策法》迄今为止所取得的成就或未完成的情况来评估它,并不能发挥其更大的潜力——为美国的未来提供基础和议程。环境质量委员会于1997年1月发表了一篇关于《国家环境政策法》的回顾文章——《国家环境政策法:25年后的有效性研究》(*National Enviromental Policy Act: A Study of Its Effectiveness After Twenty-Five Years*)。这项研究的重点是"《国家环境政策法》程序的有效性和效率"。在关于《国家环境政策法》的另一项审查和评估中，理查德·N. L. 安德鲁斯指出，有必要"制定更具体的标准"，以使《国家环境政策法》的实质性目标切实可行，并为实现这些目标建立可衡量的基准。[29] 本书的目的不是"阐明"将《国家环境政策法》目标和观点转化为行动的具体标准。这项任务需要探讨环境问题的紧迫性和相互关系，而且可以实现《国家环境政策法》的目的，但超出了本书的范围。

第二章
《国家环境政策法》：制定和解释

> 近些年来，越来越明显的是，一些总统和一些国会很快就必须面对一个无法回避的任务，即决定为所有美国人提供优质环境质量的目标是否是最优先的国家目标，它优先于许多在自然资源管理和环境利用方面的其他目标（通常是相互竞争的目标）。根据我的判断，那个无法回避的决定时刻即将来临。
>
> ——亨利·M.杰克逊参议员提出了一份关于《国家环境政策》的报告，1968年7月11日

1969年《国家环境政策法》在本质上比美国的任何一部法律都更为重要，而人们对它的了解却很少。[1] 这部综合性立法是各国政府首次采用的此类立法，目前已在全世界得到广泛效仿，它已经取得了显著成效，但其基本目的尚未完全实现。《国家环境政策法》的目的和声明的原则还没有完全内化于美国政府的假设和实践中。[2] 然而，美国人民似乎越来越多地达成一种共识，即环境质量是一种公共价值，经济发展不需要在环境质量和经

第二章 《国家环境政策法》：制定和解释

济福利之间进行权衡。自愿遵守《国家环境政策法》的原则可能有朝一日成为政府和企业的标准政策和程序；同时，了解《国家环境政策法》产生的历史发展及其后续实施过程符合国家利益。关于《国家环境政策法》的目的和有效性有许多评估，但往往是相互矛盾的。

《国家环境政策法》的立法史及其声明的政策概念比其批评者所认识到的范围更为广泛和更容易理解。将《国家环境政策法》视为1946年《行政程序法》的一项特别适用，误解了《国家环境政策法》的主要目的，并且误导了批评。《国家环境政策法》宣扬公共价值观并指导政策，但它不是一般意义上的"行政监管"。在1969年的立法之前，国会进行了十多年的思考、倡导和谈判。对《国家环境政策法》及其实施机构——环境质量委员会——的不满，不应该针对这一创新的且经过深思熟虑的法律，而应该针对那些尚未认真试图理解《国家环境政策法》的目的并加强《国家环境政策法》的实施或支持其目的的当局。这并不意味着再也不可能对《国家环境政策法》进行更明确和更广泛的修正。但是，除非有相当一部分有投票权的公众默许，否则这项工作是无法成功进行的。

通过影响分析的司法强制执行程序，《国家环境政策法》极大地改变了联邦机构的环境行为，并且间接地改变了州和地方政府以及私营企业的环境行为。与许多其他法定政策相比，《国家环境政策法》肯定被认为是一项重要的成功。但是，实施《国家环境政策法》声明的国家政策的实质性原则，需要一定程度的政治意愿，而国会或白宫尚未表现出这种意愿。一般公众在理解《国家环境政策法》的目的或实施该法的要求方面几乎没有得到什么帮助，他们也没有明确要求实施《国家环境政策法》。

然而，对于公共政策的一个新方面——环境——来说，环境要达到诸如税收、国防、教育、公民自由和经济等百年关切所获得的重要性和优先地位，四分之一个世纪是一个非常短暂的时间。《国家环境政策法》声明的目标在今天与1969年一样有效。事实上，也许更甚，因为地球及其生物圈受到人类需求的压力达到前所未有的程度。但是，"环境"的全部范围是不容易理解的。人类的感知在文化上和物理上是有限的，但是科学已经将环境视野从宇宙扩展到了微观。即便如此，"环境"一词对于大多数人来说，还没有达到其真实维度的范围、复杂性或动态性。

如果《国家环境政策法》继续由法院狭隘和专断地解释，那么可能需要更具说服力的立法。为了使其实质性条款具有可操作的法律地位，可能有必要进行一项法律或宪法的修正案。《国家环境政策法》的一些捍卫者担心，开放法律文本修正可能会导致其有效性被弱化，例如，通过法律排除条款，限制基于《国家环境政策法》的集体诉讼，或否认其适用于对超出美国领土范围环境产生影响的联邦行动。《国家环境政策法》的文本没有改变，但是《国家环境政策法》实际上已经进行了修正，以排除其适用于受国会欢迎的有重大环境影响的项目（例如阿拉斯加油气管道）。截至1997年，《美国法典》列出了至少28项适用《国家环境政策法》的例外情况。但是，有些只是为了澄清，并未对该法案的实质和目的产生重大影响。美国宪法修正案可能会加强《国家环境政策法》的实质性条款在司法审查和行政执法中的适用性。与此同时，为了更充分地实现《国家环境政策法》的目的，将需要进行两项建设：

首先，人们对《国家环境政策法》所表达的环境政策目的和原则的理解极大增长——尤其是基层的自然资源和环境保护团体、民间组织、宗教派别和政党，以及现在开始出现在商界的一种认识，即经济和环境的目标未必是矛盾的。如果合理运用《国家环境政策法》的原则，将有助于维持未来经济和环境的健康。

其次，国会、行政部门、法院和新闻媒体对履行《国家环境政策法》授权所必需的政治责任和制度安排的赞赏。在白宫和联邦机构的最高政策层，尤其是在国会，需要做出更多显著的承诺。只要联邦政府官员的候选人依赖于寻求利用环境的资金来源，那么国会和白宫对《国家环境政策法》的支持就不可能仅仅是象征性的，并且引用《国家环境政策法》不会很少。

但是，《国家环境政策法》包含实现其目的的手段。为了协调自然资源与环境政策的制度安排，在《国家环境政策法》实施前的至少十年里，国会两院、联邦机构和非政府公共利益的代表之间进行了广泛磋商。《国家环境政策法》纳入了已达成普遍一致的大多数条款。例如，自 1959 年以来，一个综合咨询委员会几乎对每一项关于建立自然资源、自然保护或环境保护的国家政策的提案都进行了介绍。

第一节 历史背景

为了更好地理解《国家环境政策法》的目的、政治和潜力，有必要简要回顾其起源和立法史。[3]关于《国家环境政策法》立法的最详细记录的作者特伦斯·T. 芬恩（Terence T. Finn）写道："在十多年的时间里，第 91-190 号公法中包含的概念得到了发展、表达、解释、遗忘、修改、主张、反对以及直到最后被接受。"[4]尽管我们在此的重点主要是解释《国家环境政策法》，但是这项立法形成的客观情况，对其颁布的时间及其随后的历史产生了决定性影响。

创新思想或大众观念变化的历史记录表明,新思维方式的出现与最终被接受之间存在一段滞后期。从詹姆斯·E. 默里(James E. Murray)参议员在第86届国会引入1959年《资源和保护法案》到1969年第91届国会通过《国家环境政策法》,对于公共政策、法律以及政府的作用发生重大变化而言,这十年是一个相对较短的时间间隔。环境运动作为一种受欢迎的政治力量的出现,加速了这种变化。

环境运动的概念基础已经建立了几十年。与此同时,在自然保护运动中,在某种程度上,人们越来越关注生态问题。自然保护运动关注点主要是经济和效率问题,与自然保护运动不同,环境运动的重点则是人类与自然之间的生态关系,以及保护和维持生物圈的生命支持系统。"生物圈"这一概念是在20世纪20年代才刚刚流行起来的,而且很少有美国人知道这个词。今天所理解的"环境",在1960年代之前的含义是非常有限的。对于一般的美国人而言(当然也有例外),自然界被视为一个取之不尽、用之不竭的原材料仓库,用于人类的经济利益。

自然保护运动旨在确保"明智地利用"潜在的自然财富。尽管假设和目标各不相同,但是在自然保护和正在出现的环境运动之间存在一些重叠。在缺乏"环境"一词来确定新的生态观点的情况下,林登·B. 约翰逊总统谈到了"新的自然保护"。他在1965年召开的白宫自然美会议本质上关注的是没有名称的环境质量。[5]

从20世纪30年代到60年代,一种以科学为基础的文学开始为公众关注奠定基础,进而促成环境立法。1956年,一份长达1193页的关于《人类在改变地球面貌中的作用》(Man's Role in Changing the Face of the Earth)的国际研讨会报告,由温纳-

格伦基金会和国家科学基金会（National Science Foundation，简称 NSF）出版；[6]1964 年，一本几乎被遗忘的著作，乔治·帕金斯·马什（George Perkins Marsh）写的《人与自然》（*Man and Nature*）被哈佛大学出版社重印。1965 年，自然保护基金会召开了一次关于"北美未来环境"的会议，会议记录于 1966 年出版。[7]保罗·西尔斯（Paul Sears，1935 年）、威廉·沃格特（William Vogt，1948 年）、费尔菲尔德·奥斯本（Fairfield Osborn，1948 年）、奥尔多·利奥波德（1949 年），尤其是蕾切尔·卡尔逊（1962 年）和斯图尔特·L. 尤德尔（1963 年）等人的著作，为提高公众对濒危环境的认识做出了巨大的贡献。

尽管美学和伦理价值观在早期流行的环境抗争文学中十分突显，但是科学和健康被更频繁地引用。科学仪器可以对环境影响进行日益精细的分析，尤其是测量空气、水、土壤和食物中的污染物和致癌物。在 20 世纪 50 年代之后，对来自大气层的核武器试验所造成的核辐射的恐惧，以及对来自核反应堆辐射风险的日益强烈的反对，是促使人们提高环境保护意识的催化因素。阿波罗八号宇航员增强了所有新兴的环境价值观。1968 年圣诞节前夕，他们为人类提供了从外层空间首次看到地球的景致。地球是一艘宇宙飞船的概念虽然过于简单化，但却对公众的态度产生了普遍的心理影响。

在 20 世纪 50 年代、60 年代和 70 年代，国会颁布和修订了旨在减少空气和水污染的法律。[8]到 20 世纪 60 年代，环境污染已经成为一个主要的公共健康问题。公共土地法审查委员会（1964 年至 1970 年）和户外休闲资源审查委员会（1958 年至 1962 年）的报告，反映了公众对公共土地和自然环境质量受到威胁的关注。从 1964 年至 1969 年，美国医学会主办了 6 次关于环境健康的大型会议。这是一个个人影响可转化为政治行动的问题。艾萨克·沃尔顿联盟（Isaac Walton League）和野鸭基金会（Ducks Unlimited）等运动团体对湖泊和溪流的污染和混浊、湿地的填塞和排水，以及水鸟数量的减少感到愤怒。

对于包括国会议员在内的许多人来说，环境是反污染措施的代名词。似乎国会中许多投票支持《国家环境政策法》的理由是，《国家环境政策法》实质上是一部反污染法律。新闻媒体普遍认同这种误解。直到20世纪70年代《国家环境政策法》和反污染措施生效后，国会、联邦机构和公众才开始发现环境立法的更大范围和意义。在没有事实上的一致同意的情况下，"国会意图"是指国会对任何立法提案的多数票，就像最高法院大法官以5∶4的多数票决定了宪法一样。"政府意图"是指占主导地位的政治立场，但不反映立法者或法官在动机和观点上的差异。

《国家环境政策法》的立法史至少可以追溯到1959年，当时詹姆斯·E. 默里参议员（蒙大拿州）努力争取在美国第86届国会上审议他提出的《资源和保护法案》（参议院第2549号法案）。《默里法案》（即《资源和保护法案》）包含了最终纳入《国家环境政策法》的几个要素———一份政策声明、总统行政办公室（Executive Office of the President，简称EOP）咨询委员会和一份年度报告。国会的一个联合委员会已包括在这项法案和随后的几项法案中。在《国家环境政策法》起草过程中也考虑设立一个联合委员会，但是无法抵制国会几个委员会提出的反对意见，这些委员会声称对提案法律的全部或部分具有管辖权。1960年1月举行了关于《默里法案》的听证会，虽然该法案有30个共同提案人，但它遭到德怀特·D. 艾森豪威尔政府、许多联邦机构和有组织的企业的反对。时任总统候选人的共和党副总统理查德·M. 尼克松提出了另一种由内阁部长组成的委员会的替代方案——这是对他在 1969 年担任总统时所采取行动的预示，他设立了一个内阁级别的委员会以阻止为《国家环境政策法》所提议的委员会。

詹姆斯·E. 默里参议员在 1960 年未寻求连任，但他的法案在第 87 届国会被克莱尔·恩格尔（Clair Engle）参议员（加利福尼亚州）重新提出。盖尔·麦吉（Gale McGee）参议员（蒙大拿州）也提出了一项类似的法案（参议院第 1415 号法案），但未包括设立一个联合委员会的条款。1961 年 4 月，就这些法案举行了听证会，约翰·F. 肯尼迪（John F. Kennedy）政府和联邦机构反对这两项法案；这两项法案未得到参议院内政委员会的报告。1963 年盖尔·麦吉参议员和 1965 年乔治·麦戈文（George McGovern）参议员（南达科他州）再次提出了类似的法案，并举行了听证会。这些年来，人们普遍承认存在"环境问题"，但对日益恶化的环境的不满尚未与政治解决办法紧密联系起来。由于这个问题被定义为自然资源保护，以及由于物质生产的外部性管理不当而造成的污染，因此该解决办法被认为是经济的和技术的。1962 年，国家科学院自然资源委员会向约翰·F. 肯尼迪总统提交了一份关于自然资源的报告，其中提出了经济观点。[9] 该报告提出了"环境"作为自然资源的概念，并指出"也许最关键和最常被忽视的资源是人类的整个环境"。自然资源与环境之间的界限尚未划定。

直到 20 世纪 60 年代初，生态学作为一门科学没有受到许多"主流"科学家重视。但在 20 世纪 60 年代，生态学研究的相关性、数量和影响力都有所增加。"生态学和环境科学"一词于 1965 年开始出现在立法提案中，当时盖洛德·纳尔逊参议员提出了《生态研究和调查法案》（参议院第 2282 号法案），该法案没有付诸表决，但类似的条款已被纳入《国家环境政策法》第二章。设立环境或生态咨询委员会的建议继续出现在立法提案中,特别是在1966年亨利·M. 杰克逊参议员和约翰·丁格尔众议员提出的那些法案中。一份关于《宜居环境战略》(1967年)的工作组报告向美国卫生、教育和福利部建议设立一个生态咨询委员会。[10]由罗恩·林顿(Ron Linton)担任主席的工作组敦促总统向国会提交一份关于《环境保护法》(Environment Protection Act)提案。

到1967年和1968年,环境已成为一个活跃的立法问题,区别于自然资源和自然保护。在第90届和第91届国会期间,提出了多达40项有关环境政策和环境保护的独立提案。与此同时,国会各委员会发布了一些关于环境政策的报告。

1968年6月17日,由埃米利奥·Q. 达达里奥(Emilio Q. Daddario)担任主席的众议院科学、研究和发展小组委员会向科学与航天委员会提交了一份题为《管理环境》的报告。[11]该报告未提出具体的立法建议,但总结了以前的听证会、工作人员和顾问的意见,并列出了提交国会的主要相关立法建议。1968年7月11日,参议院内政与岛屿事务委员会发表了一篇题为《国家环境政策》的报告。[12]由我在威廉·J. 范·内斯(William J. Van Ness)的协助下编写的这份报告,为国家政策提供了依据,主要体现在亨利·M. 杰克逊参议员的参议院第2805号法案中(后来又被重新引入参议院第1075号法案)。

1968年7月17日,参众两院举行了一次关于"国家环境政策"的联合座谈会。[13]其目的是避免国会各委员会的管辖权问题,并将国会议员与行政部门负责人以及工业、商业、学术和科学组织的领导人召集在一起。该座谈会有助于提高国会对环境政策问题的认识,并将其合法化,使之成为整个国会关注的问题,而不是特定委员会的专属管辖利益。一份《国会国家环境政策

第二章 《国家环境政策法》：制定和解释

白皮书》报告了这次座谈会的进程，并记录了立法关注范围的扩大。[14]

在第 91 届国会上，亨利·M. 杰克逊参议员的参议院第 2805 号法案被重新引入参议院第 1075 号法案。1969 年 4 月 16 日，参议院就这项法案举行了唯一一次听证会。[15]回想起来，这一次值得注意的事件是引入了环境影响报告的概念。委员会工作人员和其他关注环境保护立法的评论员都认识到，有必要制定一项强制行动条款，以使联邦机构遵守规定。作为委员会的顾问和委员会的证人，我在回答亨利·M. 杰克逊参议员的提问时说：环境政策声明必须具有可操作性才有实效，这样声明的原则就不会被忽视。我敦促说："国会的政策声明至少应考虑采取措施，要求联邦机构提交提案，并在该提案中包含一个关于其对环境状况的影响的评估。"[16]这一强制行动条款〔第 102（2）（c）条〕可由法院加以审查，以补充预期在行政机构执行《国家环境政策法》时可能会出现的问题。参议院内政委员会工作人员丹尼尔·A. 德赖弗斯（Daniel A. Dreyfus）和法律顾问威廉·J. 范·内斯起草了影响报告要求的详细措辞。

1969 年，参众两院在立法提案与立法管辖权的竞争之间进行了战略演习。在参议院中，亨利·M. 杰克逊与埃德蒙·马斯基之间以及公共工程委员会和内政与岛屿事务委员会的工作人员之间存在分歧，这威胁到《杰克逊法案》（即参议院第 1075 号法案）的延期，该法案正处于领先地位。亨利·M. 杰克逊参议员和他的环境政策首席顾问威廉·J. 范·内斯被证明是更好的立法战术家。1969 年 7 月 9 日，参议院内政委员会报告了参议院第 1075 号法案，并将其列入参议院议事日程。由于参议院大多数参议员都未预料到如此迅速，参议院第 1075 号法案于第二天（即 7 月 10 日）被列入"上午时间"（morning hour）的

"同意日程表"（consent calendar）（译者注：其用于无争议的动议，该动议被分组，未经讨论则集体通过）。"上午时间"是国会在一天的主要事务开始之前留出的一段时间，用于处理例行事务。该法案未经辩论就通过了，也未提出任何修正案。在众议院，约翰·丁格尔众议员提出的类似立法，因管辖权冲突而受挫，以致延迟了对他的提案采取行动。1969 年 5 月和 6 月，约翰·丁格尔就建立环境质量委员会的法案举行了听证会。[17] 在随后的磋商和关于参议院第 1075 号法案的参众两院协商委员会会议上，约翰·丁格尔的许多想法被纳入第 91-190 号公法。

1969 年 12 月，参众两院协商委员会会议解决了《杰克逊法案》和《丁格尔法案》之间的分歧。[18]12 月 20 日，关于参议院第 1075 号法案的协商报告在参议院获得通过。12 月 22 日，即众议院休会的前一天，该协商报告也在众议院获得通过。已颁布的《国家环境政策法》与原初的参议院第 1075 号法案是极为相似的。

1970 年 1 月 1 日，理查德·M. 尼克松总统签署了《国家环境政策法》，使之成为法律。这部法律具有显著的连贯性，体现了在过去十年中所提议、辩论和重新定义的各项原则和制度安排。在这些年来的主要提案中，只有国会联合委员会没有被列入。然而，该法在所有对环境有重大影响的联邦机构提案或行动进行环境评价的要求中增加了一项新的内容。这一条款成为该法最具影响力并被广泛效仿的特色。但是，它的有效性取决于对机构合规性的司法审查。作为联邦机构在对环境有重大影响的行动中所必须采取的一项强制性程序，法院可以要求机构严格遵守法律，然而，在《国家环境政策法》的政策或者实质性规定方面，法院一般遵从机构的自由裁量权。

第二章 《国家环境政策法》：制定和解释

第二节 国家政策声明

《国家环境政策法》中最重要且最不值得赞赏的条款，是国会根据第一章第101条声明的国家政策：

> 联邦政府将与各州、地方政府以及其他有关公共和私人团体合作采取一切切实可行的手段和措施，包括财政和技术上的援助，发展和增进一般福利，创造和保持人与自然得以共处与和谐生存的各种条件，并满足当代国民及其子孙后代对于社会、经济和其他方面的要求。

声明中列举了政策的七个具体方面，虽然必须用笼统的措辞加以表达，但它们的目的一点也不含糊。第101（b）条规定：

> 为执行本法规定的政策，联邦政府有责任采取一切切实可行，并与国家政策的其他基本考虑因素相一致的措施，改进并协调联邦的计划、职能、方案和资源，以达到如下目的，即国家应当：
>
> （1）履行每一代人都作为子孙后代的环境保管人的责任。
>
> （2）保证为全国体民创造安全、健康、富有生命力并符合美学和文化上的优美的环境。
>
> （3）最大限度地合理利用环境，不得使其恶化或者对健康和安全造成危害，或者引起其他不良的和不应有的后果。
>
> （4）保护国家历史、文化和自然等方面的重要遗产，并尽可能保持一种能为每个人提供丰富与多样性选择的环境。
>
> （5）谋求人口与资源的利用达到平衡，促使国民享受

高度的生活水平和广泛舒适的生活。

(6) 提高可更新资源的质量，使易枯竭资源达到最高程度的再循环。

此外，国会认为，"每个人都可以享受健康的环境，同时每个人也有责任参与对环境的改善与保护"。

这六个目标是通过国会工作人员的讨论而制定的。它们反映了一系列普遍关注的问题，以及《国家环境政策：关于制定国家环境政策必要性的报告：对其目的和内容的解释；使其有效的方法的解释；以及其制定过程中隐含的问题清单》（1968年7月11日）中所阐述的国家政策的必要性和目的。如果一项法定政策被证明不可行，则应在报告中附上一份《关于〈国家环境政策〉的决议草案》，并列出以下四个目标：

1. 遏制环境恶化。
2. 恢复和振兴国家的受损地区，使它们能够再次创造经济财富和精神满足。
3. 寻找替代方案和程序，以最大限度地减少和预防使用环境塑造技术过程中可能带来的危害。
4. 提供指导，并在必要时提供新制度和新技术，以优化人类与环境的关系，并且最大限度地降低环境管理的未来成本。

《国家环境政策法》的"声明"条款明确指出，经济和环境质量是或应该是兼容的。理解《国家环境政策法》的一个关键可能是"创造和保持人与自然得以共处与和谐生存的各种条件，并满足当代国民及其子孙后代对于社会、经济和其他方面的要求"。这一表述经常被解释为要求平衡权益，主要是经济和环境权益。但是,《国家环境政策法》的目的不可能通过环境的"好"抵消(但仍然保留)经济的"坏"来实现,因为缓解措施可能会尝试这样做。更符合《国家环境政策法》精神的做法是实现"生产和谐"和保护代际公平的综合。

在《国家环境政策法》中"声明"条款的措辞之下,存在着法理和宪法责任的基本问题,在《国家环境政策法》实施后,这些问题尚未得到普遍解决:该"声明"条款是否通过法律创设一项政策?如果该法律实际上是一项法律和一项政策的声明,那么根据美国《宪法》第2条第3款"总统应监督各项法律被忠实地实施"的规定,总统的责任是什么?为确保一项由国会声明的而未经重复的政策,在行政部门或国会各委员会中不被破坏或忽视,国会有什么责任?

《国家环境政策法》的批评者认为,《国家环境政策法》的实质性条款不是可在法庭裁判的(nonjustifiable),也就是说不属于实在法(positive law)。法院一般不会推翻可能被解释为不符合《国家环境政策法》实质性条款的行政决定。但是,在卡尔弗特·克里夫斯协调委员会诉原子能委员会案(Calvert Cliffs Coordinating Committee v. Atomic Energy Commission,1971年)中,美国哥伦比亚特区巡回上诉法院斯凯利·赖特(Skelly Wright)法官宣布:

> 复审法院无法根据第101条规定,就其案情推翻实体性决定。除非可以证明所达成的实际成本和效益平衡是武断的,或者明显没有充分重视环境价值。但是,如果在程序上没有充分并善意地进行个别考虑和平衡环境因素的情况下作出决定,则法院有责任推翻该决定。[19]

法院对《国家环境政策法》的政策条款一般采取退缩态度,

这与法院在宪法公民权利和财产权案件中的积极裁判形成了鲜明的对比。在这些案件中，联邦法官毫不犹豫地主张对各级政府行使全面管辖权，在这些政府中，如果发现官员的行动或不作为与司法意见不符，他们就会采取行动。这种对比的一个合理解释是，美国《宪法》没有对环境保护作出任何直接的规定，这与美国《宪法第五修正案》和《宪法第十四修正案》中对财产权和公民权利的明确规定形成鲜明对比。如果国会授权或禁止影响空气和水污染或濒危物种的具体行动，并规定了对违法行为的处罚，那么法院将在未发现侵犯宪法权利的情况下进行审查和执行。据推测，法院会这样做，因为国会为《国家环境政策法》的任何实质性政策授权提供了具体的程序和处罚，而不受司法逆转的影响。

《国家环境政策法》第101条确立了环境政策的原则和目标，其实质上是价值观的声明。对价值观作出裁决是困难的，但是法院已经审查和支持了《国家环境政策法》所规定的并适用于具体政策实施原则的有关立法，《历史保护法》（第89-665号公法，1966年10月15日）和《濒危物种法》（第93-205号公法，1973年12月28日，Endangered Species Act，简称ESA）就是这样一个例子。《国家环境政策法》的实质性和程序性条款加强了这些立法和其他环境法规中的实质性规定。

除司法外，还有另一种途径可以实施《国家环境政策法》的原则——即总统有"监督各项法律被忠实地实施"的宪法义务。总统极少需要法院意见来行使剩余的行政权力以实施法律；总统在联邦机构执行法律方面拥有广泛的行政自由裁量权。如果一位总统的优先事项与《国家环境政策法》的原则不抵触，而国会或法院对此未阻挠，那么总统就可以通过行政行为在很大程度上实现《国家环境政策法》的授权。

第二章 《国家环境政策法》：制定和解释

第三节 国家政策的理由

从传统的宪法保守主义的观点来看，广义的环境对于公共政策而言，不是一个可以理解的主题——至少对国家政策而言是这样的。严格的宪法构建主义者托马斯·杰斐逊（Thomas Jefferson）甚至认为，高速公路建设不是联邦政府的适当职能。对于诸如空气或水污染之类的环境公害（environmental nuisances），根据州警察权力可以使用普通法救济措施，并且在20世纪60年代以前被广泛视为地方性问题。

环境作为一个公共和国家问题出现，源于20世纪美国人口和经济发生的深刻变化。这些变化伴随着科学知识和技术的空前增长。这种新型工业社会的进程越来越多地遇到和产生地方政府和市场经济都无法应对的环境问题。健康、福利和机会方面的生活质量价值正在丧失或受到威胁，其原因超出了人为的政治管辖范围。

只有联邦政府的地理范围和体制结构能够应对越来越多的相互关联的问题，这些问题现在被称为"环境"的问题。空气、水、资源保护和生物圈这些问题很快就被认为是跨国问题，但是国家政府是唯一能够包容和权威地处理这些问题的机构。国际合作取决于各国政府处理共同区域和全球环境问题的能力和意愿。因此，到20世纪中叶，环境开始成为公共政策的新焦点。

一般认为，不会影响个人利益或财产权利的政策和原则声明，很少引起公众的关注或反应。引起人们普遍关注的问题几乎总是会影响人们当前的个人利益或关切的问题。在现代美国社会中，人们对环境的态度大多是针对具体问题和具有主观性的。人们不是过着普遍和客观的生活。他们生活在当下，主要关注直接影响其利益和价值观的问题，这些问题可能从本地到国际都有。但是，对更大的社会和生物圈环境情况的有效反应必须是集体的，必须激活整个社区或社会的有组织的"群聚效应"（critical mass）。平流层臭氧层消耗、全球气候变化或热带森林砍伐几乎不是人们可能感受到他们的行为会影响到的邻里或个人问题。虽然非政府组织可以在许多方面帮助环境保护，但影响整个美国公共利益的最终代理人是联邦政府。州和县的边界在环境上是人为的，既不对应于生态系统，也不对应于生物群落，而且很少对应于州际、全国范围和跨国范围内日益增长的经济活动。

《国家环境政策法》补充了联邦政府对州际贸易、通航水域和公共土地的立法权，规定了在相关情况下适用其规定的义务。因此，申请联邦许可证、执照、购买、特许权和赠款可能需要准备《国家环境政策法》要求的环境影响评价。但是，由于将环境影响报告要求解释为不适用于州执照或许可证，以及实施所谓的"授权项目"（delegated programs），从而削弱了《国家环境政策法》的适用性。因此，各州签发的更多许可证免于适用《国家环境政策法》。然而，第464号湿地许可证则受《国家环境政策法》约束。对于其他环境政策，总统可以通过行政命令指示各机构履行其职能，正如吉米·卡特总统赋予《CEQ 条例》的法律地位，类似于《重大联邦行动对国外环境影响》（第12114号行政命令，1979年1月4日）。

自然保护和环境志愿者组织很少有效地利用《国家环境政策法》的"声明"和第101条。可能不是这些非政府组织的所有官员都充分理解该法，或者认识到该法在环境影响报告要求之外的潜力。尽管如此，非政府组织在保护环境质量方面仍发

第二章 《国家环境政策法》：制定和解释

挥了重要作用。尽管没有提到《国家环境政策法》，但是他们的行动常常促进了《国家环境政策法》的目标。但是，作为志愿的民间组织，他们依靠缴纳会费的会员提供资金和信誉。他们对会员资格和金钱的呼吁旨在动员人们反对容易理解和传播的特定威胁。《国家环境政策法》"声明"的原则性、概括性和（对某些人来说的）抽象性规定，并没有让那些更愿意响应行动呼吁的选民团结起来，要求停止修建大坝，禁止在通格斯（Tongass）伐木，拯救大沼泽地（Everglades），保护雨林或禁止有毒物质。

针对特定问题的环境政策重点可能至少部分解释了，美国大多数大型环境组织对克林顿政府于1993年旨在废除环境质量委员会并将环境质量委员会对《国家环境政策法》的监督权转移给内阁级别的环境保护部的初衷的支持（后来撤回）。有人提议设立一个由白宫工作人员管理的非法定机构"环境政策办公室"，据推测，该办公室将取消环境质量委员会在《国家环境政策法》第二章规定的大部分职能。环境组织的领导人受到鼓舞，支持一个似乎比前几届共和党政府更能对他们的关切作出反应的民主党政府，他们希望看到一个内阁级别的环境保护部。

虽然"主流"非政府环境组织在《杰克逊法案》颁布时曾默默支持该法案。但他们后来对《国家环境政策法》表现出兴趣，主要是因为该法规定了环境影响要求，这使他们能够停止或推迟他们反对的特定的政府计划或项目。环境质量委员会并非始终如一地与这些组织联系，或承诺向他们解释环境质量委员会的宗旨或职能。因此，1993年4月1日，参议院环境与公共工程委员会举行了一场关于"废除环境质量委员会"的听证会，[20]没有任何环境组织提出抗议，并发表声明支持总统行动。

如果环境质量委员会定期与主要环境组织的负责人（以及新闻媒体的代表）会晤，那么也许会更好地了解《国家环境政策法》的目的和环境质量委员会的作用。但是，环境质量委员会外联的一个战术问题是，它的选民是全国性的，而大多数公民的直接政治关注是"地方性的"，尽管原则上许多人对国家的环境遗产表示关切。与一些环境政策批评者的指控相反，环境质量委员会不是"环境主义者"的特殊代理人。它代表着广泛亨有的价值观和国家利益；环境在很多方面都是每个人的事。

第四节　立法者目的

关于制定国家政策的理由，以及今后的一项目的指标已在《国家环境政策》这份报告中提出。该报告是在威廉·J. 范·内斯的协助下，我于1968年夏天应参议院内政与岛屿事务委员会亨利·M. 杰克逊参议员的请求编写的。这份文件已在《参众两院讨论制定国家环境政策必要性的联合座谈会》的报告中被重印（1968年7月17日）。[21] 当时，制定国家环境政策有三种选择：①国会的联合决议；②成文法；以及③宪法修正案。一部成文法似乎是最有效和最现实的选择，而且众议院和参议院已经在起草法案。

一项宪法权利法案（有几项已经提出）被否决，理由是该法案需要经历一个结果不确定的漫长过程，并且对"健康的"或"体面的"（decent）环境权能否得到司法界定存在疑问。尽管在1968年参议院关于《国家环境政策》的报告中附有一份建议草案，但是联合决议不会约束政府机构遵守。实现国家政策最可靠的策略是通过国会和总统对联邦机构行动的授权。国会在环境政策立法方面没有明确的宪法授权。但是国会和总统确

第二章 《国家环境政策法》：制定和解释

实有权阐明和指导联邦机构的政策和行动。由于联邦政府的使命直接影响了美国社会几乎每一个方面，因此可以制定一部既有效又符合宪法的环境保护成文法。此外，国家政策的法定声明至少在理论上可以对立法和行政部门产生道德约束。但是，没有预见到，《国家环境政策法》中声明的实质性目的不会对司法机关产生约束力，也不会被国会或总统认为是强制性的。

许多国会议员以不同方式和程度参与了《国家环境政策法》的制定。亨利·M. 杰克逊、盖洛德·纳尔逊和埃德蒙·马斯基参议员，以及约翰·丁格尔、乔治·米勒（George Miller）和埃米利奥·Q. 达达里奥众议员发挥了关键作用。参议院和众议院的立法因委员会管辖权的争夺而变得复杂。面对众议院领导层的复杂和拖延，约翰·丁格尔通过坚持不懈地努力，获得了一项法案（众议院第 6750 号法案）的管辖权，该法案将建立一个独立的环境质量委员会，该委员会"不受党派政治、内阁命令和部门观点的影响"。

《国家环境政策法》的立法者并不认为将环境质量委员会设置在总统行政办公室会使总统接受《国家环境政策法》的原则，或将环境问题放在其议程的重要位置。理查德·M. 尼克松总统反对将环境质量委员会设在总统行政办公室，并任命了一个内阁级别的委员会以阻止《国家环境政策法》。在这一努力失败后，他欣然接受了《国家环境政策法》，并任命了符合《国家环境政策法》第二章规定的资格的委员会成员。国会和法院都不能决定总统的利益或优先事项；美国《宪法》第 2 条第 3 款明确规定了总统的职责之一，即"总统应监督各项法律被忠实地实施"。因此，《国家环境政策法》的实施取决于总统在行政办公室（尤其是环境质量委员会）和环境保护局中的作用。环境政策的特定方面由其他机构管理（例如农业、内政、国防、交通和能源），但《国家环境政策法》是国家的总体"保护伞"（umbrella）环境法规，而环境质量委员会和环境保护局是《国家环境政策法》的监督机构。

该法案的措辞和环境质量委员会在总统行政办公室的位置，是为了确保国会宣布的国家机构不会被继任的总统及其白宫工作人员或内阁级别部门所忽视或颠覆。然而，一位不支持的总统可能会利用总统的任命权和启动预算的权力，以削弱《国家环境政策法》和环境质量委员会的有效性——正如罗纳德·里根政府时期所发生的那样。立法者似乎已经假定（或希望）继任国会将会保护由前届国会（第91届）颁布的法令。但是国会的表现好坏参半。国会已经（勉强地）拒绝废除环境质量委员会，但并没有采取行动维护《国家环境政策法》第二章的要求。被任命为委员会成员的人并不总是具备《国家环境政策法》第二章所规定的高级资格，罗纳德·里根总统、乔治·布什总统和克林顿总统都未能按照法律规定任命委员会成员，而参议院也默认了这一做法。减少环境质量委员会的预算拨款似乎是为了削弱其有效性。一个长期实践的政治策略就是拒绝给予一个不受欢迎的机构足够的人员和资金，否定其倡议，然后因其无成效而要求废除该机构。这是一项经常奏效的透明政策。

《国家环境政策法》立法者希望制定出一项连贯但不断发展的国家政策，这项政策应当是超越党派的，并且要利用现有的最佳科学。第91届国会通过自己的声明，创设了环境政策和实施的原则，并希望今后的国会和未来的总统能够遵守。但是，确保今后国会或继任总统履行其未曾做出但已继承的承诺，超出了任何国会的权限。

《国家环境政策法》一经颁布就被广泛误解为一部反污染法。《纽约时报》将理查德·M.尼克松总统签署《国家环境政策法》的报道作为头条,其标题为"尼克松承诺采取紧急措施消除污染"。[22]尽管这部法律非常简短,但是似乎很少有新闻媒体记者读过它。随着《国家环境政策法》第102(2)(c)条的司法强制执行,普遍的观点认为,编写环境影响报告是《国家环境政策法》的主要目的和意图。甚至享有盛誉的《科学》(杂志)的编辑似乎也同意这种误解。

许多法律期刊和法官意见中的评论强化了对《国家环境政策法》的有限理解。[23]这些评论者似乎遗忘了政策法的概念,这一概念有别于行政监管立法。实际上,《国家环境政策法》第101条的实质性规定被视为理想主义的修辞,其在行政上无法操作,并且在司法上也无法执行。然而,第101条的语言是明确且强制性的。尽管法院一般都将对《国家环境政策法》实质性条款的解释让与行政机构,但这一司法让步决不会使这些条款从成文法或总统的职责中删除。《国家环境政策法》的实质性条款可以通过行政命令和其他法律加以强制执行,并且可以接受司法审查。正如目前对各机构规定强制性义务的行为一样(例如保护文物、濒危物种和湿地)。

第五节 环境质量委员会的宗旨与职能

环境质量委员会是1969年《国家环境政策法》的组成部分。[24]如果忽视或者消除环境质量委员会的作用,将削弱《国家环境政策法》作为国家政策工具的地位。1969年通过的《国家环境政策法》开启了一项前所未有的全面创新。没有其他国家颁布过如此全面的环境法律。没有经验为其实施提供指导。如前所述,公众对环境的普遍关注在20世纪60年代后期迅速增加,并经常要求成立一个生态或环境咨询委员会,以指导政府环境政策的制定和实施。

1946年《就业法》设立的经济顾问委员会（Council of Economic Advisers，简称CEA）是最常被提议的一种模式。自1959年以来，许多法案提议设立一个与经济顾问委员会地位相当的高级自然资源或自然保护委员会，旨在查明重要的自然资源问题、监测环境影响、评估趋势，并就适当的行动向总统和国会提供咨询意见。但是，没有任何法律可以强迫总统或国会寻求或接受建议，尤其是那些可能使政治优先事项尴尬的建议。

大多数关于制定自然资源与环境政策的提案都采用了咨询委员会（advisory council）的概念，而经济顾问委员会提供了一个既定的模型。在某些关键问题上，《国家环境政策法》的措辞与《就业法》第4条的措辞相同。这项"在参议院的建议和批准下"的规定意味着国会对该委员会行动的关注。经济顾问委员会和环境质量委员会均未担任总统的私人代理人，其住所均不在白宫。

这两个委员会之间的一个显著区别是设立了一个关于经济报告的国会联合委员会（经济顾问委员会），而在《国家环境政策法》中却没有这样一个联合委员会。《国家环境政策法》的一些起草者敦促成立一个国会参众两院环境联合委员会，但遭到现有委员会主席们的反对，他们声称对《国家环境政策法》和环境政策的全部或部分具有管辖权。亨利·M.杰克逊参议员否决了设立联合委员会的这一构想，他认为，关于环境政策制定的管辖权之争可能会危及《国家环境政策法案》的通过。自1980年以来，历届总统都未将环境质量委员会视为一个委员会，而只任命了一名主席，1993年至1995年期间没有主席。既然环境质量委员会是为总统服务的，并且国会中没有一个联合监督委员会对《国家环境政策法》负有明确的责任，似乎就没有任

第二章 《国家环境政策法》：制定和解释

何强制手段说服总统任命一个完整的委员会。

为了解决法律与实践之间的矛盾，国会在 1988 年拨款法案中规定，尽管制定了《国家环境政策法》，但在 1988 财政年度，环境质量委员会只有 1 名成员（而不是 3 名），然后由该成员担任主席。当时的政治现实压倒了该法律的意图。环境质量委员会的业务职能似乎在一个人的领导下得到了很好的管理。就环境质量委员会履行解释性或准裁决性职能而言，仍然有理由要求设立一个完整的委员会。最高法院认为，环境质量委员会对《国家环境政策法》的解释有权得到实质性尊重。[25]

政治现实限制了环境质量委员会在实施《国家环境政策法》第二章和有关经济方面的职能。在国会中，"经济主义"或经济价值主导是一种根深蒂固的意识形态，而"环境主义"则是有争议的，经济顾问委员会在国会中表现得更好，美国联邦储备委员会主席可能比经济顾问委员会对国家经济政策有更大的影响，许多国会议员似乎认为，环境保护局足以履行他们愿意履行的为环境质量委员会规定的职能（预测未来并不是其中之一）。环境政策对大多数人的影响不如经济政策那么直接，许多环境政策与被国会议员视为其选民政治命脉的经济期望和利益之间有直接冲突。无论是总统还是国会都不容易被说服听从一个独立的委员会对有争议的环境问题的裁决。

从经济顾问委员会和环境质量委员会的比较中得出的结论是：前者代表着总统的最高优先事项，而后者即使声称自己是"环境总统"（an environmental president），在总统关注度上都相对较低。总统行政办公室各机构预算要求的巨大差异表明了总统的工作重点在哪里。即使经济顾问委员会成员对经济的看法与总统完全不同，也没有哪位总统会考虑废除经济顾问委员会。但是，吉米·卡特和克林顿政府曾试图废除环境质量委员会。

而在罗纳德·里根政府时期，预算紧缺严重地限制了环境质量委员会的职能。

由于环境方面的考虑跨越了大多数内阁级别部门和独立机构的管辖范围，而且由于总统权力是执行法律所必需的（并且需要通过宪法），因此，环境质量委员会的位置恰好可以满足《国家环境政策法》规定的义务。但是如果环境被认为不是总统的重要性政策领域，则其在总统行政办公室中的位置可能被认为是不合适的。后一种观点似乎是一些政府和学术界的高级评论员所持有的。

在国家公共行政学院（National Academy of Public Administration，简称NAPA）的一个由政府问责局（General Accounting Office，简称GAO）前局长埃尔默·B. 斯塔茨（Elmer B. Staats）担任主席的专家小组的报告中出现的一个例子，表明在其他方面有能力的华盛顿官员和顾问对环境政策的看法是狭隘而片面的。这份关于《行政总统：1990年代的联邦管理》（1988年）的报告，对总统行政办公室的未来发表了评论，并宣布：

> 专家小组对总统行政办公室中的专门目的办公室（例如环境质量委员会）的增加感到担忧，它们代表某些专门职能或选区，但对履行总统在国家政策制定和实施中的广泛责任贡献甚微。

该专家小组的报告揭示了对环境问题的不理解。根据该专家小组的推论，农业部、商务部和劳工部可能被错放到内阁一级，他们拥有比环境更专业的客户，而环境却像经济一样直接影响所有人，不论其利益如何。该小组成员大多是经验丰富的杰出公职人员，但他们所表达的观点却体现了传统短视的官僚保守主义。

第二章 《国家环境政策法》：制定和解释

该小组的意见表明，缺乏机构记忆，对立法史漠不关心和对以往经验的忽视，这往往是杰出政治人物的特征。在专家小组的报告中，没有证据表明，编写报告的工作人员对环境质量委员会的历史或基本原理进行了认真的调查；也没有证据表明，小组成员就这个问题寻求了有根据的独立意见。由卡内基国际和平基金会和国际经济研究所召集了一个为总统提供咨询意见的类似的"机构"小组——"利用程序实现目标"（1992年），该小组还建议废除环境质量委员会。对这些专家小组报告进行有根据的评估得出的结论是，公共环境中的声望并不一定与对公共政策各个方面的洞察力或理解判断相关。这些与改组总统行政办公室有关的小组似乎认为，总统顾问的合适角色，应由隶属于总统并向总统负责的被任命者个人担任，而不是由一个具有审议职责的独立委员会担任。1969年4月16日，在参议院第1075号法案的听证会上，亨利·M. 杰克逊参议员提到环境质量委员会时说："我认为，所谓的隶属于总统行政办公室的公正、客观、专职的环境咨询委员会就是要向总统提供关于采取何种行动的独立和公正的建议。"他还说："我提议的委员会，将配备适当的人员和装备以提供此建议。"亨利·M. 杰克逊的观点反映了十年来国会对协调联邦自然资源与环境政策的最佳方式的调查和共识。似乎值得怀疑的是，起草了第一流咨询小组报告的工作人员是否评估过这一经验，甚至是否了解这些经验。

将法定的环境质量委员会设置于总统行政办公室的动机是出于两个方面的考虑：首先，《国家环境政策法》适用于所有联邦机构，跨越部门管辖范围。《国家环境政策法》不能由任何一个部门适当地加以实施，并期望该部门将《国家环境政策法》的监督规定适用于其他大概同等的部门。机构间冲突几乎是不可避免的。其次，总统是联邦法律的宪法执行者，有权力和责任指导行政部门内各机构遵守法律。但是，对于总统如何履行宪法义务，确保法律得到忠实地执行，美国的判例似乎并不清楚。

在此足以充分观察到，将环境质量委员会设置于总统行政办公室是为了促进环境质量委员会对总统、各机构和国会的咨询作用。富兰克林·D. 罗斯福（Franklin D. Roosevelt）总统的行政管理委员会（即布朗洛委员会）［President's Committee on Administrative Management（Brownlow Committee）］将行政办公室的组成机构视为联邦政府的中央管理和协调机构，涵盖预算、人事、计划和行政管理。[26]虽然旨在促进总统在执行国家政策方面的行政职能，但被任命的中央管理机构人员没有被视为总统个人的政治助手。白宫工作人员是该委员会为了这一职能而"发明"的。

近年来，白宫工作人员与总统行政办公室之间的这种区别似乎已经消失。尽管其目的是协助总统履行其管理职责，但在这些中央机构主要官员的法定任用资格的规定中却隐含了更广泛的政府责任。对于环境质量委员会的任命（须经参议院批准），第二章规定：

> 每个委员都应当经过相应的训练，具备一定的经验和造诣，有能力分析和解释各种环境发展趋势和信息；按照本法第一章规定的政策对联邦政府的计划和活动进行评价；对国家的科学、经济、社会、美学和文化等方面的需要和利益具有清晰的认识和责任感，并能就促进环境质量的改善提出各项国家政策。

这种措辞密切遵循建立经济顾问委员会的措辞，总统任命白宫工作人员不需要类似的标准要求。

第二章 《国家环境政策法》：制定和解释

环境质量委员会对于《国家环境政策法》的目的和实施预期是不可或缺的。《国家环境政策法》的立法史及其前身清楚地表明，一个拥有主动权的咨询委员会被认为有利于制定和监督国家自然资源与环境政策。环境质量委员会应设立成一个高度称职的审议委员会，而不是一个非法定的行政官的原因被反复阐明。克林顿总统提议用一个非法定的白宫办公室取代环境质量委员会，这似乎忽视了这些原因。但是，由于1976年《阳光政府法》（第94-409号公法，Government in the Sunshine Act）对政府的解释，使三方委员会的运作变得复杂起来。这项立法所要求的烦琐程序妨碍了该委员会的审议和对总统的咨询作用。总统最方便的回应（如前所述）是将该委员会缩减为单一的主席——几乎不是一个委员会。事实证明，这种安排便于总统处理预算和处理政治优先事项，但改变了环境质量委员会的预期作用，有效地减少了其审议职能和第二章的责任。

第六节 强制行动条款的实施

《国家环境政策法》的实施和强制行动规定主要载于第一章第102条。第103条、第105条[27]以及第204条、第205条[28]关于环境质量委员会（大部分未履行）职能的条款中均有实施规定。要求总统提交《环境质量报告》（第201条）的条款强调了《国家环境政策法》作为国家政策的重要性。从原则上讲，实施国家环境政策似乎不是一项随意的总统政策，尽管总统在实践中如何履行其宪法职责在很大程度上取决于（但不完全）他的决定。美国《宪法》第1条赋予国会立法权，这就意味着国会有权确保"立法目的"不被忽视或违背，但"立法目的"不会自己从国会转移到国会。

由于第 102（2）(c) 条对联邦机构规定了强制性的履行要求，因此，其实施情况可由法院审查。如前所述，"环境影响报告"（见第三章）这一强制行动条款在《国家环境政策法》早期草案中并没有规定。"环境影响报告"这个概念是在1969年4月16日参议院内政与岛屿事务委员会举行的公开听证会上提出的。该委员会主席兼参议院法案的主要发起人亨利·M.杰克逊参议员同意该委员会工作人员的看法，即如果没有一个合理的条款，该法案可能只不过是一个虔诚的决议，联邦官僚机构可以无视而不受惩罚。人们也有充分的理由怀疑，是否可以依靠总统来执行该法案。

参议院内政与岛屿事务委员会的一些工作人员认识到环境影响报告的新颖性以及缺乏实施经验，因此促请制定条款和提供资金，以帮助各机构学习如何履行第102条规定的职责。然而，为实施《国家环境政策法》而拨款的这项提议没有被接受。增加《国家环境政策法》的初始成本可能会危及其在国会的通过。

在与有关机构协商之后，环境质量委员会承诺通过发布指南来弥补在影响分析方面的经验不足。但是，机构普遍认为，不管《国家环境政策法》使用的措辞如何，环境影响报告的要求与它们的使命职能无关。其结果是，与环境影响报告有关的行动往往被误导，是不够充分的，并且与机构规划和决策无关的。由于缺乏有效的解释，《国家环境政策法》的目的被广泛地解释为编制环境影响报告，以避免在法庭上被推翻。在卡尔弗特·克里夫斯协调委员会诉原子能委员会案的法院裁决之后，情况尤其如此。[29]从理论上讲，这些机构必须严格遵守《国家环境政策法》规定的环境影响报告强制性程序。这些规定适用于自1970年1月1日《国家环境政策法》生效之日起所有具有重

第二章 《国家环境政策法》：制定和解释

大环境影响的行动，以及适用于该日期的有效项目和政策，无论其先前的授权或完成状态如何，正如法院在1972年吉勒姆水坝（Gillham Dam）案（环境保护基金会诉工程兵部队案）中所做的裁定。[30]

一些观察家称赞《国家环境政策法》是一部"环境大宪章"（Environmental Magna Carta）；另一些人则嘲笑环境影响报告是未充分就业的生态学家的"恶作剧"，并且无视它的历史和目的，宣称这对环境保护运动是一场灾难。美国企业研究所的一位兼职学者认为，"《国家环境政策法》最终不仅仅是一个象征"。[31]他对此表示遗憾。在获得环境影响报告的进一步经验之后，吉米·卡特总统于1977年发布了第11991号行政命令，使环境质量委员会能够通过统一的规定，增强环境影响报告的信息价值，协调其在各机构之间的实施，并弥补先前的不足和抑制滥用——其中许多都是由于在履行《国家环境政策法》的授权方面缺乏经验而造成的。

一些机构很早就表现出了合规性；另一些机构则试图逃避与其任务无关的环境影响报告要求，或者通过最低限度的形式程序（pro forma procedures）来满足法院的要求。白宫与管理和预算局（Office of Management and Budget，简称OMB）明确支持《国家环境政策法》，可能促使这些机构更加认真地努力遵守《国家环境政策法》的原则。但是，在通常情况下，当总统行政当局看到一项他认为在推动方面没有任何政治优势的政策时，执法在很大程度上就留给了法院。尽管如此，机构已大致达到遵守环境影响报告规定的形式要求。并非所有的机构工作人员都对《国家环境政策法》的原则和程序漠不关心或持反对态度。一些人，尤其是年轻的工作人员，对《国家环境政策法》的目标表示欢迎。

第七节 总统职责

尽管《国家环境政策法》声明了一项国家环境政策,并且设立了环境质量委员会以促进其实施,但仅凭此法律并不能使环境质量委员会履行其职责。在谈到实现《国家环境政策法》目的方面的关键作用时,亨利·M. 杰克逊参议员指出:

> 一项国家环境政策的声明并不一定会改善或加强人类与环境的整体关系。目前的问题不仅仅是缺乏政策。它还涉及需要使现有政策合理化和协调,并提供一种可以不断审查这些政策的手段,以确定这些政策是否符合所有美国人在优质环境中过上优质生活的国家目标。但是,一项国家环境政策声明可以提供一种新的组织概念,通过这种概念,可以更好地认识和理解国家的需要和目标,并以此来衡量和评估政府职能。[32]

联邦政府行动的宪法职责由立法、行政和司法三部分组成。除了国家元首的作用外,总统职位的设立是为了监督行政部门的行政管理和法律的执行。但是,关于总统的地位有两种不同的解释。这些差异是很重要的,因为两者都是该职位所固有的。第一种观点认为,总统作为重要的机构角色,负责在一个相互联系的公法、政策制定和治理体系中履行首席管理职能。[33]第二种观点强调总统作为政治领袖的作用,阐明目标和说服行动,在很大程度上独立于立法部门,并在他选择性地关注联邦法律的多样性方面,拥有广泛的自由裁量权。[34]机构总统职位将任职者置于该职位之下,并服从美国《宪法》第2条规定的职责;个人总统强调现任者的政治领导和决策能力。这些差异表现在某些总统任期特有的倾向上，但都是总统职位所固有的。他们对《国家环境政策法》和环境质量委员会的不同之处在于，总统使用总统行政办公室的方式。然而，无论如何，总统的个人优先事项无疑是主要因素。

除了某些例外，在约翰·F.肯尼迪当选之前，机构总统的概念在美国政治中盛行。此后，默认个人总统在新闻媒体和公众心目中，甚至在国会中获得了优势。20世纪50年代以后，电视的出现是使总统职位个性化的一个主要因素。在任一时期，公众对总统职位的主要看法往往反映了现任总统所偏好的风格和情况。将对《国家环境政策法》的监督置于总统行政办公室而不是白宫，旨在促进总统的机构作用。因此，无论总统的个人优先事项如何，都可以期望总统加强《国家环境政策法》的实施。总统的个人风格体现在对其办公室的政治或管理方面的重视上，但总统往往将管理职责置于政治议程之后——这一趋势在最近几届总统行政当局中尤为明显。

总统职位的机构方面是对公法的执行。个人总统职位的重点是现任总统的优先事项和个人议程。在克林顿总统的第一个任期内，环境质量委员会的历史例证了管理决策的一个运用，在该决策中，在批评者看来，总统的个人议程似乎已经超越了其作为机构在公法上的责任。克林顿总统对环境政策管理部门进行改组的决定说明了这种二分法的重要性。废除环境质量委员会，将《国家环境政策法》的管理权移交给内阁级别的环境保护部，同时，在白宫设立一个环境政策办公室，这一提议可能与克林顿-戈尔的"政府再造"主张相一致，但却忽视了环境质量委员会的法定地位。[35]这一行动背后的哲学假设似乎是，行政管理的职能应该移交给内阁级别的机构，从而使总统能够发挥主要的政策制定和说服作用。

46　　《总统行政管理委员会报告》（1937年）阐明了将中央管理机构纳入总统行政办公室的原因。其中最重要的原因是部门间的对抗、竞争和不合作。工程兵部队与垦务局之间、国家公园管理局与森林管理局之间以及不同的武装部门之间的冲突是众所周知的。接近华盛顿的观察家还注意到，各部门和跨机构委员会之间存在相同的趋势，即通过妥协来照顾互补利益，从而保护彼此的项目、计划和预算，但不一定考虑到更广泛、更长远的公共利益。

国会和法院都不能直接强迫总统执行一项特定的法律解释，如通过一项强制令。国会可能会间接影响总统的行动。国会确实拥有说服总统更加认真地对待《国家环境政策法》的权力（例如拨款、批准、调查）。但是，公众对非具体的原则问题的冷漠，以及组织良好的与环境保护相冲突的经济利益集团的压力，都削弱了国会对《国家环境政策法》进行支持性监督的可能性。尽管如此，已经举行的此类监督听证会肯定了《国家环境政策法》和环境质量委员会的作用。

目前尚不确定，在所有其他条件不变的情况下，只改变或修订《国家环境政策法》的文本本身是否会提高该法的有效性。当政策实施出现问题时，美国人往往倾向于（但不限于）寻求技术解决方案。但是，真正的困难往往在于其他方面——通常是技术补救办法无法修复的价值观和观念。即便如此，《国家环境政策法》的实施和环境质量委员会的整合作用，也无法与机构总统的国会职责实际分开。由于对《国家环境政策法》实施的犹豫不决，有人建议需要重新审查总统行政办公室的地位和重要性。

第二章 《国家环境政策法》：制定和解释

第八节 结 论

《国家环境政策法》可能是一部强有力的法律，尽管在某些法律问题上尚不完全清楚，但它具有良好的融合性、内部一致性和灵活性。《国家环境政策法》在多大程度上直接影响国家政策可能是有争议的。但是，《国家环境政策法》对美国产生了重大影响，并影响了其他国家的政府，这一点是毋庸置疑的。《国家环境政策法》并不是一个突如其来的灵感，也不是由环境游说团体强加给毫无戒心的国会和公众的。《国家环境政策法》的目的绝不是编写环境影响报告，但这种强制行动程序极大地提高了联邦行动中的生态合理性，而传统的联邦行动很大程度上忽视了环境后果。[36]任何技术调整或行政重组都无法达到《国家环境政策法》的目的。要按照预期实施《国家环境政策法》，总统必须致力于实现《国家环境政策法》的目标，并为此目标行使总统的任免权、预算权和领导权。

关于现实中不能期望总统会支持国会为他制定的政策和设立的机构的观点是错误的。法律是由国会和总统通过的。美国《宪法》要求总统确保法律被忠实地实施。与英国的皇室一样，总统职位不仅仅是个人任职。美国《宪法》第2条规定的总统的宪法义务，排除了对法定机构的合法疏忽，因为该机构职能不服务于总统的个人议程。但是，国会（尤其是参议院）需要更有效地履行其批准和监督职责，以确保国家政策不被忽视。因为这不仅是法院的责任，而且同样是总统和国会的责任，"确保在国会大厅里宣告的重要立法目标，不会在联邦官僚机构的巨大走廊里丢失或被误导"。[37]

但是，立法目的可能会随着接任的国会中的多数票（甚至是一票之差）而改变。关于《国家环境政策法》诞生的书面记录，应该清楚地表明《国家环境政策法》的设计者、国会提案人以及委员会工作人员的意图。但是，许多《国家环境政策法》的批评者似乎是在主观前提下对它进行解释的，而没有探究该法案的立法史，也没有探究对该法案语言和内容负责的人的假设和期望。这些批评者忽略了《国家环境政策法》广泛而基本的原则和目标的含义。一方面，《国家环境政策法》被视为国家环境政策的基石；另一方面且更重要的是，《国家环境政策法》应该成为未来的基础。

第三章
环境影响评价

> 在此问题的政府重组方面需要的是,在立法上创造那些将促使各部门必须遵守强制行动程序的情况。否则,这些崇高的声明什么都不是,只是声明而已。
> ——亨利·M.杰克逊参议员在参议院第 1075 号法案听证会上的发言,1969 年 4 月 16 日

影响评价作为一种过程和技术出现于 20 世纪下半叶,它是对迅速发展的技术创新和经济发展带来的无法预见和不必要的后果的回应。当时出现了几种形式的分析和评价,包括环境、社会经济、技术和比较风险评价,以及扩展的成本效益分析。其中,环境影响评价作为 1969 年《国家环境政策法》的一个组成部分而受到重视。[1]《国家环境政策法》第 102(2)(c)条的直接目的是迫使机构注意该法第 101 条的实质性规定。为了充分理解影响评价要求的含义,除了应当阅读为了实施《国家环境政策法》而制定的《CEQ 条例》之外,还应当阅读《国家环境政策法》第 102 条中的所有款项,尤其是其中(d)、(e)、 (f)、(g) 和 (h) 款项。²

评价及其产生的环境影响报告对《国家环境政策法》的影响不限于文件，还延伸到《国家环境政策法》的实施和整个有环境影响的联邦项目的协调。除了其在《国家环境政策法》中的目的外，环境影响报告还开创了一项在世界范围内具有重要意义的程序，并对今后具有重大或持久环境影响的公共和私人决策产生影响。"评价"（assessment）一词（在"环境影响评价"中）相对于《国家环境政策法》有两种含义为：①确定是否需要完整的环境影响报告的具体探索过程；②通用术语，是分析和评价的代名词。这里使用这两种含义，根据上下文区分。

环境影响评价的策略是纠正联邦机构孤注一掷地追求发展目标的倾向，这是由于缺乏足够的信息，并且很少关注不良反应或意外后果所导致的。如果要声明和实施国家环境政策，那么就要从改革联邦机构的做法开始。到20世纪60年代，全国范围内影响环境的各种活动都需要联邦政府某种形式的参与和批准。在没有直接针对私营部门的立法情况下，联邦政府可能会通过执照、许可证、补贴、租赁、贷款和赠款的要求，来影响或限制私营部门对环境造成影响的活动。这样做的目的不是限制联邦政府对国家经济增长的贡献，而是要确保联邦政府的行动不会造成代价高昂且可以避免的环境损害。

在公共土地的管理方面，国会面临着日益多元化的需求，其中许多需求与资源开发的传统主导政策是不相容的。在生态和历史保护、户外娱乐、国家公园和古迹、荒野地区、野生动植物保护区以及美洲原住民宗教场所等方面都确立了新的环境价值观，与迄今为止占主导地位的伐木、采矿、放牧和农业用途相竞争。面对与公共土地不相容的要求，国会通过了1960年《多用途持续收益法》。该立法主要是代表资源开发利益集团而颁布的,目的是防止他们被排除在保护区之外,它没有规定在需求不相容的情况下,应当优先考虑哪些用途。但是,《国家环境政策法》为传统的政治冲突提供了一种明智的选择。第101(b)(4)条声明,其目的是"保护国家历史、文化和自然等方面的重要遗产,并尽可能保持一种能为每个人提供丰富与多样性选择的环境"。在整个公共领域,多种用途可能在某些领域与环境质量和《国家环境政策法》的价值观相兼容,但在其他领域则不然。《国家环境政策法》授权并原则上提供了在各种备选方案中作出明智选择的标准。

《国家环境政策法》中环境影响评价的最初目的是迫使联邦机构确定和考虑其计划、项目和决定的环境后果。最终目标是使联邦机构政策符合《国家环境政策法》序言和第101(b)条声明的价值观(其实质性规定)。尽管环境影响评价和环境影响报告在任何情况下都没有规定机构必须作出某一特定的决定,但这一程序将迫使机构发现和公布其提案的环境影响,从而使考虑不周的项目面临挑战。

第102(2)(c)条(v)项规定:"该说明评价应当与负责制定和执行环境标准所相应的联邦、州以及地方机构所做的(影响)评价和意见书的副本一并提交至总统与环境质量委员会,并依照《美国法典》第五章第552条(《信息自由法》)的规定向公众公开。"对于许多评论者来说,这些正式程序被概括为"《国家环境政策法》程序",并成为《国家环境政策法》的核心内容,而这只是一个程序的开始,实际上其涉及的远不只是"文书工作"(paperwork)。影响评价的工具性目标是更好地了解情况、更协调和更合理的联邦公共行政。

第一节 程序盖过目的

任何一般都有例外。因此，可以说美国人在法律问题上对程序的痴迷超过了对实体的痴迷。无论是《国家环境政策法》程序、中东"和平进程"，还是法院的"正当法律程序"，或者对公民权利和刑事司法的诸多限制，程序往往是主要考虑因素。对于这种强调程序的做法，有一些历史解释，但这些解释很容易掩盖可能据以引用程序的法律目的。《国家环境政策法》被批评主要是因为涉及文件的编制，即"《国家环境政策法》程序"。实际上，根据具体情况，可能至少需要五种类型的文件。它们是：

（1）编制环境影响报告的意向通知（Notice of Intent，简称NOI）；

（2）环境影响报告草案、最终版和补充版；

（3）决策记录；

（4）环境评估（Environment Assessment，简称EA），用于既未明确排除，也不属于环境影响报告范围的行为，或者用于确定是否需要完整的环境影响报告；

（5）查无重大影响的报告（FONSI）。

显然，并非所有情况下都需要这些文件。正是对相关信息的收集和分析，才能够实现《国家环境政策法》的目的。嘲讽环境影响报告的编制在反环境主义者中很流行——诋毁环境立法，尤其是《国家环境政策法》。批评者指出了《国家环境政策法》程序的所谓失败之处：过高的成本，项目实施的延迟，科学的滥用以及意识形态的偏见，这些抱怨都来自最糟糕的情况。批评者很少探究或解释他们批评的真正原因——环境保护挫败

第三章 环境影响评价

了他们的私人野心——或者批评者指责该法，而不是指责负责该法实施的管理者和机构。批评者似乎忽视了影响评价是一个学习过程。人们忽略了第102（2）(c)、(d)条中旨在获得协调和整合影响环境的重大项目或计划的规定。尽管这些规定（详述如下）并不强制实施政策融合，但它们确实提供了促进政策融合的程序。第102（2）(c)条（v）项规定：

> 在制作第102（2）(c)条(v)项规定的详细说明之前，联邦经办官员应当与依法享有管辖权或者有特殊专业知识的任何联邦机构进行磋商，并取得它们对可能引起的任何环境影响所做的评价。该说明评价应当与负责制定和执行环境标准所相应的联邦、州以及地方机构所做的（影响）评价和意见书的副本一并提交至总统与环境质量委员会，并依照《美国法典》第五章第552条的规定向公众公开。这些文件应当与提案一道依现行机构审查办法的规定审查通过。
>
> （d）1970年1月1日以后，在州补助金计划资助下的任何重大联邦行动，因下列情形而由州机构或者官员准备执行的，亦应当依（c）条的规定提供详细的说明书：
>
> （i）由州机构或者官员作为责任者对全州的此类行动享有管辖权的；
>
> （ii）由联邦经办官员提供指导并参与准备工作的；
>
> （iii）在核准与采用前，由联邦经办官员独立评价说明书的；
>
> （iv）1976年1月1日以后，对其他州或联邦土地管理的实际行动，或者可能对州或联邦土地管理产生重大影响的替代方案，联邦经办官员应当提出初步通知书并要求其提出意见。对这类行动的影响有不同意见的，应当准备有

关书面的影响评价与意见书,并编入详细说明书内。

执行本项所规定程序并不减轻联邦官员对整个说明书范围、目标、内容以及本条的任何责任,即本项规定不影响由州机构制定缺乏全州性管辖权说明的合法性。

《国家环境政策法》程序不仅仅是编写和审查影响报告。《国家环境政策法》为改善环境政策与项目的公共行政的实质和经济、效率、有效性提供了手段。《国家环境政策法》有能力揭示联邦机构、州和地方政府可能在何处追求不同目的或重复议程。除了一些机构在影响报告中承担的不可辩驳的成本外,全面和客观地实施《国家环境政策法》程序,可以避免比分析和评价环境影响的成本大得多的公共项目支出。

环境影响评价不能仅凭第 102(2)(c)条来理解。自 1978 年以来,环境质量委员会颁布了具有法律效力的《CEQ 条例》,其目的是引导、指导、纠正和协助机构履行第 102(2)(c)条规定的职责。机构有责任遵守《国家环境政策法》的目的和程序。《CEQ 条例》是在与机构协商的基础上,借鉴以往准则的经验制定的。1977 年 12 月 12 日,经总统批准,环境质量委员会发布了供机构审查的官方条例,以取代之前实施《国家环境政策法》和环境影响评价程序的准则。这一行动使影响报告的重点和内容显著改善,这符合政府问责局(1972 年 5 月 18 日和 1977 年 8 月 9 日)和联邦文书委员会(1977 年 2 月 25 日)的建议,并与环境质量委员会(1976 年 3 月)对 70 个联邦机构的 6 年环境影响报告经验的分析相一致。根据《CEQ 条例》规定,这些机构可以自由制定适合其特定使命的补充条例。《国家环境政策法》未提供影响报告的形式和内容的样式。一段时间的反复试验、实验和经验是必要的。

第二节 误解环境影响报告

与其他法律相比,《国家环境政策法》在其环境影响报告的信息强制方面总体上是有效的。环境质量委员会和国务院所做的一项非正式文件的调查发现,《国家环境政策法》在国外至少 80 个国家或地区被效仿——比美国其他任何法律都要多。包括波多黎各和哥伦比亚特区在内的多达 16 个州已经颁布了"小《国家环境政策法》"(little NEPAs),这些州具有环境影响评价要求,并为许多市政当局和一些私营公司采用的政策制定分析程序提供了模型。[3] 那么,为什么一些评论者认为环境影响报告是有争议的呢?有几个原因有助于解释为什么《国家环境政策法》程序盖过了其目的。

最明显的原因是律师和法官对《国家环境政策法》程序的不完整的、简化的解释,只限于编制文件,通常忽略了影响评价的协调和避免浪费的潜力。第二个原因是环境影响报告作为攻击环境运动目标的便利性。一些评论者声称关注环境保护,但他们认为,市场上的私人选择、针对个人损害的普通法救济措施、机构在其组织法规下的自律以及公众监督,都可以在不增加《国家环境政策法》的情况下,为公众提供更好的服务。

引起争议的另外两个原因是,《国家环境政策法》程序和原则对联邦官僚机构习惯行为的"强加"(imposition)。首先,由于《国家环境政策法》实际上修订了所有联邦机构的基本使命和组织法,所以机构内部对这种强加于人的新规则感到不满。环境影响报告尤其引起了一些年长官员的极大愤慨,他们像一马当先的老马一样追求他们的使命。但是,许多年轻的机构人员对《国家环境政策法》程序表示欢迎,认为《国家环境政策法》程序是一种更加合理、更能站得住脚的计划、项目规划和决策方法。

其次，官僚机构的第二个反对意见是对机构的专业知识提出疑问。一旦获得国会的项目批准，这些机构通常可以自由地规划大坝、公路、机场、排水工程和其他环境改造活动，而几乎不会受到公众干扰。这些机构很少有义务向公众（或其他机构）透露有关其计划的任何信息，也不习惯接受没有官方身份的人的询问。在许多机构中，习惯性的做法是将公开听证会推迟到推土机准备就绪时举行，而此时已来不及修改计划或停止这个项目。《国家环境政策法》的全面披露条款是对《信息自由法》的补充，也是对官僚自治和专业知识的冒犯。《国家环境政策法》提出了一种新的公共信息处理方法，这种方法对该机构始终"最了解情况"的态度提出了质疑，有时还与之相矛盾。

一些机构人员（曾被客户要求）认为，《国家环境政策法》使他们的任务复杂化、烦琐且拖延。据称，环境影响报告的文书工作减缓了进度并推高了成本。对于那些在生态和经济上有缺陷的项目，它们造成无法预见的环境损害，或者需要昂贵的持续监测或缓解措施，可能产生更大的费用。一些机构可能试图通过将项目计划中一些不可避免的费用转嫁给环境影响报告程序，以掩盖公共工程的全部真实费用，从而使环境影响分析看起来是一项昂贵的附加费用，并且给人一种机构预算节俭的假象。

除了专业的官僚保守主义外，一些美国人的信仰和偏见在原则上与将环境影响评价作为强制性程序规定是不相容的。至少可以确定四种观点。首先，第一种观点认为，重视环境（即热爱自然）是一种主观的价值观——感伤的、不切实际的和反人类的。第二种观点认为，公共环境保护（尤其是影响分析）

的成本往往超过它的价值——它给经济带来负担,对就业、收入、私有财产、经济增长和"进步"起反作用。第三种观点是个人主义自由意志论者的态度,他们认为环境质量的好处(例如国家公园和荒野地区),应该由那些认为有需要的人来购买和支付;公众不应被要求承担仅能反映部分美国人价值观的费用。

《国家环境政策法》第 102(2)(b)条要求在决策过程中适当考虑目前无法量化的环境设施和环境价值。一些批评者认为,这在文化多元性的国家中是无法控制的。这就引出了第四种观点,即价值是无法衡量的,在任何情况下都是主观的,是无法理性实施的。这些争执的累积效应使人们普遍认为,《国家环境政策法》的环境影响报告强制行动程序会给经济造成不必要的、代价高昂的和不公平的负担,并阻碍"进步"(未定义)。但是,随着对影响分析的经验积累,对影响报告要求的抱怨已经减少,而且这个程序已经变得专业化。在某种程度上,影响分析技术的改进扩大了科学、不可量化的价值和远见卓识在机构规划和决策中的作用,环境影响报告已成为提高环境和经济质量以及可持续性的有效工具。但是,在许多方面都需要评价过程的专业化,这确实也存在使其本身成为一个最终目标的风险。

《国家环境政策法》第 102(2)(a)条的要求是"应当采用足以确保综合利用自然科学、社会科学以及环境设计工艺的系统性和跨学科的方法",这与"环境影响报告条款"的目标是不同的,但又加强了这一目标。为了确定《国家环境政策法》第 102(2)(a)条和法定的未量化价值[第 102(2)(b)条规定的]是否确实成为机构决策的特征,有必要对机构规划、程序及其结果进行"案头审计"(desk audit)审查。这将符合《国家环境政策法》第二章第 204(3)条规定的环境质量委员会的监督职能。但是,如果没有明确证据表明总统支持《国家环境政策法》，这些强制行动条款就有可能被规避或者被篡改的风险。

影响报告提供了（至少暗示了）可能发生的情况的信息，以及有关在联邦行动影响环境质量时，应该做或不应该做什么的信息。第102（2）(c) 条要求各机构找出对环境有影响的提案的替代方案，第101（b）条声明了指导机构政策规划的原则和目标。合理的含义是，在没有令人信服的相反的论据的情况下，应采用最接近《国家环境政策法》目标的替代方案。但是《国家环境政策法》并没有强迫机构采用最环保的替代方案。尽管《CEQ 条例》（美国联邦法规第 40 号 CFR）第 1502.2（d）条将影响评价与《国家环境政策法》第 101（b）条的价值观联系起来，但该条似乎缺乏保证遵守的力度。

环境质量委员会的一份针对机构的《〈国家环境政策法〉程序中替代方案的考虑因素》的调查报告显示，在实践中存在相当大的差异。[4]在对调查表作出答复的 28 个机构中，有 20 个机构表示，正在讨论的项目的环境文件中提到了《国家环境政策法》的目的和目标。另外有 2 个机构表示，虽然在影响报告中没有特别提到《国家环境政策法》，但其目标仍在执行中。

实现《国家环境政策法》目标的一个弱点是，一些机构倾向于在审议其他替代方案之前，通过一项优先的提案和行动计划。因此，机构人员对作为优先决定的初始提案具有既得利益。影响评价的目的是提供信息、警告和（可能的）纠正。但是从狭义上讲，它有可能使一项根本不应该采取的行动变得更容易被接受。第 102 条所要求的分析过程对于影响环境的负责任的决定是至关重要的，但仅靠分析过程不足以充分实现《国家环境政策法》的目的。不幸的是，《国家环境政策法》第 102（2）(c) 条要求的影响报告并没有明确地与第 101（b）条相关联，从而使最高法院能够将《国家环境政策法》解释为实质上是程序性的。最高法院多数派对《国家环境政策法》做出了狭义的解释，并一贯推翻下级法院支持国会环境政策声明的实质性目的的裁决［第101（a）、（b）条］。[5]一些下级法院认为，《国家环境政策法》的实质性条款规定了不能忽视的责任。

第三节　科学与影响评价

《国家环境政策法》的目的是利用科学作为信息来源，纠正影响环境的公共政策。科学已经在许多公共计划和项目中得到应用。但是，科学的这些用途往往狭隘地、有选择地集中于特定的机构目标。此外，科学的特征是报告概率，而不是绝对确定性。因此，与需要明确是或否的法律问题不一致。第102（2）（a）条要求联邦立法使用跨学科方法是例外，社会科学和环境设计工艺（而非工程）的立法用途也是例外。

但是，《国家环境政策法》要求系统地、综合地和跨学科地利用所有科学进行，以揭示有重大环境影响的机构行为可能产生的影响，从而扩大环境政策的信息基础，并扩大科学在机构规划和决策中的应用。一些行政人员和科学家对此持怀疑态度，他们认为科学还不足以回答许多环境政策问题。一些科学家认为，政客和官僚应该远离只有科学家才能理解的科学相关问题。由于在决策中加入环境因素，决策过程必然变得更加复杂，行政程序也扩展到迄今未得到承认或避免的问题。此外，在政府事务中，政治影响和民意比科学更重要。一些科学家反对说，影响分析会产生"跨学科的大杂烩"（interdisciplinary mish-mash），并认为政治影响将导致"糟糕的科学"，反环境主义者很容易接受这种说法。

当今的科学无法单独回答与全部拟议行动的环境后果有关的所有问题。在潜在的关键因素未知的情况下，假设确定性几乎总是存在不确定性和风险的问题。[6]此外，一次性评价可能不是环境趋势或后果的可靠指标。监测变化、重新评价预测和考虑环境影响的累积效应是可靠的环境影响评价程序的必要属性特征。[7]此外，科学信息的内容可能会随着时间的推移而改变。可靠的环境影响评价很少是一次性的事件。对不确定性、累积效应和不可避免的变化的理性反应是适应性环境管理。[8]保持灵活性、防止滥用是有效环境决策的附带条件。即使在最充分利用科学的情况下，环境影响报告也不是一份科学文件。在充分的环境影响分析中，必须考虑的不仅仅是科学。如前所述［第102（2）(b)条］，联邦机构被授权并指示"与依本法第二部分规定而设立的环境质量委员会进行磋商，确定并开发各种方法与程序，确保在做出决策时使得当前尚不符合要求的环境设施和环境价值能与经济和技术问题一并得到适当的考虑"。将社会科学融入机构的规划和决策的告诫［第102（2）(a)条］，可以将公平、道德和环境正义的考虑融入决策过程，当价值观发生冲突时，可以扩大调解的基础。

如果科学可应用且通常足以进行分析，则不应假定科学总是产生确定的结果。第102（2）(a)条的目的是系统地使用科学来纠正那些有选择性、构思狭隘的提案，这些提案没有揭示其实施的所有可查明的影响。但是，当今实践的科学还不是整体性的——大多数科学研究都集中在研究对象的选择性维度上。有许多科学，其中有知识的鸿沟和在他们的假设和解释中未解决的矛盾。将社会科学纳入影响分析可以扩大其信息价值，但也会增加其复杂性并暴露其不确定性。总之，科学对于影响分析是必不可少的，但它也有局限性，而且只是这个过程的一部分。

一般来说，确定可能的环境影响与评价其重要性更容易。当考虑到环境影响的社会、经济和生态后果时，不难发现并非所有人——或者生态系统的所有要素——都受到同样的影响或以同样的方式受到影响。科学可能无法解决影响评价中的所有异常情况，但它可能有助于确定在政策选择中应考虑的重要事实。

科学在影响分析中的最佳用途可能是检验计划或项目提案背后的假设。科学并不一定能说明所有可预见的后果，但当它揭示了可验证的证据在多大程度上支持假设时，它有助于做出明智的决策。如果它的假设可以被证伪，或被揭示为有选择性的偏见，那么一个命题的科学基础就值得怀疑。但是，公共政策决策所依据的假设并不总是明显正确或错误的。他们经常表达关于价值观、伦理、平等或经济的信念，这些信念超出科学的范围，并且常常是激励政治决策者的观点。当科学的方法或研究结果引起公众关注时，例如对当前空气、水、食物和放射性辐射污染的担忧，科学就会影响环境政治；如果可以预测未来的影响，例如气候变化、平流层臭氧耗竭和人口增长，情况就更不乐观了。

《国家环境政策法》的起草者认识到，现有的科学水平不足以解决与环境有关的许多问题。有效的影响评价需要可靠的科学知识，因此，早期的《生态研究和调查法案》的一些目标被写入《国家环境政策法》的第二章。这些研究条款的职责大部分转交给了环境保护局。环境质量委员会的主要研究任务是监督、激励、资助和协助环境科学的发展。它不是要做研究，而是要成为资源的催化剂，使其能够与国家科学基金会、国家研究委员会、大学以及行政机构的研究办公室和非政府组织合作，以解决关键的环境问题。要完成这项任务，需要适当的资金和得到国会或总统批准的明确信号,而环境质量委员会都没有收到。

如果科学方法和研究结果成为更可靠的预测工具,那么科学可能相应地对公共政策产生更大的影响——但这种影响不一定转化为决策;科学还可能扩大和加剧政治两极分化。有些人反对环境主义,有些人怀疑科学的正确性,他们的动机和目标是自私的和(或)意识形态的。在我们的社会中,科学在政治政策方面的传统作用一直是服务——而不是质疑。因此,《国家环境政策法》第102(2)(c)条的规定要求机构证明已经考虑了对环境有影响的提案的替代方案,这一规定导致了对科学证据客观性的争议,正如在全球气候变化问题上,一些科学家认为不存在任何问题一样。随着科学证据的重要性和科学家之间共识的增加,科学对环境政策的影响也在增加。即便如此,在政治上,还是有相当数量的美国人对科学的"真实性"有着复杂的感情,许多人更喜欢他们的"常识"观点或神学信仰,而不是科学研究结果。[9]在环境政策中,对科学的更大威胁是在恶毒的反环境言论中歪曲和掩饰科学信息。反环境倡导者的一个共同主题是,他们捍卫"健全的科学"(sound science),反对所谓的偏颇的环境主义伪科学。[10]

环境政策是建立在有缺陷或偏颇的科学基础上的指责,由少数广为人知的科学家提出,但大多数是由原则上反对"环境主义"的组织或个人提出的。与所谓的保守基金会和"智囊团"有关联的个人,例如太平洋法律基金会、山区州法律基金会、传统基金会、美国企业研究所、卡托研究所和克莱尔蒙特研究所,都在抨击"环境主义"、环境科学和环境教育的可信度,认为"健全的科学"打消了人们对环境的担忧和警觉。科学在某些情况下被误解和误用,但在环境问题上的误解并不比在其他政策领域多。科学证据的重要性支持了人们对影响环境后果的关注。[11]

第四节 个人回顾

令人信服的想法在许多不同的情况下出现在不同的人的头脑中。"三思而后行"的告诫与任何谚语一样古老，尤其是在一个新技术和发展日新月异的世界里，确定可能的行动结果也许并不容易，并且预测可能也是不确定的——但它们比盲目无知更安全。对于规划者和决策者而言，分析程序和指南的概念并不新鲜。早在1930年，英国设计与工业协会就发布了《警示指南》，以说明城市地区环境发展的好坏。1960年，美国公共卫生局发布了一份《环境健康规划指南》，即一本程序清单手册。这类指南不仅仅是清单，但还达不到现在的系统化的影响分析，它们通常起到向公众提供信息和帮助政府官员的作用。

20世纪60年代，人们对环境状况日益恶化的担忧，促使人们寻找各种方法，以防止未经充分审查的行动产生意外影响而造成环境损害。对环境生命支持系统的质量和可持续性的关注，促使人们探索各种手段，以查明风险、防止意外损害，并在影响环境的规划和决策中利用现有的最佳知识。人们认识到有必要预测拟议行动的后果，但对于如何满足这一需要却不太确定。我对发展"影响分析"这一概念的贡献并不是独一无二的，但我作为亨利·M. 杰克逊参议员和参议院内政与岛屿事务委员会的顾问角色，为我将影响评价和影响报告概念引入《国家环境政策法》起草工作提供了机会。关于环境影响报告的争议源于错误的信息和信息的缺乏，因此，本文简要叙述了我个人参与环境影响评价的想法，以说明概念是如何演变的，以及《国家环境政策法》的实质性和程序性方面有一个共同的起源。

我引入环境影响报告要求的时机发生在1969年，当时我是参议院内政与岛屿事务委员会的顾问，协助拟订环境政策立法的概念。然而早在十年前，我就开始关注更好的环境决策。虽然我对自然史和生态学有着长期浓厚的兴趣，但是我当时的职业生涯是研究政治背景下的公共政策和管理。我明白，政策声明既可以用来诱导行动、转移批评，也可以用来掩盖不作为。但是，如果要采取行动，就需要制定能够付诸行动的政策。当必须执行某项政策的人可能不理解，可能抵制该政策或可能缺乏执行该政策的方法时，这是至关重要的。当负责政策执行的官员反对或误解了政策的目的时，可能需要法定语言来促使政策得到遵守。如果没有强制行动条款，政策声明可能大多是劝告性的——是没有采取行动手段的警告。1968年，我在提交给参议院内政委员会的一份题为《环境的自然政策》的背景文件中阐明了我的观点，即"有效的政策不仅仅是对所希望的事情的声明；它也是对目标和原则的连贯的、理性的声明，并有证据支持以及用能使执行者实现其目的的语言表述"。

我的结论是：为了政策的有效执行，需要采取两种方法。第一种方法是通过宣言、决议、法规或指南对政策作出明确的声明。第二种方法是采取行动的手段，一种尽可能确保预期行动会发生的程序或机制。1964年7月，我首次尝试找到将这两种方法结合到一个政策工具中的方法。在一篇未发表的题为《使环境概念具有可操作性》的论文中，我阐述了下列10点推论，从而得出了我当时所称的"环境规划标准清单"：

（1）人类对其所处环境的物质方面的控制正在加速发展。

（2）人口增长、国家资源需求增加和技术的迅速发展，对环境造成的压力表明，未来几年环境有可能发生根本而深远的变化。

（3）环境和生态科学的发展速度，与人类对环境的需求或追求这些需求的技术手段不相称。

（4）计划和执行影响环境政策的个人和组织，在缺乏信息帮助的情况下，不可能理解生态关系或了解环境变化的影响。

（5）根据统计概率和历史经验，随着环境变化速度的加快，可以粗略预测出大量的生态错误，从不利的到灾难性的，不一而足。

（6）虽然其中一些错误是不可避免的，但如果以现有知识为指导采取行动，则其他可避免的错误就不会必然发生。但是，由于缺乏比我们今天更广泛和实用的环境决策方法，即使实际上有避免这些错误的知识，也会发生许多这样的错误。

（7）人类社会不需要（实际上不可能）承担因生态错误产生的不必要代价，其中一些错误很容易对全人类造成灾难性的后果。

（8）如果要减少这些错误的数量并降低其严重程度，就必须迅速而深远地系统地改进生态和环境决策。

（9）仅依靠正常的教育过程过于缓慢和抽象，无法尽快使人们的观念、价值观和理解与环境和生态关系的有效科学知识相一致。

（10）因此，需要一些工具性手段来提高环境和生态问题决策的质量，这些手段可以在生态复杂性最低的条件下成功地应用。

我得出的结论是：有一种想法认为可以设计出一种万能药或处方来确保谨慎而有远见的环境决策，虽然这种想法是不切实际的，但在现有情况下，一个"凑合"的手段，虽然不完美，但在对影响环境的决策没有任何准则的情况下，这可能是一个伟大的进步。因此，一份与影响环境的决策相关的因素或考虑事项的清单，通过改变规划者和管理者的行动对环境的影响，对于提高决策质量有很大的用处。有人强调实质性政策和行政程序之间的联系，即在将清单纳入政府的常规行政程序之前，应先对政府在指导环境决策的原则上的立场进行高级别审议。

在提到清单的实质内容时，我认为，"清单至少应该确定并在某种程度上解释在环境决策中应考虑的主要因素"。这些因素基本上是联邦行政人员现在在环境影响报告中必须解决的那些问题：拟议行动的可能的环境后果和替代方案，短期影响与长期成本或效益之间的关系，以及对未来机会的影响（例如不可逆转和不可挽回的承诺）。

我并没有试图构建一个环境政策清单，但认为该清单应包含要遵循的原则和要回答的问题，以便"在分析涉及环境变化的问题时"有用，并且可以成为"做出实际决策的指导因素"。但这个想法并没有受到一些批评者的欢迎。经济学家认为"环境"是一个难以把握的概念（一般来说）；大多数政治科学家都认为它"无趣"，一些生态学家则持怀疑态度——环境过于复杂，不懂科学的官员是无法理解的。一些科学家认为，非科学家使用这种分析工具将导致无效的——或者更糟的——错误结论。一知半解是一件危险的事情，鼓励政府官员评价他们的行为对环境的影响是不明智的。这种评价如果可行（许多人对此表示怀疑），应该只由科学家进行，然后将其评价结果移交给公共当局供其考虑。

这些负面的反应并没有使我相信这个想法是毫无价值的，但是它们促使我考虑了其他使环境概念可行的方法。两年后，在《生物科学》（*BioScience*）的一篇文章中，我最简短地提到了清单的想法，但确实建议"编制生态账户的资产负债表，通过它可以比较备选的环境决策的可能真实成本和效益"。[12]

清单概念具有一个持续的效用。1987年，美国律师协会自然资源法部门出版了第5号专题系列《编制国家环境政策法文件清单》，"供机构环保工作人员，其他机构工作人员和机构承包商使用，以作为最低要求的提醒"（以及《国家环境政策法》的豁免条款）。[13]能源部《国家环境政策法》监督办公室制定了一份《环境评价清单》（1994年），以帮助编制和审查能源部的环境影响评价，联合国欧洲经济委员会正在探索该手段的应用。单靠清单并不能替代《国家环境政策法》的影响分析，然而它是影响评价的一个实用工具。环境质量委员会在其1997年《国家环境政策法累积影响审议手册》中包括了清单中的一部分。这项技术增加了这样一种可能性，即将所有与环境影响报告相关的内容包含在内，而不相关的数据则被排除在外。能源部环境程序改进小组采取了另一种改善环境影响报告的方法，该小组于1994年1月发布了一份详细报告，介绍了机构的经验，并提出了解决实施问题的方法，包括一份审核环境评价文件的清单草案。制作国家环境政策法合规手册的其他机构包括国家公园管理局（自1983年起为活页式）和垦务局（1990年）。

1968年，我在致拉塞尔·E. 特雷恩的一份备忘录和致公民休闲与自然美咨询委员会的一份报告中，[14]强调了双重需要："第一，通过一项明确的国家承诺，将环境质量作为一项公共责任；第二，通过适当的机构支持使这项承诺切实可行和有效。"在提交给公民咨询委员会的报告中，我指出，我在国会制定的《关于国家环境政策的文件》，或者在国会研究服务局编写的《国会国家环境政策白皮书》中没有具体的强制行动条款。[15]但是这些报告的重点是国家环境政策声明的实质内容。我们当时没有制定政策，因此没有提供任何具体条款来促成任何事情的发生。

然而，人们认识到采取强制行动的必要性。我观察到：

> 从这个意义上说，（这些报告）就像没有钱的购物清单。作为应该做什么的总结，它们是有用的，但要成为全面发展的政策声明，肉必须有一定的肌肉。环境政策的目标必须具备实现这些目标的手段。除非积极地要求加强政策目标，否则这些目标可能仅仅是道德化的训诫而已——不会更有效。[16]

1968年之后，这一政策实施概念得到应用的机会出乎意料地迅速出现。通过参议院内政与岛屿事务委员会主席亨利·M. 杰克逊参议员与当时的自然保护基金会主席拉塞尔·E. 特雷恩之间的安排，我和该委员会的工作人员一起担任起草国家环境政策立法的顾问。我最初参与《国家环境政策法》的原因并不是因为我对强制行动立法的看法，而是因为我在1963年发表了一篇题为《环境：公共政策的新焦点》的文章。[17]尽管参议院第1075号法案的第一个版本没有包含环境影响报告条款，但是当时我与该委员会工作人员威廉·J. 范·内斯和丹尼尔·A. 德赖弗斯特别是美国国会图书馆国会研究服务局的华莱士·D. 鲍曼（Wallace D. Bowman）和理查德·A. 卡彭特（Richard A. Carpenter）正在讨论使该法案的声明性条款付诸实施的手段。

参议院第1075号法案的出现，虽然有来自国会研究服务局、科学和非政府来源的投入，但主要是亨利·M. 杰克逊参议员和参议院内政委员会工作人员的努力，还有埃德蒙·马斯基参议员的投入。由约翰·丁格尔众议员发起的众议院版本与参议院版本在目的上是一致的。《国家环境政策法》并非环境游说者的产物，也不是在没有与相关机构协商的情况下仓促制定的。

在第90届和第91届国会上提出的数十项环境政策法案中，

没有一项法案提供了确保机构遵守的手段。在将"环境影响报告"的要求加入参议院第1075号法案之前,没有一种手段可以确保其条款受到官方关注或可能改变联邦机构或国家的行为。亨利·M. 杰克逊参议员和委员会工作人员想要一部能够有所作为的法案,以确保联邦机构对公众舆论所要求的新的环境优先事项做出反应。根据威廉·J. 范·内斯的建议,大家同意我在1969年4月16日的听证会上向委员会提出强制行动条款的想法。在《国家环境政策法》草案最终定稿之前的那场听证会上,我敦促"国会的政策声明至少应考虑采取措施,要求联邦机构提交提案,并在提案中包含一个关于其对环境状况的影响的评估"。[18]

环境影响报告的上述历史被作为个人回顾加以叙述,原因有二:首先,为了要有记录证明,将环境影响报告条款纳入《国家环境政策法》,并非像一些批评者所称的那样,是在最后一刻增加的内容。其次,为了证明起草者在《国家环境政策法》第102(2)(c)条中规定环境影响报告的目的是促使机构注意并遵守该法的前面条款之规定,它的目的不是编制文件。

第五节 定义环境影响报告程序

《国家环境政策法》第102(2)(c)条的环境影响报告要求的条文表述是由我和威廉·J. 范·内斯、丹尼尔·A. 德赖弗斯,以及与该法案制定密切相关的其他人协商制定的。回顾过去,似乎令人奇怪的是,环境影响报告的规定没有引起任何辩论,也几乎没有任何外部的反对或赞同。起初,联邦机构对这项立法兴趣不大,可能没有意识到环境影响报告的影响。受欢迎的环境组织起初并没有将环境影响报告看作是它们可以用来反对联邦机构的工具，尽管它们普遍支持该项立法。但是，《时代周刊》的编辑们预见到这项法案的潜在影响。

1969年8月1日的这期《时代周刊》引入了一个新版块，即"环境"，其预测说，如果《杰克逊法案》成为法律，则它的影响可能会被"每一个可以想象得到的特殊利益集团所感受到——航空公司、公路建设者、矿业公司、房地产开发商"，并且它将对"所有联邦政策提出挑战"。[19]但是，即使在这样一本广为阅读的出版物中进行了这种有力又有预见性的评价，竟然也没有引起明显的反应。毫无疑问，公众要求制定国家环境立法，而且从逻辑上可以假设，那些希望达到这一目标的人，也希望采取有效的手段以实现这一目标。如果环境影响报告的效果在行动中没有得到证明，那么安排有关环境影响报告的公开听证会也没有什么意义，因为公众要求的是行动。

环境影响报告的规定并没有出现在这项立法的早期版本中，因为当时主要关注的是制定一项国家环境政策和设立一个委员会（环境质量委员会）来监督其实施。直到一项政策需要执行时，才引入强制行动。他们不打算在"最后一刻"放下一项可能引起争议的条款。这种做法本来可能会危及法案的通过。

使该法案具有可执行性的意图在早期阶段就已经存在。如前所述，影响识别的概念已经发展了好几年，但确保官方行动的特定手段还不是很明显。修订后的《国家环境政策法》法案由参议院内政委员会起草者于1969年夏天提出，其中包含了环境影响报告条款，并成为国会颁布的较具创新性的立法之一。该法案的新颖性是其保障措施之一。该法案通过的政治时机是正确的。如果1996年在国会提出环境影响报告的要求，那么肯定会遭到一些强烈的反对。在1969年，很少有人有想象力地预见环境影响报告会被如何使用，以及环境影响报告对联邦机构的未来规划和行政管理、应用生态和经济的影响。

环境影响报告条款的起草者必须考虑两个高度独立的变量——总统和法院。虽然总统的就职誓言承诺监督各项法律被忠实地实施，但他在很大程度上要自己解释自己的职责。[20]1969年理查德·M.尼克松总统最初反对颁布参议院第1075号法案；他对立法的承诺这是他本来不想要做的，但充其量只是猜测。法院在各种关键问题上的立场是无法预见的；其中包括"环境影响报告"要求的适用性，可追溯至《国家环境政策法》颁布前启动的未完成项目、受害团体起诉资格取得，尤其是环境影响报告要求的问题的范围和重要性。溯及力问题主要与编制项目影响报告的必要性有关，这些项目为联邦政府早已批准或即将完工的项目。[21]《国家环境政策法》和"环境影响报告"的范围通常由这样一种观念来定义，即"环境"是指"自然"，更具体地说是"污染"，并不适用于社会、心理或经济影响。另一个需要定义的范围是，环境影响报告程序是否适用于发生在美国领土范围以外的美国行动。对于这个问题的讨论将推后到第五章和第六章。

溯及力问题在该法案的历史早期（1972年），即所谓的吉勒姆水坝案中得到了解决。[22]美国联邦第八巡回上诉法院对《国家环境政策法》做出了两项重要的解释，这两项解释均影响了"环境影响报告"的后续历史。实际上，法院不仅认为先前批准的和正在进行的项目可能需要环境影响报告，而且还认为《国家环境政策法》第101条创设了可由司法强制执行的权利。法院宣布有义务审查环境影响报告，以确保机构在将第101条标准应用于其规划或审查程序时的善意和客观性。因此，从逻辑上讲，第102条是为了实施第101条，这是《国家环境政策法》起草者的目的。

尽管这项裁决强化了《国家环境政策法》，但它也给机构造成了一个难题：是选择拒绝还是选择修改与《国家环境政策法》第101条不相容的旧项目。在某些情况下，根据新的环境原则修改旧项目也许被证明是不可能的，而在其他许多情况下，这样做则既费钱又耗时。例如，工程兵部队积压了价值数十亿美元的授权项目，其中许多项目与现任国会议员关系密切。善意地适用《国家环境政策法》第101条的规定，并进行现实的成本效益分析，将产生影响报告，这些影响报告实际上将"毁掉"许多项目。要求取消对环境有害项目的授权被认为是不明智的——与其在国会挑起事端，不如让它们处于休眠状态更好。机构的工作人员和国会的发起人通常对这些项目非常投入，与新的环境优先事项不协调。这种为讨好支持者的"政治拨款"（pork barrel）过去是，现在仍然是国会议员政治滋养的长期来源。

解决这一难题的权宜之计是将"环境影响报告"视为严格的程序性事项。如果《国家环境政策法》第101条和第102条之间没有联系，则该机构仅需表明其已经考虑了第102（2）(c)条所要求的"详细的"环境影响报告的五个要点。第102条单独存在，并不要求机构选择对环境损害最小的替代方案，也不要求"环境影响报告"表明该机构的决定符合第101条声明的原则。第102条和"环境影响报告"的目的是执行第101条，这可能隐含在《国家环境政策法》的逻辑结构和立法史之中，但遗憾的是，《国家环境政策法》条文的规定不够明确，而《CEQ条例》的执行又不够有力。因此，最高法院和一些机构主张或者假定这两个条款的可分性，从而为缩小"环境影响报告"的适用范围开辟了道路。

第六节 实施问题

编制环境影响报告或评价,通常被称为"《国家环境政策法》程序",容易受到下列几项风险的影响:①可靠科学信息不足;②诉讼当事人滥用权利,停止或者推迟与《国家环境政策法》的目的或原则无关的项目;③信息过多,增加成本,公众和法院对《国家环境政策法》目的产生怀疑。这些风险已经并且正在得到解决。1997年1月,环境质量委员会发布了一份报告——《国家环境政策法:25年后的有效性研究》。由于该研究关注的是有效实施,因此它的研究重点是《国家环境政策法》程序及其与机构决策和机构间协调的关系。对科学的使用以及对环境影响报告中过多的无关信息的滥用,都要由环境质量委员会加以纠正。不恰当地使用《国家环境政策法》来阻止仅与环境有轻微关系的联邦政策的执行,这主要是司法部门的事情。制造企业已援引环境影响报告来阻止实施他们所反对的法规。[23]

如果要使《国家环境政策法》有效,则需要对第102(2)(c)条的遵守情况进行监督,并使之尽可能不受党派议程的约束,并且不受机构的影响。环境质量委员会的设立就是为了提供这种独立的监督,并与环境保护局共同承担。在内阁级别的环境部门中设立《国家环境政策法》监督和监测办公室,很难避免受到同等部门的抵制,而在非法定的白宫办公室中,出于"政治"考虑的风险可能更大。环境保护局首先审查环境影响报告,但机构间的争议提交给环境质量委员会解决。[24]

实现《国家环境政策法》目标的更大风险是经常未能及时将《国家环境政策法》政策融入机构规划和决策。环境质量委员会和一些机构已经解决了融入问题(见第四章),但如果美国管理和预算局与政府问责局对涉及《国家环境政策法》原则的决策进行适当监督,这些努力可以得到极大的帮助。编制环境影响报告时,过多地使用外部顾问,无助于提高"环境影响报告"作为机构内部和机构之间政策和程序融合的手段的有效性。在某些情况下,独立于任何联邦机构的顾问可能能够促进合作和融合的关系。但这不是通常雇佣他们来履行的职能。《新工程师》(杂志)的编辑在一篇支持《国家环境政策法》的评论中,对顾问在影响分析中的问题作了如下解释:

> 尽管法律明确规定,各个联邦机构自己负责编制环境影响报告,但国会从未给这些机构资金,让它们从零开始执行这项任务。因此,法院在许多可能有各自价值的判决中,允许私营公司和其他既得利益者提交它们自己的环境影响报告——通常使用为此目的雇佣的私人顾问。毋庸置疑,咨询顾问正承受着来自客户和其他工业公司的巨大压力,这些公司可能会通过建造新设施来压制或掩盖不利数据而从中获利。(尽管不必要的冗长的措辞阻止了机构全面细致阅读,但是大多数报告似乎都没有彻头彻尾的谎言。最高记录是50磅重,这是为阿拉斯加油气管道所做的评估。)[25]

上述说法是正确的,但并不能解释环境影响报告滥用的更重要原因。为环境保护提供资金一直是一个问题——无论是在白宫还是在国会,这都不是受欢迎的。国会未能及时为学习如何进行环境影响分析编列预算经费,这可能是第102(2)(c)条早期适用不当的原因,但是作为《国家环境政策法》程序管理不善的根本原因仍存在争议。似乎一半以上的环境影响报告来自政府以外,是由私人为申请补助金和许可证而提交的。这种做法绕过了《国家环境政策法》的目的,即对机构规划者和决策者进行重新定位和再教育。环境影响报告所涉预算问题在起草《国家环境政策法》时得到审议。根据国会提案人的判断,该法案要求重新安排机构的优先事项,而这一目标将通过在现有机构预算内重新分配资金加以实现。环境影响评价这项新任务不一定需要额外经费,如果消除环境不合理项目所节省的资金,可以用于支付遇到新的或特别困难的环境问题时可能产生的新费用,但国会很少允许机构将拨款从一个用途转移到另一个用途。

为了有效地实施《国家环境政策法》,增加经费无疑是有帮助的,特别是在早期。当时需要的不仅是对以前核准和目前拟议的项目进行一次性审查,而且还需要重新调整技术和行政人员的方向,他们必须将新的优先事项转化为行动,并且审查环境评估的有效性。在审议实施1964年我未发表的清单建议时,我注意到:

> 不仅要培训人们在实际的决策情况中理解和应用这些标准,而且要给予他们这样做的机会。因此,清单的实际效用:首先,取决于政府是否愿意原则上接受这一想法,并支持其在实践中的应用;其次,取决于构成中央政策决定因素的规划与行政部门的成功定位和培训。

培训编制环境影响报告与教育人们理解《国家环境政策法》的实质目的之间存在着一条明显的界限,尽管模糊不清。这些作用在逻辑上是相辅相成的;两者都是充分实施该法案所必需的。但是,出于几个容易理解的原因,机构从一开始就直接关注环境影响报告的编写。

第一个原因是,影响评价或报告是强制性的,可依法强制实施,而不实施第101条则不容易受到置疑,这是一个机构判断、观点和价值观权衡的问题。这一影响报告很快被环境组织拿来攻击政府机构的项目和计划，相反，这个过程也遭到政府机构提案支持者和"环境主义"反对者的嘲笑。机构在"环境影响报告"的必要性或充分性方面容易受到司法裁决的影响。因此，对于许多机构而言，《国家环境政策法》等同于第102(2)(c)条。机构提供的这种培训或教导主要是为了理解该机构和环境质量委员会所颁布的指导方针，并满足法院要求的充分性审查。

关注环境影响报告的强制行动程序方面的第二个原因是，机构无能力——实际的或声称的——解释或实施第101条的规定。机构的政策考量因素增加了一个新的范围。实际上，已经修订了广泛的机构授权和使命。但是，这些机构不得不应对这些大胆的新政策，而这些政策的执行者都是一些老资格的人——他们通常都接受过狭隘的训练，能够履行范围狭窄的机构使命，通常也受到国会委员会的微观管理。许多机构也需要一种新型的人员。1970年以前，生态学家在大多数机构的就业需求中是微不足道的因素。但是，《国家环境政策法》为环境，尤其是生态专业知识创造了一个不断扩大的市场。考虑到预算和人事方面的政治因素，征聘临时专家和顾问比招募长期工作人员更容易。

出于先前指出的原因，机构往往认为，最好签订环境分析能力合同，而不是在其正常结构内发展这种能力。有时，专家服务是有正当理由的。通过聘请临时的环境影响分析顾问，这些机构可以寻求一项特殊政策所需要的专业知识——没有一个机构能够集合环境影响分析可能需要的所有专业知识。《国家环境政策法》的起草者认识到，机构可能需要其他机构或外部顾问的帮助。该机构实际参与这一过程是最基本的要求。此外，个人服务合同避免了长期的财务承诺和人力上限。与正规机构工作人员相比，否定（或放弃）外部应聘者或专家编写的影响报告书可能更容易。

这些考虑的结果是一个新的行业的突然兴起——环境影响报告编写。"瞬时生态学家"开设了自己的商店，还成立了咨询公司，以协助这些机构满足新法律的程序要求。[26]通常，环境顾问不是被聘请来协助机构审查或修改其优先事项，或者重新定位或重新培训他们的人员的。机构通常会像购买其他服务或设施那样购买环境影响报告——例如购买保险单。从机构的角度看，环境影响报告有效性的检验是机构的项目或计划能够通过司法审查。在最糟糕的情况下，负责的机构代表对环境顾问说："这是我们的项目；你的工作是给我们一份能够确保法院审查通过的环境影响报告。"尽管某些顾问可能已经提出了诚实和充分的环境影响报告，但没有机构参与的做法不符合强制行动条款的目的，这为滥用该法律意图打开了大门。

有些人指责影响报告篇幅过长，并依赖于"糟糕的科学"，而且在细节上往往是不相关的，这些指责应该针对行政管理的政治。《国家环境政策法》没有规定任何为了公共利益而不应该承担的负担。它所带来的成本应该被节省下来的成本所抵消，因为它使公众不必承担经济和生态上不明智的项目所带来的不必要的负担，这些项目的间接费用和维护费用还将无期限地持续下去，而且还会导致环境质量的下降。当然，影响报告条款不仅仅是编制文件。《国家环境政策法》第 102 条不仅要求公开披露机构意图；它还要求促进联邦机构和州政府之间的合作与协调。它为政策的融合和协调提供了一个程序，这是以前在联邦公共行政中所缺少的。

第七节 对未来的影响

1969年,没人能预见到法院、国会和总统将如何应对《国家环境政策法》或"环境影响报告"的实施。这种不确定性使埃德蒙·马斯基参议员充分相信,应当为环境影响报告的审查提供一个"备份"(back up)条款。因此,他发起了《清洁空气法》(第91-604-84号公法,Stat. 1676)第309条,授权环境保护局和环境质量委员会审查环境影响报告。[27]《清洁空气法》第309条规定:

> (a) 主管机关应书面审查和评论根据本法或管理局授权的其他规定所赋予的职责和责任有关的事项的环境影响。包括任何:①联邦部门或机构提出的立法;②新授权的联邦建筑项目和适用于第91-190号公法第102(2)(c)条的任何重大联邦行动(建筑项目除外);③联邦政府任何部门或机构公布的拟议法规。此类书面评论应在任何此类评审结束时公布。
>
> (b) 如果主管机关从公共卫生、福利或环境质量的角度,确定任何法律、行动或法规不能令人满意,应公布其决定,并将该事项提交给环境质量委员会。

为了充分发挥《国家环境政策法》的有效性,环境质量委员会必须具有审查环境影响报告充分性的能力,并且将有问题的环境影响报告或不充分的环境影响报告发回机构重新审议或改进。这项综合审查职能(overview function)是环境质量委员会由3名成员组成的原因之一,与现任总统的单一行政偏好形成鲜明对比。有环境问题的项目的支持者和机构自治的捍卫者表示反对,因为他们认为环境质量委员会行使这种综合审查职能实际上将使其成为环境法院。[28]但是,如果环境质量委员会不被赋予综合审查职能,则还可以被赋予"监察员"职能,该职能可以通过对行政机构实施《国家环境政策法》的投诉来行使,特别是在有争议的环境影响报告程序所表明的那样。环境质量委员会可能已经拥有《国家环境政策法》第 204(3)条所规定的足以履行该职能的法定权力,该条规定"委员会具有以下责任和职能:根据本法第一章所规定的政策,对联邦政府的各项计划和活动进行审查和评价,以确定这些计划和活动有助于提高该政策贯彻执行的程度,并就此向总统提出建议"。

随着设立"环境冲突解决机构"的第 105-156 号公法颁布(由克林顿总统于 1998 年 2 月 11 日签署),环境质量委员会的这一职能可能会扩大。影响评价应是对解决冲突的调解努力的一项重要贡献。对争议事实的发现和达成共识,是朝着合理界定问题以及评估备选解决方案所产生的结果,迈出的必要的第一步。并非所有的环境冲突都可以调和,政府也无法独自解决所有的争议。《国家环境政策法》认识到联邦政府与州和地方政府以及有关公共和私人组织合作发挥的作用——"创造和保持人与自然得以共处与和谐生存的各种条件,并满足当代国民及其子孙后代对于社会、经济和其他方面的要求"。

环境影响评价不仅可以为调解提供共同的信息基础,还可以对参与者的环境教育作出贡献。通过环境影响评价实现环境政策的国际化将在第五章中展开更加详细的论述。自 1977 年克莱本·佩尔(Claiborne Pell)参议员提议通过一项国际环境影响报告的国际条约以来,环境影响报告对未来国际关系具有重大影响。任何重大的国家项目、行动或持续的活动都将需要环境影响报告,因为这些项目、行动或活动可能对其他国家的自然环境、环境问题或对全球公域（global commons）［译者注：亦称国际公域（international commons）］产生重大的不利影响。1991 年，包括美国在内的 30 个国家在芬兰签署了《跨界环境影响评价公约》。1992 年联合国环境与发展大会通过的《21 世纪议程》强烈建议进行影响评价。欧盟已经向成员国发出指令，联合国欧洲经济委员会也发布了一系列关于环境影响评价的报告。[29] 毫无疑问，美国开创的《国家环境政策法》程序已经对未来的国际关系产生全球影响和意义。

为了充分履行《国家环境政策法》第二章规定的环境质量委员会的职能，除了迄今已获得的资金外，还需要总统的支持和国会的资助。但是，我得出的结论是，有了这些支持，《国家环境政策法》就能达到它目前的目的。对于所谓的《国家环境政策法》的缺陷，尤其是对"环境影响报告"的滥用，补救办法在于获得总统、环境保护局、法院和环境质量委员会的充分解释和明显支持，以及各机构的回应。环境质量委员会 1997 年关于《重新发现和实施国家环境政策法》的小组项目表明，行政机构对《国家环境政策法》的支持显著增加。令人遗憾的是，国会拒绝为这个项目提供资金，因此有必要停止这项工作。在拨款法案发源地的众议院，第 104 届和第 105 届国会的共和党领导层一直反对环境立法。领导层认为直接攻击《国家环境政策法》是不明智的，因此试图通过豁免和财政限制使该法无效。该项目为进一步内化和融合《国家环境政策法》的实施提供了可能。不过，《国家环境政策法》似乎正在整个联邦系统中逐渐得到内化，这些可能不总是适用于政府任命的机构负责人，这一点在漠视环境的罗纳德·里根和乔治·布什政府中表现得尤为明显。

因此，我的结论是，《国家环境政策法》或"环境影响报告"的实施几乎没有出什么问题，即使有也可以在现有的语言范围内，通过符合其目的的法律解释得到很大程度的救济。对文本进行澄清是有可能的，尽管也许是可取的，但并不是必不可少的。对于滥用或不执行《国家环境政策法》，现成的救济措施在于说服美国负责的官员按照《国家环境政策法》的规定采取行动。这似乎是总统的职责。选举致力于保护环境的国会是同样重要的，甚至可能更为重要。虽然环境质量似乎是大多数美国人的核心价值观，但环境质量可能并不是他们在大选之日最关心的政策问题。但是，除《国家环境政策法》外，美国的环境政策仍有可能无法实现其声明的目标，除非美国国家根本法——美国《宪法》予以确认。尽管这不是现在的前景，但如果认为它永远不会成为可能，那就太自以为是了。

第四章
融合环境政策

> 联邦政府的许多机构面临着一个两难的境地：
> ——如何容纳许多法律规定的环境质量目标；
> ——同时有效地完成机构的主要使命；
> ——当这一使命在许多方面可能与那些目标不一致时。
> 《国家环境政策法》通过一项总括性的政策手段解决了这一难题，该总括性政策融合了各种目的和目标，并规定了机构使命与环境质量可能发生冲突时的选择。
> ——《环境质量委员会第 21 次年度报告初稿》，1990 年

为什么《国家环境政策法》的主要目标是在联邦机构内部和联邦机构之间融入环境政策？政策融合本身并不是目的。[1]它的目的是防止或纠正对抗性的和浪费的竞争性方案和项目，并提高和加强建设性公共努力的重点。《国家环境政策法》是如何促进这一目标的？事实上，许多对美国环境质量的威胁都可以归因于相互冲突的联邦政策和项目所产生的意外影响，这是《国家环境政策法》关注联邦机构相互关联活动的合理原因。影

第四章 融合环境政策

响环境的联邦政策的融合隐含在《国家环境政策法》第 2 条，即"促进人类与环境之间的充分和谐"，第 101（b）条，即"协调联邦的计划、职能、方案和资源"，以及第 102（2）(a) 条，即"在进行可能对人类环境产生影响的规划和决策时，应当采用足以确保综合利用自然科学、社会科学以及环境设计工艺的系统性和跨学科的方法"。

国会根据特定要求制定了具有特色的立法，但很少考虑其相互影响或无意中造成的经济或环境后果。在多元化的民主社会中，每个利益集团或地方选民都在推动自己的议程，而对其他利益集团或选民的价值观漠不关心。其结果是，在一个经常以不同目的运作的政府中，优先事项相互冲突，导致机构间冲突，浪费了精力和公共资金。

在一个不太复杂的经济体中，政府对人民生活和活动的干预较少，相互关联的政府项目的整合不是问题。针对公共土地冲突的环境政策的政治回应是，要么是建立总统级的协调机制，如詹姆斯·E. 默里参议员于 1959 年至 1960 年提出的《资源和保护法案》所规定的那样；要么是制定一项政策，就冲突的权利主张进行谈判，例如 1960 年《多用途持续收益法》（通常被认为是失败的）。特别是在内政部和农业部等多机构部门中，这些政府部门都是以政治权力和计划自主权为法律基础的。在 1970 年《国家环境政策法》生效以前，整合有关影响环境的机构间和机构内的计划，既无授权，也无手段。过去，由于官僚和专业人员对狭义的使命和具有政治影响力的客户关系的承诺，机构的不妥协得到了强化。许多自然资源机构的官员都在农业、林业、矿业、野生动物管理和工程等专业学校接受过教育。从"专家知道什么是最好的"这一观点出发，单一目的的承诺得到加强。使重点追求的目标复杂化或增加限定要求几乎肯定会遭

74

到机构工作人员的抵制。在相互竞争的机构使命中，往往会出现适得其反和互不相让的倾向，而环境质量几乎总是一个失败者。

理解环境政策的融合和合理化问题的关键在于管理土地利用的政策，同时也包括水、矿产、土壤和生物资源。公有制和各种形式的私有制土地，在有法律承认的公共利益的地方，受国家和地方的控制。几乎所有的环境问题最终都源于土地的使用，包括空气、水、气候变化、生态系统完整性、野生动物、公共安全、交通和城市化等方面的问题。亨利·M. 杰克逊参议员认为土地利用政策是实现《国家环境政策法》目标的合理步骤。1970年，他提出了《国家土地利用政策法》（参议院第3354号法案），旨在说服各州就环境敏感地区的利用作出合理而明智的决定。该法案并不是对私有财产权的侵犯，也不是反对者和大多数新闻媒体所宣称的联邦"抢地"行动。在很短的时间内，土地利用政策成为妇女选民联盟、城市和区域规划协会、景观保护和农田保护组织所采纳的一项积极议题。但是，正是土地利用政策这一概念引起了强烈的反对。

《国家土地利用政策法》非但没有侵犯州的权利，反而可以保护各州和联邦财政部免受重复、竞争和相互击败联邦项目之害。环境影响评价应该（但并非总是）揭示整合联邦公共工程规划的必要性。《国家环境政策法》没有直接解决这个问题，但在《国家环境政策法》程序中却隐含了补救行动。《国家环境政策法》第102（2）(e) 条要求联邦机构"研究、制订并阐释适当的替代方案，并推荐给那些有关选择利用现有资源但至今尚在激烈争论的提案"。

为了准备1970年3月24日参议院关于《国家土地利用政策法》的听证会，一套透明的覆盖图由参议院内政委员会的工

第四章 融合环境政策

作人员绘制,以图形的方式显示了联邦项目发生冲突的地方。这些地方很多。特别值得注意的是佛罗里达州大沼泽地。五个联邦机构的目标相互冲突:国家公园管理局、农业部、工程兵部队、联邦航空管理局(Federal Aviation Administration,简称FAA)和联邦公路管理局。令人遗憾的是,由于环境政策的连贯性和一致性,国家土地利用立法未能进入众议院,尽管它在参议院获得通过,并得到了总统的赞同。亨利·M. 杰克逊参议员于1971年重新提出了这项法案,并于1973年又以《国家土地利用规划和援助法》的名义重新提出该法案,但此后面对精心策划的强烈反对,他放弃了这项努力。土地投机商、房地产开发商、建筑业、私有财产所有者和自然资源行业发现一个令人不愉快的事实,环境政策不仅仅是为了清理和防止污染。虽然《国家环境政策法》的颁布没有遭到明显的反对,但是土地利用立法引发了一场反环境运动,该运动扩展到所有联邦政策,这些政策规定了对危险工业产品的使用、排放和处置进行管制,限制了土地和自然资源私有权的使用和滥用,并确定了清理污染场地的责任。尽管反环境主义者抱怨联邦环境法的复杂性和不一致性,但并不支持调和和整合现有立法的努力。改善环境管理可能只会加强他们希望废除的政策。

《国家环境政策法》不会直接影响私人利益。但是,为了防止联邦机构从事或者协助超出联邦机构范围的不必要的破坏性活动,有必要重新界定联邦机构的职责,并重新调整和协调机构的优先事项。由于各种机构项目和计划惯常是单一目的型的目标,因此需要努力将环境价值引入并整合到机构的优先事项中。单靠一项国家政策声明是无法做到这一点的。但是亨利·M. 杰克逊参议员指出:"一项国家政策声明可以提供一种新的组织概念,通过这种概念,可以更好地认识和理解国家的需要和目标，并以此来衡量和评估政府职能。"[2]

《国家环境政策法》明确规定了联邦机构有责任将环境价值融入其使命——但在履行方面的遵守则是另一回事。融合环境价值是必要的，但是如何才能最好地实现这一点一直是个问题。这项任务既不是简单的，也不是直接的。《国家环境政策法》和《CEQ条例》包含了关于融合的具体指示。但是，这一融合任务不仅仅需要遵守行政、法律和技术上的统一性。《国家环境政策法》和《CEQ条例》要求适应特定使命和计划的需要和情况。政策融合一度被视为对机构使命施加的一种适得其反的不公平的负担，但现在正日益被视为实施更有效和更可持续项目的机会。政策融合为机构之间在规划和决策方面进行合作提供了机会，而这些机会以前是没有的，或没有得到承认，或是有政治风险。以前被联邦机构、法院和国会视为不可改变的法定使命，现在已经适应了附加的目标和价值观。矛盾的是，融合可能会缩小一些机构的选择范围，扩大其他机构的选择范围。政策融合需要一个全机构学习和调整方向的过程，这将促进更协调和更广泛的公共行政以及有效的公共服务。但是，国会委员会对受青睐的特别项目的微观管理，仍然是合理执行公共政策和法律的长期障碍。

第一节　行政职能

联邦机构当前面临的任务是将环境价值融入一系列的（包括以前制定的和目前预期的）计划和程序。尽管一些机构和国会持反对态度，但《国家环境政策法》所要求的融合也受到更加有效和高效管理的需求的推动，同时，越来越多的人认为，对环境的破坏不再是为理想和必要的公共目标所必须付出的不可避免的代价。将环境因素融入机构计划的任务始于立法和行政政策，这些立法和行政政策允许或鼓励机构内部和机构之间提高灵活性并加强协作，以达到相互关联的目的。确定融合关系的需求和手段是公共行政的一项任务，其中，行政领导层负责监督公共政策的执行。此外，还涉及立法职责，因为没有重新定义现有计划的权限，所以机构内部之间的行政协调和机构间的协作是不大可能发生的——并且由于大多数环境影响具有多方面的特点，机构间的协调往往是有效环境管理的先决条件。

联邦政府的专设结构给计划融合带来了困难。响应委托人需求的国会议员们保护他们个人赞助计划的独立身份。亨利·M. 杰克逊参议员在 1968 年发表的关于《环境政策与国会》的文章中指出："我们的政府结构在行政部门，甚至在国会的委员会系统中，尽管已针对许多具体目标进行了充分设计，但并不容易适应全面环境政策的多方面需求。"[3] 1969 年 4 月 16 日，在参议院就参议院第 1075 号法案举行的听证会上，他提出了一项适用于对环境影响负有责任的所有机构的一般性要求，而不是逐个机构进行审议。《国家环境政策法》第 105 条实施了这一理念，宣布"本法所制定的政策和目标，性质上属于对联邦各机构现行职权的补充"。

检验、评估和必要时重新设计机构计划是立法和公共行政的任务。国会和法院可以制定政策和授权计划，但不能实施这些政策和授权计划。有时，国会试图对政策进行微观管理，尤其是在资源问题上。国会的专横和不灵活的命令有时会束缚公共土地管理者的手脚，并迫使他们做出对环境不利的决定。法院处理具体的案件和争议，尽管法院的裁决可能有更广泛的影响。法院可以根据其对法律的解释强制采取行动，但是环境立法的特殊历史遗留下的一系列法律并不总是清晰或一致的。

1995年，国家公共行政学院的一个专家小组建议，"国会应该开始一个进程，采取一种真正的融合方法解决环境问题"。[4]

没有最高政治当局的指示、支持或同意，下级机构没有责任更改或修订政策或计划。因此，倡议将环境政策融入正在进行的计划是每个行政机构内部领导的责任，后续行动可在其管理人员的指导下分散到整个机构。总体管理政策可由总统发起或通过，并由管理和预算局监督。具体的计划管理和政策与执行的实际融合在采取行动的机构一级是最有效的，但可能会受到国会或法院发出的干预性指令的约束。

行政领导虽然必不可少，但不足以实现整个机构或整个联邦政府的计划融合。各级组织都需要领导。与计划职能的执行最接近的人员能够看到计划融合在何处应该会出现问题和机会。但是，较低级别的计划执行人员可能不欢迎外界介入其任务的管理。计划融合不仅仅意味着政策和实践的协调。它还可能要求消除冗余或相互冲突的做法。

一旦调整方向的机构政策是坚定和可理解的，应使各级机构工作人员都能够为其实施作出贡献或提供便利。如果在办公室和现场执行机构任务的人员不理解或不接受将环境价值融入其职责和目标，则《国家环境政策法》的融合任务就无法完成。一个组织通过其成员来学习，因此，将环境价值融入机构计划的基本任务是以《国家环境政策法》及其实施条例的解释为指导的一个社会学习过程。实施《国家环境政策法》的融合过程需要《国家环境政策法》与其他影响环境和自然资源的法律之间的协调，例如，《联邦土地政策和管理法》（Federal Land Policy and Mangement Act，简称FLPMA，1976年）、《国家森林管理法》（National Forest Management Act，简称NFMA，1976年），以及需要其与反污染立法之间的协调。

第四章　融合环境政策

第二节　国会意图

《国家环境政策法》实际上已经规定在机构的政策、规划和计划中融入环境价值的行政职责。令人遗憾的是，在最高行政一级，并没有认真追求《国家环境政策法》所声明的立法目的。国会并没有持续地监督行政履职，而是由政府问责局定期审查。由于解释《国家环境政策法》的主要手段是对机构是否符合影响报告要求进行司法审查［第102（2)(c）条］，因此，这一规定已被广泛解释为《国家环境政策法》的基本目的。事实上，正如已经指出的，影响报告的目的是迫使机构遵守第101（b）条所声明的该法的实质性规定。该法案的主要目的是将环境价值融入联邦政策和计划中，而环境影响报告被认为是达到这一目的的一种手段。

国会在《国家环境政策法》中的意图远大于影响分析，这一点不仅在其文本中，而且在其立法史上都是很明显的。1968年7月11日，参议院内政与岛屿事务委员会提交的一份特别报告中附有一份《关于〈国家环境政策〉的决议草案》，预计一年后该决议草案将被纳入《国家环境政策法》。以下段落表明，联邦机构有责任将环境价值融入"美国的政策、计划和公法"的解释和实施中：

> 国会的目的是美国的政策、计划和公法应以保护人类在环境中的总体需求的方式来解释和实施。为此，国会建议通过适当的立法，并在必要时作出行政安排，使国家环境政策的下列目标有效：
> 1. 遏制环境恶化。
> 2. 恢复和振兴国家的受损地区，使它们能够再次创造

经济财富和精神满足。

3. 寻找替代方案和程序，以最大限度地减少和预防使用环境塑造技术过程中可能带来的危害。

4. 提供指导，并在必要时提供新制度和新技术，以优化人类与环境的关系，并最大限度地降低环境管理的未来成本。[5]

1968年决议草案中宣布的四个目标得到详细阐述，《国家环境政策法》第101（b）条具体规定了环境政策的六项实质性原则。《清洁空气法》《水质修正案》《濒危物种法》也作了补充规定。这些法律提供了可衡量行政行为对环境影响的目标和标准，《国家环境政策法》原则中隐含的环境价值旨在体现所有联邦计划的特点。在第101（b）条中列举的内容如下：

为执行本法规定的政策，联邦政府有责任采取一切切实可行，并与国家政策的其他基本考虑因素相一致的措施，改进并协调联邦的计划、职能、方案和资源，以达到如下目的，即国家应当：

（1）履行每一代人都作为子孙后代的环境保管人的责任。

（2）保证为全体国民创造安全、健康、富有生命力并符合美学和文化上的优美的环境。

（3）最大限度地合理利用环境，不得使其恶化或者对健康和安全造成危害，或者引起其他不良的和不应有的后果。

（4）保护国家历史、文化和自然等方面的重要遗产，并尽可能保持一种能为每个人提供丰富与多样性选择的环境。

（5）谋求人口与资源的利用达到平衡，促使国民享受高度的生活水平和广泛舒适的生活。

（6）提高可更新资源的质量，使易枯竭资源达到最高程度的再循环。

重要的是将《国家环境政策法》融入机构的使命，行政人员应了解机构是否符合《国家环境政策法》的衡量原则。在不引用政策的情况下，进行影响分析和评价可能会提供信息，但无法建立与《国家环境政策法》原则的关联性。无论环境影响报告的事实调查结果的有效性或可靠性如何，如果环境影响报告不考虑所评价的政策或者计划的长期可持续性，那么将达不到其综合潜力。尽管为改进影响评价的技术质量所做的努力是值得赞扬的，但始终需要防止技术胜过目的——这是政府内外专业技术特有的风险。

第三节　机构职责

《国家环境政策法》要求将环境价值融入所有对环境产生重大影响的联邦计划。该法规定了环境政策的目标，并且还包含旨在将环境信息和标准引入规划和决策的强制行动条款。环境质量委员会根据1977年5月24日第11991号行政命令所颁布的《CEQ条例》是对《国家环境政策法》的补充和解释。《国家环境政策法》目标的实施是由部一级通过的法规或指令进行进一步阐述和具体说明的。此外，各部门必须考虑其他机构实施的环境法规以及《国家环境政策法》的司法解释。为保护以前的机构使命的偏好，《国家环境政策法》的立法目的往往被规避。在形式上执行第102（2）(c)条规定的程序被作为遵守《国家环境政策法》的证据。有效的政策融合可能不会发生，但该机构的偏好政策可能会避免司法撤销。

《国家环境政策法》第101条和第102条的语言是强制性和明确的。从逻辑上讲，第102条的目的是使机构政策符合第101条所声明的实质性规定。第102（2）(a)、(b) 和 (c) 条规定了实施《国家环境政策法》的方式和程序。根据该法的目的，他们指令机构采取行动，将环境价值融入所有影响环境的计划。这些指令如下：

第102条 国会授权并命令国家机构，应当尽一切可能实现：

（1）国家的各项政策、法律以及公法解释与执行均应当与本法的规定相一致。

（2）所有联邦政府的机构应：

(a) 在进行可能对人类环境产生影响的规划和决策时，应当采用足以确保综合利用自然科学、社会科学以及环境设计工艺的系统性和跨学科的方法；

(b) 与依本法第二部分规定而设立的环境质量委员会进行磋商，确定并开发各种方法与程序，确保在做出决策时使得当前尚不符合要求的环境设施和环境价值能与经济和技术问题一并得到适当的考虑。

(c) 对人类环境质量具有重大影响的各项提案或法律草案、建议报告以及其他重大联邦行动，均应当由负责经办的官员提供一份包括下列事项的详细说明：

(i) 拟议行动对环境的影响；

(ii) 提案行为付诸实施对环境所产生的不可避免的不良影响；

(iii) 提案行动的各种替代方案；

(iv) 对人类环境的区域性短期使用与维持和加强长期

生命力之间的关系;

(v) 提案行为付诸实施时,可能产生的无法恢复和无法补救的资源耗损。

上述规定以及《国家环境政策法》中的其他指令清楚地表明将环境价值融入联邦机构的政策、规划和计划的意图。1972年,美国联邦第八巡回上诉法院在吉勒姆水坝案中解释了国会的意图,即《国家环境政策法》程序适用于所有影响环境的计划和项目,包括先前批准或正在进行的计划和项目(即环境保护基金会诉工程兵部队案,《联邦地区法院判例汇编》第二辑第470卷,第289页,1972年)。在这种情况下,该机构必须编制一份充分的环境影响报告,而不论项目的完成程度或所花费的资金是多少。

第102(2)条的其余款项对于联邦机构与州和地方政府之间的环境政策和计划融合具有重要意义。这些规定要求编制环境影响报告或评价的牵头机构或主要机构,与可能受该提案影响的任何其他联邦土地管理机构或州或地方实体进行协商。第102(2)(d)条主要涉及与各州协调《国家环境政策法》政策和程序,它的规定有助于全国环境政策的融合。例如,第102(2)(d)条(iv)项要求:"对其他州或联邦土地管理的实际行动,或者可能对州或联邦土地管理产生重大影响的替代方案,联邦经办官员应当提出初步通知书并要求其提出意见。对这类行动的影响有不同意见的,应当准备有关书面的影响评价与意见书,并编入详细说明书内。"[即第102(2)(c)条]。如本书第三章所述,环境影响评价程序为联邦机构内部和联邦机构之间以及州与地方政府之间的计划整合提供信息,并尽可能提供事实依据。

除了先前提到的第102(2)(e)条之外,《国家环境政策法》第 102（2）条的其他款项还要求联邦政府的所有机构应当：

（f）承认环境问题具有世界性和长远性的特点，并与美国的外交政策相一致，为预防和阻止人类世界的环境质量衰退而倡议、决议扩大国际合作，并计划对国际合作给予适当的支持；

（g）对各州、县、市、机关团体和个人提供关于有利于恢复、保持和改善环境质量的建议与资讯。

（h）在制定和开展资源开发的计划中提倡和使用生态学资讯。

如前所述，第 105 条规定："本法所制定的政策和目标，性质上属于对联邦各机构现行职权的补充。"因此，《国家环境政策法》修订了所有对环境有重大影响的其他联邦法规和计划，但并未改变其实质性的法定使命。

第四节 融合策略

政策分析的几种形式——对环境影响、风险、技术效果、成本和效益的评估——可以用于确定一项政策或计划可能产生超出其声称的目标后果，并可以揭示需要融合的地方。但是，这些分析技术在政策融合中的适用性，取决于它们对机构提案可能产生的后果的范围和影响的发现能力。《国家环境政策法》和部门政策提供了将机构实践与《国家环境政策法》所声明的原则进行比较的标准。正如 1990 年《环境质量：环境质量委员会第 21 次年度报告》所指出的："《国家环境政策法》程序（影响分析）只能在其适用的法定计划和程序的范围内加以理解。"要使政策有效融合，还必须在整个机构中普及和系统化。在实践中，融合策略必须针对具有问题，并且有规则来帮助有序的融合过程。

环境质量委员会发布的有关实施《国家环境政策法》的《CEQ条例》，为将环境价值和原则融入计划提供了指导，尤其是《CEQ条例》第1505.1条"机构决策程序"和第1507.3条"机构程序"。这些条款强调了机构审查政策和计划的重要性，以执行《国家环境政策法》第102（2）条规定的程序和实现第101条和第102（1）条的实质性目标。为了符合《CEQ条例》第1505.1条规定，机构程序要求在影响环境的计划中指定决策要点，并要求相关环境文件成为决策记录的一部分，该记录应详细说明所考虑的替代方案，并应向公众提供。第1507.3条明确了机构管理办法的格式和范围，并规定"鼓励机构公布适用《CEQ条例》和机构程序的解释性指南"，从而"确保完全遵守《国家环境政策法》的目的和规定"的行动。考虑到《CEQ条例》和机构自身的程序，各机构应当能够制定符合《国家环境政策法》原则的政策、规划、提案和计划，从而在整个行政部门推进环境政策的融合方法。

计划的协调和融合的两个主要策略是"范围界定"（scoping）和"分层"（tiering）。如果之前在机构计划中没有进行过融合，则可通过"范围界定"程序（《CEQ条例》第1507.7条、第1508.25条）获得帮助。对提案进行"范围界定"的目的是确定提案的完整范围和影响，并避免项目和计划之间的重复或冲突。《环境质量：环境质量委员会第21次年度报告》"附录B"内的图5-2"融合环境法律的规划"提供了范围界定程序的大纲。范围界定程序符合《国家环境政策法》第102（2）（c）条（v）项的规定，该条要求发起提案的机构（即联邦经办官员）

"应当与依法享有管辖权或者有特殊专业知识的任何联邦机构进行磋商,并取得它们对可能引起的任何环境影响所做的评价"。

对于任何重大的联邦计划,可能要考虑多达十几部与环境相关的不同法规。提案或计划的范围往往会超出任何单一机构的使命范围。如前所述,《国家环境政策法》第105条修订了所有联邦机构的基本法规,确立了所有机构共同的《国家环境政策法》目标。将环境规定融入任何机构的计划往往需要与其他机构的相关办公室和管理人员进行互动合作。这与以往的排他性和非交流性有很大的不同,排他性和非交流性是以往在平行或重叠管辖权领域内许多机构间关系的特征(例如工程兵部队和垦务局之间)。

《CEQ条例》第1502.20条对"分层"作了说明,并规定将一项环境评价建立在另一项环境评价之上,从而有助于将相关规定融合为一个连贯的整体。"分层"过程(如分层蛋糕)也可能有助于计划融合,特别是当州和地方机构进行了环境评价,或者当计划是更全面计划的组成部分时。

因此,任何机构采取融合行动的主要机制应是其自身的环境管理办法和程序,这些管理方法和程序应符合环境质量委员会所公布的一般性法规和程序的要求。如果部门管理办法对这一目标没有提供足够的指导,则可能需要修订或扩展这些管理办法。这一必要性可以通过对机构执行《国家环境政策法》的情况进行审查加以确定。环境质量委员会对执行情况的审查发现,各机构执行《国家环境政策法》的情况有很大差异。一些机构没有认真对待第1505.1条和第1507.3条的规定,并且第11991号行政命令没有规定制裁措施来支持《CEQ条例》。在没有制裁措施的情况下,政府问责局对违规行为的批评几乎没有影响。

管理和预算局应关注机构管理办法的效力。在《国家环境政策法》起草之初，就提出了一项建议，由管理和预算局负责监督机构计划是否符合《国家环境政策法》。在1969年4月16日举行的关于参议院第1075号法案的听证会上，亨利·M.杰克逊参议员建议说："也许可以授予管理和预算局处理这一问题的广泛自由裁量的权力，在这种情况下，要求各机构在准司法程序和在向国会提交的立法意见中满足某些环境条件。"[6]但是，这一建议并没有得到国会的支持。自成立以来，管理和预算局的管理职能已逐步被其财政预算监督职能所取代。此外，有时也有理由质疑管理和预算局对《国家环境政策法》和环境质量委员会的支持。

第五节　融合行动

为了在整个联邦机构中实现政策融合，有必要知道在什么地方需要政策融合，以及在特定情况下如何最好地实现政策融合。1996年9月，科学技术政策办公室（Office of Science and Technology Policy，简称OSTP）举办了一次关于全国环境监测和研究讲习班，由此产生的报告提出了"整合环境系统和资源的国家框架"。尽管这项工作的研究结果本质上是科学的，但科学技术政策办公室主任约翰·H.吉本斯（John H. Gibbons）指出："我们的环境监测和研究网络的整合，将提供选择确保生态系统和资源可持续性的管理方法所需要的知识基础。"[7]

《国家环境政策法》声明的环境价值融入机构计划和项目的过程和困难，可以通过1988年《军事基地关闭和国防授权修正案及调整法》的经验加以说明。该法规定，军事基地在转让给他人之前，必须没有环境危害。处置基地必须与环境保护局实施的法规相结合，例如《有毒物质控制法》、1980年《综合环境响应补偿与责任法》（CERCLA 或《超级基金法》）、1986 年《超级基金修正案和再授权法》（SARA）以及《资源保护和回收法》（RCRA），其中包括《联邦设施合规法》。还必须考虑到由鱼类和野生动物管理局实施的 1973 年《濒危物种法》的保护条款。除基地关闭问题外，国防部（Department of Defense，简称 DoD）作为第三大联邦土地持有者，不可避免地与其他联邦土地管理机构进行互动（例如土地管理局和森林管理局）。这在本章结论部分进行讨论。

协调相互关联的法律要求可能很困难，但如果不这样做，可能会招致实施无效、机构间冲突、公众信心丧失以及可能的诉讼。实施《濒危物种法》的主要策略是保护或恢复栖息地。《濒危物种法》第 2（b）条宣布其目的是"提供保护濒危物种和受威胁物种赖以生存的生态系统的手段"。但是，该法没有为解决产权冲突提供足够的手段。对于基地关闭后释放的区域的未来用途所提出了相互矛盾的要求，涉及更多的是政治因素，而不是科学考虑。影响评价应按照《国家环境政策法》第 102（2）(a) 条的要求，采用综合的跨学科分析，但它不能解决将基地转让给他人时，固有的价值观之间的冲突。

通过解决冲突实现政策融合往往是困难的。例如，军事基地的关闭和重新部署的建议，可以通过及时调查和评价基地的环境特性，与《濒危物种法》和《国家环境政策法》的要求结合起来。依靠科学意见，考虑基地先前用途对环境的危害，以及对未来替代用途的评价，有助于进行符合《国家环境政策法》所需的融合分析。自然保护和国家遗产计划具有提供生态信息的能力，已经为一些基地提供了生态信息。

非军事机构影响文化和自然资源的活动更多。环境影响评价和范围界定的程序为融合管理计划提供了所需的信息。《国家环境政策法》第102（2）(h）条要求机构"在制定和开展资源开发的计划中提倡和使用生态学资讯"。有效的融合需要在规划过程开始时就提供这些数据——环境质量委员会根据《CEQ条例》第1502.5条强调了这一点。涉及不可量化的价值观问题将需要有提供信息的解决办法。《国家环境政策法》第102（2）(b）条要求"当前尚不符合环境要求的环境设施和环境价值能与经济和技术问题一并得到适当的考虑"，第101（b)(4）条规定，联邦政府有责任"保护国家历史、文化和自然等方面的重要遗产，并尽可能保持一种能为每个人提供丰富与多样性选择的环境"。

《国家环境政策法》没有提供适用这些规定的标准。为实施《国家环境政策法》第102（2)(b）条,《CEQ条例》第1506.8条要求各机构与环境质量委员会进行磋商，确定并开发各种方法与程序——但这一目标并不容易实现。在考虑应将哪些环境设施和环境价值以及如何将这些考虑进行权衡并纳入决策过程方面存在明显的不确定性。标准可以从《历史保护法》(16 U.S.C. 470 et seq.）、《野生和风景河流法》（16 U.S.C. 1271 et seq.）和《荒野法》（16 U.S.C. 1131 et seq.）的分析研究中获得，这些分析研究是由自然保护协会和国家历史保护信托基金等非政府组织所提供的。对不可量化的价值观的考虑也许可以通过一个多学科的研究团队得到最好的满足，这个团队包括能够处理文化、美学和评估方面的人员。国家公园管理局具体管理着大量受法律保护的景点。国家公园管理局拥有一个国家文化资源、管理和伙伴关系计划中心，以及一个考古和民族学部门。

环境影响评价可以为澄清问题或解决政策分歧提供依据，并将使机构能够反驳专断或反复无常的决策的指控。[8]编制环境影响报告应有助于机构更有效地将环境价值融入其本身的提案和计划。当一个机构与咨询公司签订合同，让咨询公司进行本来应由该机构自己进行的思考和分析时，这种优势和学习经验可能会丧失。如前所述，范围界定和分层过程旨在揭示政策决策必须考虑和协调的相互关系。有关机构的政策和做法对环境价值（文化和自然环境）的影响的信息是制定融合策略的前提。如果没有这些信息，就很难知道最需要努力融合的地方，或者需要在政策和程序方面作出什么改变。

修辞性的政策声明和指令是必要的，但是仅此还不足以融合环境价值，在实践中，这些价值观从未得到认真考虑。在讲习班或研讨会上，可以进行面对面讨论和经验交流，这是在整个机构中获得理解和遵守的更好方法之一。来自政府外部或来自其他机构的专家可以帮助识别和解决问题，只要他们充分了解机构的历史及其当前的服务对象、政策和关系。很难对这种努力进行成本效益评估。但是，对士气的损害、冲突、诉讼和公众信心的丧失所造成的金钱成本，可能远远超过了帮助人们更好地工作所花费的时间和金钱。一份国防部关于《国家环境政策法》的报告（国防部报告 PL 909 R1，1990 年 6 月）建议："应当将《国家环境政策法》科目引入合适的军事学校课程和培训课程之中。"具有更广泛意义和表明当代趋势的是，环境质量委员会于1997年6月19日在白宫会议中心针对机构合规官员主办了一个"《国家环境政策法》重塑研讨会"。但是，此举的后续行动被一个对环境不友好的国会"否决"。

第六节 融合障碍

为了理解在 20 世纪不断扩张的民族国家中政策协调和执行

第四章　融合环境政策

的困难，回顾历史是很有启迪意义的。从国务院、财政部和战争部的三个部门，到乔治·华盛顿政府的司法部长，再到14个内阁级别的部门（以及今天至少80个独立或半独立机构），联邦政府已经发展到一定的规模和复杂性，联邦政府这个词在一般意义上似乎是"难以控制的"。多年来，联邦"结构"一直是由国会特别设立的。每个机构都有自己的基本授权、使命、服务对象和国会监督。在这个早期的结构中融合环境政策的任务确实是艰巨的。

为使行政部门保持一致性和合理性，各方已为之付出了努力，特别是第一届和第二届胡佛委员会（1947年至1949年和1953年至1955年）[9]以及理查德·M.尼克松政府期间的阿什委员会［译者注：阿什委员会（Ash Council）是现在的环境保护局的前身，它具有其他机构，如内政部，卫生、教育和福利部以及美国农业部的6项职能］。有人提出了在一个单一的内阁级别的部门整合各种自然资源和环境计划的建议。这些建议遭到服务对象团体和现有部门（例如农业部、国防部、内政部）的否决，并遭到了嫉妒其监督权力的国会委员会的反对。

跨机构的整合在哲学上也遭到赞同托马斯·杰斐逊观点的人的反对，他们认为"一个好的政府不是通过权力的整合或集中，而是通过权力的分配来实现的"。[10]托马斯·杰斐逊是在解决一个宪法问题，但是对于那些将政府视为个人自由的敌人的人来说，自治机构之间的"健康竞争"有利于自由。这种观点原则上与敌视环境运动和《国家环境政策法》的人和组织是一致的。

美国《宪法》第2条第1款规定"行政权属于美国总统"，但行政权的实质并未定义。总统是武装部队总司令，但不清楚他在多大程度上是文职机构的总负责人。这种权力可能隐含在总统的具体权力中，特别是在第 2 条第 3 款中，即"总统应监督各项法律被忠实地实施"，但国会可以对行政程序施加自己的条件。[11]

如前所述，美国《宪法》第 2 条的模糊性允许对总统职责作出两种不同的解释。第二章所述的总统的双重概念及其对总统行政办公室的影响，进而对环境质量委员会在政策协调方面的职能和地位的影响，需要在此重申。一种解释认为，总统的角色主要是政治角色——在领导力、政策制定和个人风格方面具有说服力，正如一些评论者所说的，总统是"天字第一号讲坛"上的国家传教士。另一种解释则认为，总统职位是机构性的——其基本职能是监督行政部门各机构的履职——总统任职者是国家最高行政长官。这种区别对《国家环境政策法》、环境质量委员会，以及整个机构内的《国家环境政策法》原则的融合都有影响。

个人政治总统将管理职责向下推到内阁一级。电视的出现夸大了总统作为国家元首、自封的导师、国家和国际最高道德说教者的个人政治角色，在公共活动中象征性的"拍照"亮相更像是英国王室的活动，而不是美国总统的传统姿态。个人风格取代总统管理角色的程度因在任总统而异。但自约翰·F. 肯尼迪执政以来，这已成为总统制的主要趋势。

这一趋势对于《国家环境政策法》的实施和环境政策的融合具有重要意义，其后果之一是对总统行政办公室作为联邦政府的中央管理和协调机构的误解及其运作的解体。总统行政办公室的概念是 1936 年由富兰克林·D. 罗斯福总统的行政管理委员会提出的，该委员会主席是由总统的长期顾问路易斯·布朗洛（Louis Brownlow）担任。[12]总统行政办公室的目的是协助总统履行其管理职责。组成总统行政办公室的各个办公室负责广泛的职能领域的行政职责——用一位委员的话来说——包括预算、人事和计划。布朗洛委员会（即总统行政管理委员会）还发明了白宫工作人员，但其目前的规模和职能已经超出了委员会的建议。

如第二章所述，白宫工作人员与总统行政办公室之间的区别已经基本上消失了。白宫工作人员的目的是为总统提供个人政治帮助，而不是参与决策。总统行政办公室不是白宫工作人员，其机构的预期职能要求在一定程度上独立于政党压力。总统行政办公室的目的是协助和补充总统的行政职责，其机构的有效性取决于总统的认可和支持。总统行政办公室中的机构是由国会设立的，其官员须经参议院批准。这表明他们的职责不仅限于对总统负责。总统行政办公室作为中央管理机构，旨在根据美国《宪法》第2条第3款的规定，协助、监督和协调国家政策的实施。[13]新闻媒体和历届总统都将总统行政办公室与白宫工作人员混为一谈，这已经偏离了当初设立总统行政办公室的目的——例证了机构总统的衰落。[14]

《国家环境政策法》的有效实施依赖于一定程度的总统支持，但很少得到这种支持。由于最高法院对《国家环境政策法》以及环境影响报告目的的狭义解释，阻碍了《国家环境政策法》原则融入整个联邦机构。国会的普遍漠不关心和历届总统的疏忽，也是导致将《国家环境政策法》原则融入机构履职和跨机构计划的进程缓慢的原因。

对《国家环境政策法》的合乎逻辑的组织反应有时会成为一个障碍。许多机构的做法是在原有的组织结构中增加一个环境评价办公室或职能机构。原则上，这可以有助于《国家环境政策法》规定融入机构政策。但是，通常情况下，该办公室的主要职责是避免该机构不致因不遵守《国家环境政策法》而陷入麻烦。很少有环境官员有权力、职责或机会将环境政策融入其他部门和更高级别部门管理的计划。如果没有机构对《国家环境政策法》的承诺，这个附加的环境办公室结构，其与机构权力中心的分离，很难实现计划融合的目标。与政治-行政的冷漠以及官僚主义的抵制相比，结构上的障碍要小得多。但是，1997年6月19日，由环境质量委员会主办的"《国家环境政策法》重塑研讨会"提供了许多在联邦机构内积极创新实施《国家环境政策法》的例子。[15]

如前所述，影响的范围和进展往往超出了机构人员的专业知识，因此，需要雇用外部专家。一些机构（如前所述）宁愿要求服务对象或与私人咨询公司签订合同，编制环境影响报告，而不是雇佣额外的人员，这是实现计划融合的一种可疑方式。即使机构人员审查了顾问的环境报告草案，但进行环境影响报告分析和思考的是顾问，而不是机构人员。此外，顾问不太可能被要求考虑或理解跨机构计划融合的必要性。虽然将《国家环境政策法》的原则融入实践往往需要联邦机构之间的合作，但计划融合必须在每个机构内部进行，而且在其领导层的思想和观念中进行。专家顾问是将《国家环境政策法》应用于机构计划的必要和有价值的辅助人员——但这种关系应该是一种建议——而不是取代机构直接学习其使命可能对环境产生的影响。机构人员参与评价其规划和计划对环境的影响是机构学习的一个不可或缺的方面。

在机构内部使用环境影响分析方面的专业知识可以提高环境影响报告的质量和可靠性，但也有将专家同机构其他人员分离的风险。阻碍整体的融合政策的一个常见原因是职业专业化的趋势。在许多方面，这种趋势的动机是建设性的——甚至是必要的——但在某些情况下，它可能会造成沟通和协调的困难。

第四章　融合环境政策

我们的环境保护和反污染立法大多是渐进式的，解决的是特定类别的问题，并没有充分考虑相关问题，而最终解决某个类别的问题取决于这些相关问题。清除一个地区的有毒废物或者未爆炸弹药经常遇到这类困难——在制定最佳融合策略的过程中可能需要解决一堆复杂的相关问题。

早期的环境保护法律法规针对特定的物理实体——空气、水、土壤、辐射和有毒物质，而没有充分考虑它们之间的相互关系。以环境中的特定物质或现象为边界的法规仍然对融合环境计划构成潜在的障碍。但是，人们日益认识到，污染物、病原体、微粒和许多生命形式从一种介质转移到另一种介质（例如空气、水、土壤和生物群），并要求使用多介质策略进行预防、保护或控制。但是，采取行动可能会带来初期的经济、技术甚至政治成本。在私营部门，失去一些工作和重新培训新的生产方法可能是必要的。然而，从长远来看，预防成本比控制成本要低，当然也更有效。但是，人类当前生活在需要发生预防的初期成本时期，而不是在其他人实现收益的长期过程中。

随着环境保护局的成立，人们认识到对环境政策和计划采取融合方法的必要性。通过将以前由不同机构管理的各种环境保护计划集中在一起，朝着相互关联的环境保护计划跨机构融合迈出了第一步。清洁空气和水质立法的不断修订扩大了环境保护局的范围和效力。实施《国家环境政策法》的范围界定和分层规定扩大了协调的基础，使之包括与任何影响环境的重大联邦计划或提案有关的所有机构或计划。但是大多数计划的法定依据仍是明确的。这在一定程度上可以解释，我们倾向于控制污染物外化到环境之中，而不是采取更严厉的措施，将生产内部化于封闭系统之中，或逐步停止生产或分配。

计划融合的主要障碍之一是国会通常处理环境问题的方式。

要求立法的政策决定必须通过各个国会委员会和小组委员会进行，而在这些国会委员会和小组委员会中，竞争、先发制人、妥协、和解和地位维持往往是惯例，而不是例外。这是否决国会参众两院环境联合委员会提案的一个因素。此外，国会在其行动中没有义务遵守为行政机构制定的要求。无需评估国会提案的环境影响，也无需评估国会行动与《国家环境政策法》的一致性。鉴于机构须根据《CEQ条例》第1505.8条审查其立法提案。行政机构可能面临的任务是，从相互不一致甚至相互矛盾的立法规定中制定连贯一致的政策。

环境计划融合可能面临的障碍的最后一个来源，是现行的司法审查的普遍做法。只要没有发现机构公然违反《国家环境政策法》程序［特别是第102（2）(c)条的规定］，除了少数例外情况外，法院允许机构在遵守《国家环境政策法》方面拥有充分的自由裁量权。按照今天的法律，将环境原则融入机构政策、计划、方案和程序不太可能受到司法行为的影响。机构可以相对自由地确定它们自己的遵守程度。对机构政策和普通法原则的司法尊重可能会成为迫使遵守《国家环境政策法》公民诉讼的障碍。

然而，对美国《宪法》的司法解释可能会成为融合政策的障碍。美国《宪法第五修正案》中的"征用"条款被解释为，在某些情况下，政府对土地使用的监管或土地征用权的行使是"违宪的"，而且代价高昂，以阻止政府采取行动。例如，越来越多的人认为，帮助濒危物种生存的最佳途径是保护生态系统和物种栖息地。生态系统保护可能（通常）要求在各种公共管辖权（例如联邦、州和地方机构）和私有制下整合土地的政策和管理。但是，在许多情况下，这需要政府购买私有土地，或限制那些可能危害濒危物种的用途，但也可能被法院解释为需要"公正补偿"的"监管手段"。保护濒危物种或生态系统不是美国宪法所承认的价值。有些人（可能越来越多）认为，有必要对宪法进行修订，将环境保护置于与经济和公民权利同等的地位。可以想象，宪法修正案可以加强《国家环境政策法》与其他政策的融合——尤其是在必须考虑经济因素的情况下。

第七节 机构的选择和机会

在实施《国家环境政策法》的最初几年，大量的机构漠视、抵制和逃避该法的实施。在环境运动出现之前的几年中，《国家环境政策法》的原则既未得到认可，也没有被认为与环境运动出现之前的许多机构的使命和实践有关。《国家环境政策法》改变了机构的使命，修改了习惯假设和操作惯例的法定基础，并要求机构遵守新的实质性条款和程序性条款。《国家环境政策法》中强制行动条款的目的是克服体制上的惰性和其实施前对环境的漠不关心。

《国家环境政策法》和其他环境法规的实质性条款为机构以前无法作出的决定提供了机会。特别是大型物质资源管理机构，它们现在可以选择拒绝具有政治特权、考虑不周或浪费资源的项目。对滥用政治影响力说"不"的选择，是许多公共官员并不总是享有的机会。在某些情况下，《国家环境政策法》可以保护一个机构所宣布的使命不受误导或夸大利益的影响。防止武断或反复无常的政治影响力的政策，将有助于机构人员配置和预算编制的稳定。这将为国会议员提供一些保护，使他们免受因机构不愿推行由具有政治影响力的选民推动的破坏环境的项目而产生的敌意。

《国家环境政策法》程序对项目的影响大于对计划的影响，

因为执法主要留给了法院，法院对具体案件和争议的裁决要比对一般政策和计划的裁决更为直接。然而，政策和计划可能会因附带或程序性问题的裁决而改变，甚至撤销，例如附带侵犯宪法对财产或公民权利保护。机构计划有时处于模棱两可的状态，计划实施的未来进程不确定。这种情况会损害机构及其计划执行者的声誉，并有损公众对机构领导能力的信心。减少这种撤销的一种方法是根据《国家环境政策法》规定作出环境决策。这些机构的领导和总统可以采取积极的方式实施《国家环境政策法》，而不是通过交由法院诉讼来解释《国家环境政策法》的做法。与其将《国家环境政策法》视为其使命和职责之外的内容，机构管理者不如将《国家环境政策法》视为机构使命及其授权法律的组成部分——一些人现在正在这样做——如《国家环境政策法》第105条所明确指出的那样。但是，如果白宫的支持被认为是模棱两可的，则机构更有可能选择不作为，不主动采取行动；而是选择保持现状，而不是创新。

总统作为最高行政长官是联邦计划的宪法协调人，除非国会在总统行动中设置障碍——通常是在具有政治影响力的选民的要求下——有时也会发生这种情况。然而，《国家环境政策法》规定将环境考量融入机构政策、计划、方案和项目——实际上它要求采取这一行动。从理论上讲，几乎没有必要等待总统命令或者管理和预算局批准才积极实施。实际上，白宫的忽视和预算的限制严重制约了环境质量委员会的监督能力，并减少了向机构施压以实现《国家环境政策法》目的的机会。尽管如此，一些机构还是主动采取了有效实施《国家环境政策法》原则的举措。[16]

例如，在国防部内部，对《国家环境政策法》的态度一直是褒贬不一的，但自1991年以来，国防部实施了"遗产资源管理计划",以识别、保护自然和文化资源。[17]国防部是第三大联邦土地管理机构,管理着 2500 万英亩的土地。几乎所有环境问题都源于土地,土地管理机构之间以及土地管理机构内部的政策融合是实现《国家环境政策法》任务的必要条件。第五章讨论了国防部在海外军事基地的环境责任。计划融合是"遗产资源管理计划"的一个整体目标。该计划的项目是独立的,与《国家环境政策法》或《濒危物种法》所要求的行动不同,但它与《国家环境政策法》目标相似。它的主要主题是:①计划和增强重要资源;②整合生物、文化和地球物理资源管理;③长期管理资源;④培训国防部人员的管理职责;⑤建立伙伴关系机制;⑥提供公共信息和访问程序。如果"遗产资源管理计划"得到充分实施,则可能成为将环境价值融入联邦计划的一个主要贡献因素和模式。

美国的公共土地(占全国土地的三分之一)管理工作由五个土地管理机构(国防部、土地管理局、森林管理局、国家公园管理局、鱼类和野生动物管理局)负责。最近的联邦政府公共土地生态系统管理政策,要求实施环境规划和计划的跨部门融合。《国家环境政策法》被认为是"一个强有力的协同规划程序"。[18]将任何新政策与现有计划融合的困难程度取决于旧计划与新政策的兼容性。只有法令的改变以及始终困难的机构优先事项与服务对象关系的重新调整,国会的一些"前环境"政策和一些机构计划才能够与环境价值相协调。一个例子(还有其他一些例子)是 1872 年《矿业法》,尽管其在经济和环境方面付出了不合理的代价,但它仍然存在。这一法案一直是保护国家公园和古迹方面不断发生冲突的根源。与在概念化和规划的初始阶段进行融合,相比当政策的融合必须改变既定的计划的,实现《国家环境政策法》任务的难度就更大。

官员们的观点狭隘地局限于特定目标或由国会的盟友所给予更多支持的政策，他们往往发现很难修改或调整其优先事项。全面有效的计划融合始于政策和计划的概念化或重新制定，以保持一致性或者至少不偏离环境目标。这可能需要重新考虑机构的假设和目标。除非《国家环境政策法》目标在机构领导的心目中处于优先地位，否则不太可能将环境价值有效地融入传统的机构计划。机构领导无需在所有情况下都熟悉如何完成这种融合。但是，它本身可以发出信号，使更接近实施计划的人能够采取融合行动。

例如，机构负责人发出一项强化《国家环境政策法》第102（2）(a)、(b) 条的指令，随后在机构部门内举办了"研讨会"，这可以为实现业务融合提供动力和方向。此外，可以审查机构的计划和程序，以确保符合《国家环境政策法》第101（b）条声明的国家环境政策的六个方面。《国家环境政策法》这些实质性条款常常被视为不可执行的空话而不予考虑，但也可以被理解为有效的法规范——哲学意义上的"软法"，即为了公共利益，联邦政府应在行动中遵守的规定。它们与适用于经济发展或社会正义的许多标准一样是明确的和可确定的。《国家环境政策法》所表达的环境价值没有明确的宪法依据，法院在很大程度上将环境价值的实施留给了行政机构。因此，除非国会、白宫或管理和预算局反对，否则管理者可以相对自由地制定实质性政策和原则，以符合《国家环境政策法》的规定。因此，将这些原则融入机构的精神和实践是非常重要的。《国家环境政策法》在多大程度上为全面审查、澄清、合理化和巩固环境立法提供激励和机会，这仍然是一个问题。历届国会的特别立法产生了大量的成文法、宣言和决议——由法院解释、修改或确认，并辅之以总统的行政命令。整合环境立法的基本条款和相互关联的条款，这是否有必要？或是否有实践价值？一部系统的和相互参照的法典是否有助于行政管理，减少不确定性和诉讼？《美国法典》将这些法律编入索引，但并没有对它们进行协调或者整合。

国家公共行政学院就这一问题发布了两份报告，并就如何整合由环境保护局实施的环境立法的最佳方法得出了两种不同的结论。[19]可行性问题似乎尚未解决。关于如何组织这项工作以及需要多少费用的附带问题肯定会被提出。如果国会愿意拨款数百万美元的资金用于国防部未要求的军事装备，那么对承诺未来经济发展的法律进行修正，应该不存在任何金钱上的问题。问题不在于资金，而在于优先事项。国家公共行政学院 1995 年的专家小组报告得出结论："除非国会对自身及其制度进行改革，否则全面融合环境计划的承诺将无法实现。"[20]

毫无疑问，美国环境法的解释、简化和整合将服务于公共利益，从而推进《国家环境政策法》的主要目的。如前所述，国家公共行政学院的专家小组和国家科学技术委员会建议为此采取行动。随着环境问题的增多，环境法的数量也在不断增加。环境法的实质性法典编纂与协调似乎是符合《国家环境政策法》议程的优先事项。法典编纂工作应由一个公认的具有奉献精神和能力的人组成的独立委员会承担。今天，国会中意识形态上的敌意是一个明显的障碍。类似于选择性关闭军事基地的策略将是必要的——不受国会议员介入的"特殊利益"例外的干扰，对委员会的建议进行赞成或反对的投票。这项努力不应成为削弱或误导国家环境法的借口。如果有总统的支持和国会的资助，环境质量委员会可以发起编纂工作。这将是一项非常艰巨的任务，并且不会随着时间的流逝而减轻。

第五章
国际环境政策

> 我认为,《国家环境政策法》和"环境影响报告"是意图适用于重大联邦行动,无论这些行动是在美国国内还是在国外产生影响。
> ——埃德蒙·马斯基参议员,《关于进出口银行修正案的听证会》第220页,1978年7月11日

如果世界趋势和预测是可靠的,那么美国未来几十年的环境政策似乎肯定会受到(而且已经受到)其国家边界以外的事态发展的影响。因此,本章及下一章论述了美国有关跨国环境问题的政策。[1]第五章讨论主权国家之间的双边和多边问题。第六章讨论了多国区域环境问题和影响所有或大多数国家的全球性问题,这些问题超出了各国政府的控制范围——"公共空间"(common spaces)(例如大气层、海洋和外层空间)。美国缔结的双边或国家与国家之间的协议,与所有或者大多数国家在全球环境问题上的多边合作之间的区别并不总是清晰的。两个或几个国家之间的关系通常被称为外交关系。从美国人的角度来看,

第五章　国际环境政策

美国与其他国家在公共空间问题上的谈判也是外交事务。但是，特定国家管辖范围以外的地球和地外空间区域被称为"全球公域"，涉及它们所特有的问题，例如：平流层臭氧层消耗、全球气候变化和海洋污染。它们构成了环境政策的一个新的和不断扩展的方面。

国家外交政策的范围和内容反映了在过去四分之一世纪中工业化国家在信仰、价值观和经济方面所发生的变化。曾经被视为一国内部事务的问题（例如公民权利、劳工政策、妇女地位、毒品贩运和环境），现在已经成为国际调查和谈判的潜在主题。它们涉及美国机构目前和将来在国内和国外的活动。正确解释《国家环境政策法》可以指导国内环境、经济和政治价值观念与优先事项以及国际关注和承诺之间的协调。

《国家环境政策法》是所有美国联邦机构的使命和授权的补充。《国家环境政策法》最著名的规定（或者对某些人来说最麻烦的）是要求编制环境影响报告，以解决拟议立法或行政行为对环境的任何重大影响。曾在吉米·卡特总统时期担任环境质量委员会总法律顾问的尼古拉斯·C.约斯特（Nicholas C. Yost）说，类似《国家环境政策法》的立法"目前已被至少83个国家的国内法采用"，这可能使《国家环境政策法》成为"史上最受模仿的美国法律"。[2]

在20世纪后三分之一的时间里，经济活动、通信、军事"维持和平"、大规模人口迁徙以及环境影响和关切等方面迅速"全球化"。联合国和许多专门机构的成立，以及国家对外援助计划的增加，使国际法律政策基础设施得到不断扩大和多样化。与此同时，跨国公司企业的发展、全球即时电子通信以及复杂的国际货币和贸易交易也在不断发展。这些发展受到与环境有关的科学和技术的不断进步、自然资源和制成品的国际流动加速,以及人口爆炸性增长的影响。这些事态发展的累积效应正在改变地球的面貌和国际法的实质。[3] 其后果在很大程度上是不确定的,但肯定会产生深远的影响。

国家法律和政策的一个后果是出现了流行的环境保护运动。在许多国家,非政府组织已经出现,其中许多组织在国内和国际上都受到关注。无论是在国内还是国际政策中,环境非政府组织已成为政府机构和决策者开始考虑的政治因素。[4] 虽然非政府组织通常被认为是自愿加入的公民组织,但是越来越多的非政府组织是跨国企业,其中许多企业对自然环境有着深远的影响,而且往往是有害的影响。但是,一些商业组织在很大程度上以"可持续发展"为主题,致力于促进环保意识。[5] 在当今许多国家(并非所有国家),政府都面临着保护环境、自然资源和"国家文化遗产"的压力。在许多国家(例如法国),文化遗产——包括栽培景观、历史文物(例如建筑物、纪念碑、特殊场所)和社区——被认为是环境不可或缺的价值观。[6] 这些价值观产生了国家政策,美国政府和美国商业公司在规划和管理其国际活动时必须考虑这些政策。在美国全球计划中,美国必须从自身利益出发,认识到与自身环境和经济政策、人口问题和国家安全相关的国家和国际环境主义正在兴起。在整个世界体系中,很少有国内政策不受外部趋势的影响。因此,在美国影响国内外环境事务的行动(例如与国际贸易有关的行动)中,使用《国家环境政策法》作为指导是有意义的。

第一节 联邦法律和外交关系

在美国和其他国家,人们发现国内政策和做法越来越具有国际影响。即使在海外可能没有直接的联邦行动,例如,在经济事务和应用于能源生产、农业、通信、运输、林业、制造业和采矿业的科学技术方面的国际交易，也会对美国的经济和环境政策产生影响，即使在国外没有直接的联邦行动。外国公司在美国的投资，尤其是在采矿业的投资，在合同权利、当地经济增长以及美国环境法律和政策方面引发了争议。联邦机构在国外对环境有影响的活动不仅限于在外国领土或全球公域内进行的活动，而且还包括在美国境内间接但明显影响外国的经济和环境的联邦行动。打击毒品的"战争"、跨国商业投资以及影响国际贸易、运输、通信、农业和野生动物的法规就是众多例子之一。对美国在海外的行动实施《国家环境政策法》，绝不侵犯外国政府发起或采取影响其领土环境的行动的权利。但是，美国没有义务帮助另一国家从事违反美国政策或法律对环境或公民权利产生影响的活动。通过科学获得的新发现，可能会在国内和国际政策法以及越来越多的跨国全球政策下引发新的义务。

化学物质（氟利昂）威胁平流层臭氧层的发现就是一个很好的例子。美国加入国际臭氧条约影响到国内立法和政策。[7]虽然在执行方面含糊其词，但美国在1992年联合国环境与发展大会上签署了《联合国气候变化框架公约》，在将来可能会产生政策义务和冲突。[8]空气和水的跨界污染已成为国际谈判的一个共同特征，但主要出于经济原因，美国自1997年起就不愿接受实施《联合国气候变化框架公约》的明确时间表，并已签署但尚未批准《生物多样性公约》。美国拒绝了欧洲和日本提出的减少温室气体排放的时间表。美国的立场在国外被视为主要具有象征意义，承诺在21世纪认真对待排放控制，但不是在我们这个时代。

北美五大湖地区空气中沉积的化学污染物（例如滴滴涕和多氯联苯），可追溯到中美洲大量使用除草剂和杀虫剂。同样，斯堪的纳维亚半岛湖泊酸化似乎是由德国和英国工业气体产生的二氧化硫沉积物引起的。孟加拉和孟加拉国洪水泛滥是由于尼泊尔山区的森林砍伐所造成的。美国果树受损的原因可追溯到加拿大不列颠哥伦比亚省铜冶炼厂空气中飘散的烟雾，这导致了1935年特雷尔冶炼厂仲裁案（Trail Smelter Arbitration）。

美国的联邦机构在其自己的法律和规则的授权下运作，这些法律和规则被他们解释为定义他们的使命。然而，他们的使命也要接受其他机构的解释——尤其是总统、白宫工作人员、联邦法院以及管理和预算局的解释。此外，为了实现自己的议程，机构有义务遵守适用于所有联邦机构的众多法律法规（例如由法院解释的1946年《行政程序法》、1976年《阳光政府法》和《国家环境政策法》）。这些法律涵盖广泛的程序、人事、财政、环境和安全问题，可能会使美国国内外联邦机构对影响环境活动的实际管理变得复杂，除了美国军事基地外，对海外环境的直接影响主要是间接的——比如通过参与北大西洋公约组织、经济合作与发展组织、世界银行、相关的国际开发银行，以及由美国为之提供了大量资金的海外国际项目。

影响海外联邦行动的一类特殊法律包括美国批准的国际公约（或条约）。[9]这些条约可能具有法律效力。[10]与其他国家签订的行政协定（Executive Agreement）也可以指导在总统授权下的机构在国际关系方面的行动，但行政协定应当区别于表面上对联邦机构具有约束力的行政命令（Executive Order），无论这些联邦机构在何处运作。吉米·卡特总统的第12114号行政命令（1979年）宣布，环境损害的重点"在于其地理位置，而不是行动地点"。（可能是行动的负责人在华盛顿）——这一区别似乎与《国家环境政策法》第102（2）（c）条的逻辑理解相矛盾。但是在美国采取的行动及其在国外产生的影响在政治上可能是

第五章　国际环境政策

不可分割的。因此,《海洋哺乳动物保护法》禁止在美国出售通过围网捕获的金枪鱼（导致海豚死亡），从而引发了美国与墨西哥和《关税及贸易总协定》（General Agreement on Tariffs and Trade，简称 GATT，现为世界贸易组织）之间的争议,《关税及贸易总协定》是美国所加入的条约。金枪鱼禁运还导致众议院筹款委员会宣布反对《北美自由贸易协定》（North American Free Trade Agreement，简称 NAFTA），该协定将使进口金枪鱼政策无效。禁运行动发生在美国境内，但对另一个国家的国民造成了影响。[11]

《国家环境政策法》适用于由负责的联邦官员（例如在华盛顿）所采取的行动，而不适用于事件发生的地方。这是受美国法律约束的官方行为。然而，对吉米·卡特总统的第 12114 号行政命令的混乱解释，以及国务院对将《国家环境政策法》适用于美国条约所涵盖的事项的保留意见（可能是侵犯了其他国家的主权），这使美国环境法在外交事务中的地位变得不确定。

除《国家环境政策法》外，联邦机构执行其法定使命可能会受到两个额外的和复杂的因素影响。首先，对于在国外的活动，美国有一些一般的法律法规，机构应该遵守这些法律法规。但保守的法院通常认为，联邦机构在国外的活动不受美国成文法的约束，除非国会特别规定了条件［如"弗利主义"（Foley doctrine）］。[12]但是，也有一些非法律的政治和经济考虑，限制或促进了对国外有影响的机构行动。当然，总统对外交关系的控制，最终决定了美国代表可能采取的正式行动。

其次，美国司法审查实践中对行政行为适用美国立法存在模糊性。尽管联邦法院倾向于遵从行政部门决定的实质内容，但联邦法院仍然可以基于宪法和程序的理由确认或推翻行政机构的行动。由于公民诉讼质疑海外的机构行动的合法性或正当

143

性，法院也可能会在公民诉讼的方式上设置障碍，而且法院已经收紧了起诉资格的规则，显然是为了阻止美国境内的集体诉讼。[13]

立法的模糊性和司法的不确定性使国外联邦计划的实施复杂化，但并不一定妨碍这些计划目标的实现。联邦机构在外国管辖范围内的活动，不仅必须考虑东道国的官方政策，而且还必须（而且越来越多地）考虑到那些国家国内日益关注环境状况的民众态度、传统、政治运动和趋势。联邦政策可能还需要考虑美国公民对不利的环境政策和外国政府失职的担忧。美国的环境组织积极反对破坏热带雨林的行为（尤其是在拉丁美洲），引发了金枪鱼与海豚之争，并抗议墨西哥与日本联合提出的在下加利福尼亚州圣伊格纳西奥泻湖（灰鲸的出生地）建造世界上最大的盐厂的建议。对《北美自由贸易协定》的一些反对意见反映了一种担心，即该协议将凌驾于环境保护立法之上。为了回应人们对《北美自由贸易协定》对环境影响的担忧，并减少美国国会的反对，1994年成立了由三国组成的北美环境合作委员会（North American Commission for Enviromental Cooperation，简称NACEC）。截至1997年，还不清楚《国家环境政策法》可以如何参与其审议。[14]

第二节 《国家环境政策法》与海外行动的相关性

关于如何解释《国家环境政策法》适用于美国机构在海外的行动，存在三种观点：一是决定的重点（例如在华盛顿特区）；二是行动地点（在美国领土管辖范围以外）；三是拟议行动的影响（可能但不仅限于其环境影响），可能具有社会和政治影响（例如在跨越巴拿马达里安地峡拟建一条高速公路）。在实际情况中，这些观点可能无法分开。在没有明确或者坚定的原则支配机构行动的情况下，就产生了争议和犹豫不决。

在这个问题上的意见分歧源于对国会意图的不同解释。一直有一种错误的观点认为，《国家环境政策法》不适用于美国领土范围以外的地区。吉米·卡特总统的第12114号行政命令（目前正在审议中）混淆而不是澄清了这个问题。[15]直观解读《国家环境政策法》的文本和其主要发起人亨利·M.杰克逊和埃德蒙·马斯基参议员的声明，似乎就不会怀疑它是否适用于对任何地方的环境都有重大影响的联邦决定。《国家环境政策法》第102条规定："国会授权并命令国家机构，应当尽一切可能实现：（1）国家的各项政策、法律以及公法解释与执行均应当与本法的规定相一致……"《国家环境政策法》（第2条）的立法目的之一是"努力提倡防止或者消除对环境与生物圈的损害"，并且《国家环境政策法》[第102（2）(h)条]规定："承认环境问题具有世界性和长远性的特点，并与美国的外交政策相一致，为预防和阻止人类世界的环境质量衰退而倡议、决议扩大国际合作，并计划对国际合作给予适当的支持。"

这些政策声明旨在指引和指导国会和联邦机构在整个世界范围内的行动。它们似乎是确定美国将采取或者不采取行动的标准，这些行动涉及其他国家的环境并与国际组织合作。它们与其他国家的所作所为没有直接关系。但是，历届国会可能会决定联邦机构对外国可以做什么，也可以不做什么。

《国家环境政策法》的影响显然是针对联邦机构，而不是外国政府。《国家环境政策法》第102（2）(a)条规定，联邦政府所有机构"在进行可能对人类环境产生影响的规划和决策时，应当采用足以确保综合利用自然科学、社会科学以及环境设计工艺的系统性和跨学科的方法"。"人类环境"当然也不限于美国。《国家环境政策法》的重点是美国机构的行动，而不是外国政府提出的项目或者行动。国会要求联邦机构向自己和公众通报其行动对环境的影响，无论其发生在何处，都不是"环境帝国主义"。

反对将《国家环境政策法》适用于美国在海外的行动，主要是针对拟议行动的地理位置，而不是联邦决策过程。在有重大海外行动的联邦机构中，保守派持反对观点，认为编制环境影响报告是"繁重的任务"，并且认为美国官员调查美国项目在海外的环境影响是对其内政的干涉。事实上，联邦机构反对将《国家环境政策法》适用于海外项目，其主要是出于以下动机：①希望避免影响评价带来的不便；②避免与外国政府的关系出现尴尬。

关于《国家环境政策法》适用于美国领土以外的观点最详尽和有力的反对，可能是美国国防部总法律顾问办公室于1978年6月21日起草的一份题为《美国海外重大联邦行动的〈国家环境政策法〉适用》的备忘录。要详细地评论和评估该备忘录中提出的论点，至少需要有123页的篇幅。但是，其论点可以概括为五个一般命题：

（1）国会意图是《国家环境政策法》适用于在美国以外产生影响的行动，这不能从该法的语言中得出。

（2）《国家环境政策法》立法史表明，国会无意在国外实施"环境影响报告"的要求。

（3）法院尚未裁决"环境影响报告"的规定是否适用于美国以外的联邦行动，也无法就今后如何裁决这一问题作出明确推断。

（4）行政行为自《国家环境政策法》颁布以来，行政行为所依据的解释是排除在美国以外适用《国家环境政策法》第102（2）(c) 条。

（5）重要的政策考量支持这样一种解释，即《国家环境政策法》第102（2）(f) 条不适用于美国以外的联邦行动。

对于一个不熟悉《国家环境政策法》的历史或者国际法规定的国家义务历史的人来说，在上述命题中提出的论点表面上似乎是合理的，而这些人天真地容易受到对清晰条文的法律曲解的影响。这份备忘录基于几个没有明确说明的假设，这些假设曲解了《国家环境政策法》与"环境影响报告"的目的，以及它们与美国外交政策的关系。但是，应当指出，这份备忘录仅仅是咨询性的，大概没有任何官方意义。它不应该被视为国防部政策的一种表达。但是，它的论点为考虑《国家环境政策法》如何影响联邦对其影响海外环境的行动承担的责任提供了方便的文本。这个问题在原则上是，当联邦官员行动的目标和地点位于外国管辖范围内时，联邦官员在多大程度上和在什么条件下可以不受美国法律的约束。

1. 国会意图。例如，命题1似乎假设国会打算《国家环境政策法》只适用于在美国国内产生影响的行动。直接解读该法案和此前引用的亨利·M. 杰克逊和埃德蒙·马斯基参议员的评论，可能会得出相反的结论。《国家环境政策法》第102条——被起草者视为强制行动条款——目的是改革和调整联邦机构的计划和决策活动。《国家环境政策法》没有定义或者限制实质性行动或者影响发生的地点——它的指令是针对联邦决策者的。第101条规定了负责的联邦官员（或机构）应当考虑的环境因素和价值。这些原则本应适用于美国；国会只对美国立法，但是这并不排除联邦官员考虑行动对海外环境造成的影响。第101条宣布了国会为美国制定的政策。否认它们与美国在海外的行动的相关性，难道不像是外交上的精神分裂吗？关于环境优先权和价值观应仅适用于在美国的政策，而不适用于在其他国家的联邦行动计划或决策的这一主张，未能认识到这种推理的含义——为影响美国的官方行动制定比影响外国的行动更高的标准。

《国家环境政策法》是否适用于海外规划的项目没有被提及，因为这种区别与该法案所声明的目的无关，该法案的目的是通过程序改革重新调整美国的政策和行动。如果国会有意将《国家环境政策法》适用于影响海外联邦活动的决定，那么它就会这么说。与此相反，有人认为国会在其授权和命令中没有任何例外，因为根本没有这样的意图。这种说法也一样没有说服力。美国与其外交政策相一致的意图是支持旨在最大程度地开展国际合作以预测和防止人类世界环境恶化的倡议、决议和计划，这种意图似乎排除了美国参与破坏环境项目的意图。

2. 立法史。立法史表明了国会的意图，即影响报告的要求没有域外适用性，该论点曲解了《国家环境政策法》的根本目的。显然，《国家环境政策法》是管理联邦机构的计划和决策的国家立法。政策决定是在美国国内作出或者授权的，绝不侵犯其他国家决定本国政策的权利。这些国家在国际法的限制范围内自由开展他们所希望的任何项目，而不受环境影响或者美国政策的限制。《国家环境政策法》的制定和颁布是因为有一些联邦机构的政策、决定和失职导致了美国环境质量的下降，并且通过外交政策扩展到世界其他地方。对于不符合美国法律和政策的项目，外国很难指望美国提供技术或者财政援助。

《国家环境政策法》的操作指令适用于美国联邦机构，而不直接适用于环境本身。它们的目的是重新调整联邦机构的决策过程，使之符合第 101 条所列举的原则和价值观，这些原则和价值观适用于美国及其人民，适用于在华盛顿作出的决定，或者适用于任何可能对环境产生重大影响的联邦决定。

显然，美国国会不能为其他国家立法。但是国会能够并且已经为联邦机构的决策制定了具体标准，并且在影响美国海外活动的若干政策领域（例如人权、毒品交易、种族和性别歧视）也是如此。"环境影响报告"要求（或者第102条中的其他款项规定）的域外适用问题从未在国会提出，因为《国家环境政策法》的目的是改革联邦机构有关环境影响的决策程序。"环境影响报告"不存在域外适用——其适用于对任何地方有重大环境影响的联邦机构的行动。因此，《国家环境政策法》排除了对联邦机构实行双重政策标准：一种是针对美国领土，另一种是针对在其他国家的联邦活动。

与《国家环境政策法》制定密切相关的国会议员宣称，该法案旨在适用于域外行动和影响。1971年众议院关于《国家环境政策法》实施的报告指出："《国家环境政策法》的历史相当清楚地表明，环境决策的全球影响不可避免地是决策过程的一部分，并且必须在这种背景下加以考虑。"[16] 1978年埃德蒙·马斯基参议员在一项豁免进出口银行的某些行动受《国家环境政策法》约束的法案听证会上做证时宣称："我认为，《国家环境政策法》和'环境影响报告'是意图适用于重大联邦行动，无论这些行动是在美国国内还是在国外产生影响。"[17] 环境质量委员会一直支持这种解释。

3. 法院。法院和律师对《国家环境政策法》的适用性和目的的意见不一，没有做出完全确定或者普遍接受的法律解释。先前提到的弗利主义要求国会明确声明，美国的一项法令在美国管辖范围之外具有适用性。但是《国家环境政策法》适用于联邦官员的行动，而不涉及行动的目的地。《国家环境政策法》

要求负责官员对拟议行动的环境影响进行评估，而无需考虑行动的地点或者其影响。在任何情况下，"环境影响报告"都不能决定有关拟议行动的决定。因此，弗利主义（美国法律在美国领土以外不适用，除非国会指定域外适用），似乎与《国家环境政策法》对联邦官员就海外行动建议在美国采取的行动的适用无关。

联邦法院的裁决并未就《国家环境政策法》的域外适用性作出结论性裁判。但是，由于法院在实质性环境问题上一般尊重行政机构的意见，因此，有人呼吁修改《国家环境政策法》，以确保其适用于联邦机构的决定，同时不排除适用于影响海外行动的决定。还有人提议修改宪法，以更权威地界定政府在环境方面的责任，并且消除最高法院大法官中经常出现的误解和意识形态偏见。宪法问题将在第七章中详细讨论。

4. 行政行为。一些联邦机构认为，《国家环境政策法》不适用于它们的海外活动。这反映出它们反对《国家环境政策法》，并认为这是强加给它们的使命，尤其是评估和报告其提议未充分考虑环境影响可能带来的不便。许多机构人员最初认为第 102（2）(c) 条是一种妨害和阻碍。如今，不愿意履行这一要求的人越来越少，但在任何情况下，机构工作人员或律师的意见都不能单独决定或者最终确定《国家环境政策法》规定的部门义务（例如《美国海外重大联邦行动的〈国家环境政策法〉适用》备忘录）。

5. 重要的政策考量。《美国海外重大联邦行动的〈国家环境政策法〉适用》备忘录指出，要求将《国家环境政策法》适用于海外行动，可能会严重损害总统在国际关系中的专属权力。这种权力是否扩大到无视美国法律？此外，《美国海外重大联邦行动的〈国家环境政策法〉适用》备忘录声称，评估美国在海外的行动对环境的影响可能会侵犯其他国家的主权，构成"环境帝国主义"。如果要符合第 102（2）(c) 条的规定，可能会要求寻求美国财政或技术援助的国家，提供在该国可能无法获得的信息，这在该国可能被认为是干涉其内政，特别是如果打算由美国人员在外国领土上进行调查的情况下。但是，如果有理由怀疑在海外的联邦活动可能会对环境造成不利影响，并且联邦机构也无法确定其可能性或者程度，那么，有什么理由迫使美国公民和纳税人支持在美国境内不被允许的海外项目呢？国家安全的理由被认为是中央情报局和美国军队在海外活动（通常是秘密的）的正当理由，国会和新闻界都被严厉批评这是非法的，违背了民主价值观。《国家环境政策法》第一章的声明包含了"与国家政策的其他基本考虑因素相一致"的限定条件——但这是否在法律上存在漏洞？答案无疑要视情况而定。

"环境帝国主义"论点的主要困难在于，联邦机构在海外的政策和决定还必须接受和遵守其他法律的规定。虽然有人认为，美国在海外实施美国环境政策的唯一适当方法是在总统的专属外交关系权力下进行谈判，而不是实施《国家环境政策法》的规定，但这种做法缺乏政治现实。从政治上讲，总统不能自由地在国外对违反美国宪法和法律的协定进行谈判。未明确禁止的紧急协定可能被赋予事实上的短期合法性。但是，由于政治和法律原因，总统很难使与某个外国的毒品交易合法化，也不能批准国会禁止的武器运输。美国在其尊重南非以前的种族法的行动中，没有克制而适用了其公民权利原则。

应当再次强调，《国家环境政策法》旨在指导联邦机构制定影响人类环境的计划和决策的方式。尽管《国家环境政策法》（第 101 条）规定了在美国领土管辖范围内适用的实质性政策，无论在何处实施联邦计划都与这些实质性政策相关，但是，《国家环境政策法》并不强制要求在国内或国外作出特定的决定。因此,《国家环境政策法》要求对任何地方的联邦行动(包括在外国领土上的活动)都必须进行环境影响考虑,但不能直接决定在何处或者采取何种联邦行动。其他法规和条约可能会更直接地引发联邦行动,例如响应国际环境承诺或者紧急情况。

  其他国家的法律和政策、联合国的决定,特别是美国有影响力的利益集团可能会限制总统在外交事务上的谈判空间。联合国环境规划署(United Nations Environment Programme,简称UNEP)制定的《环境影响评价的目标和原则》以及联合国环境与发展大会《21世纪议程》的建议表明,对环境政策采取一种共同方法的发展趋势。[18]1991年2月25日联合国欧洲经济委员会在芬兰的埃斯波(Espoo)签署的《跨界环境影响评价公约》虽然截至1997年尚未生效,但它可能预示着未来。非政府组织国际影响评价协会正在真正的国际背景下,使影响分析的技术和科学专业化。

  目前,环境运动的发展和其他国家或地区对"环境影响报告"要求的采纳,可能会使《国家环境政策法》适用于美国政府在海外的活动变得毫无意义。东道国可能会要求联邦机构协助评估美国所参与的项目的影响。联合国环境与发展大会《21世纪议程》频繁提到的影响评价以及实质性环境发展目标,特别是联合国可持续发展委员会、联合国欧洲经济委员会、欧盟通过的那些目标,实际上将《国家环境政策法》原则列入世界事务议程。《21世纪议程》的建议不是自发性的政治辞令,而是经过数月认真国际谈判的产物。变化的速度是不确定的,但是变化的方向似乎是更加确定的。可以预见的是,在未来几年中,环境变化的强制作用似乎肯定会推动各国采取合作行动,以遏制生物圈的恶化,而不管主权理论和传统的国家利益观如何。认为《国家环境政策法》只适用于美国国内发生的行动的论点，既不符合《国家环境政策法》的精神，也不符合世界似乎正在变化的方式。

第三节　第12114号行政命令

1979年1月4日，吉米·卡特总统发布了《重大联邦行动对国外环境影响》的第12114号行政命令，[19]旨在阐明和加强联邦机构对其在海外具有重大环境影响的活动所承担的义务。第12114号行政命令是对《国家环境政策法》的补充，它也许不是必要的，但其有效性并不依赖于《国家环境政策法》。有人可能主张，如果认为《国家环境政策法》本身对海外的行动没有影响，那么就会削弱《国家环境政策法》的效力。这项行政命令冗长而详尽，其中有8个豁免条款，以及有关"外交政策和国家安全敏感性"[20]的数量不确定的绝对豁免条款。第12114号行政命令的目的、范围和机构程序如下：

　　1-1 目的和范围
　　本行政命令的目的是使最终负责授权和批准本命令所涵盖的行动的联邦机构的负责官员，在作出有关此类行动的决定时，能够了解国家政策的相关环境考虑因素。本命令建立在独立权力的基础上，进一步促进了《国家环境政策法》《海洋保护研究和禁渔区法》和《深水港口法》的宗旨，符合美国的外交政策和国家安全政策，代表了美国政府为促进《国家环境政策法》在美国领土和属地以外的环境方面的目标，对联邦机构采取的程序和其他行动专属和完整的决定。

2-1 机构程序

凡采取本行政命令所包括但不在此豁免的重大联邦行动，对美国领土和属地以外的环境产生重大影响的联邦机构，应在本行政命令生效之日起8个月内实施本行政命令的程序。机构在实施这些程序之前，应事先征求国务院和环境质量委员会的意见。

8年后，即1987年，环境质量委员会调查了执行机构，以确定其是否遵守第12114号行政命令。接受调查的机构有60多家。这些机构答复似乎反映了各机构的广泛遵守情况。当然，联邦海外活动对环境影响的范围和内容在机构之间存在很大差别。

该调查报告显示，在该行政命令发布8年后，许多接受调查的机构报告称没有采取任何行动——有些机构宣称，它们的任何活动都不在该命令的范围内，或者它们对环境没有影响。负责美国海外项目的官员普遍认为，该命令缺乏明确性，并将受益于环境质量委员会的补充指导。据报道，实际适用第12114号行政命令的机构包括国防后勤局、国防核机构、太平洋司令部参谋长联席会议、陆军、国务院和海岸警卫队，这些机构对总统的宪法权力负有特别责任。

同时，国会通过立法，以扩大或有效地确认将《国家环境政策法》第102（2）（c）条适用于域外行动和影响。总统（即白宫工作人员）反对这项立法，尽管总统"坚定地致力于确保适当考虑联邦域外活动对环境的影响"，但他不主张将《国家环境政策法》扩展到域外行动，行政命令是实现这一目的的适当手段。[21]这种观点认为，《国家环境政策法》不具有域外适用性——这是保守派法院的观点但并非所有国会议员都同意。解决《国家环境政策法》解释中这些分歧的立法尚未颁布。虽然可能不需要对《国家环境政策法》进行修正,但是随着世界范围内有组织的环境关注的增加,明确和加强联邦机构的域外环境义务正成为一种实践上的必要。

第12114号行政命令与《国家环境政策法》之间的关系基本上仍未明确。赋予其他环境法规以域外效力的努力一般都不成功。在内政部部长卢汉诉野生动物保护者等案(Lujan, Secretary of the Interior v. Defenders of Wildlife et al.)中,最高法院推翻了联邦上诉法院的一项判决,该判决命令内政部部长恢复最初为实施1973年《濒危物种法》第7(a)(2)条而颁布的一项规则,将《濒危物种法》的适用范围扩大到美国政府在海外采取的行动。[22]一个环境组织联盟对一项修订后的规则提出了质疑,该规则将该条的地理范围限于美国领土和公海。最高法院以普通法为依据,推翻了联邦上诉法院的判决,理由是原告缺乏起诉资格,无法证明他们本人遭受了程序性伤害。

法院对第12114号行政命令、《国家环境政策法》和《濒危物种法》在海外适用性的判决意味着,法律的实际状况是含糊不清的。经解释的法律往往与书面的法律相抵触。对于几乎任何立法法案,在国会议员之间很容易发现对目的相互矛盾的解释。这可以看作是民主政治的一个必然特征。这也可以被视为美国人的一种倾向,他们认为司法机关即使不是成文法和宪法的唯一解释者,也是最终的解释者。[23]不管出于何种原因,自1970年以来,除了吉米·卡特总统这一不确定的例外,历任总统都放弃了对《国家环境政策法》的解释和系统地实施,把这项任务主要交给了法院。总统行政办公室环境政策的主要倡导者是环境质量委员会。环境质量委员会在解释和推进《国家环境政策法》目标方面发挥了积极的作用,尽管这种作用常常受到阻碍。不过,政府问责局局长在1981年的报告中发现,"环境质量委员会在履行其职责方面取得了成功"。

第四节 美国海外基地

联邦机构对外国领土的环境影响中比较明显和持续的是那些与海外军事基地有关的影响。自第二次世界大战以来，美国在海外建立了一套庞大的军事设施系统。直到最近才有迹象表明，这一系统有所收缩，并且在地理和技术上重新调整了行动。公众的注意力集中在关闭美国的军事基地上，但迄今为止，公众对海外基地（不在国会议员选区）关注甚少。很少有美国人知道有多少海外基地，它们的位置和原因，以及它们支持什么活动。

与这些基地有关的国际环境问题通常是无法预见的。但是美国大陆的基地关闭和重新部署问题涉及跨机构和政府间（即州-地方）问题。《国家环境政策法》适用是一种合作和融入环境政策的力量，尤其是在涉及土地利用决策时。此外，还涉及健康和安全、生态完整性、修复成本，社会经济影响和法律责任等问题。可以合理推测，这些问题现在可能出现在海外的一些国家，这些国家的环境期望和责任迄今没有像美国那样受到重视，但是随着环境意识的传播和外国军事侵略威胁的普遍减少，这些国家的环境期望和责任也在上升。国防部已采用程序，在授权或批准可能对外国环境或受保护的全球资源造成重大损害的某些重大行动时，向官员通报有关环境的考虑。[24]尽管如此，这些程序似乎并不总是有效地防止美国海外军事设施及其周围的环境损害。[25]此外，尚不清楚《国家环境政策法》第101（b）条中的保留规定（即"与国家政策的其他基本考虑因素相一致"）是否会影响《国家环境政策法》对在外国领土上的美国基地的适用，这些基地是根据美国与外国政府的协议而建立的。吉米·卡特总统的第12114号行政命令被认为是适用的，但它与《国家环境政策法》的关系仍不明确。

当然，东道国有责任保护其领土和公民免受不利的环境影响。然而，外国政府出于通常与环境问题无关的原因，似乎不愿提出基地运作对环境影响的问题。直到最近，公众很少能轻易获得与基地有关的环境问题方面的信息。关于在美国领土管辖范围内出现的特定问题，环境组织有时对军事行动提出挑战（如在波多黎各和夏威夷）。这些例子大多涉及通过炮击或轰炸进行战斗训练或进行军械测试。但是，1990年由国防部赞助，并由著名的保守派哈德逊研究所（Hudson Institute）主持进行的一项关于海外基地的研究却没有提到环境问题，以及环境问题对基地未来可能产生的影响。[26]

海外基地对环境的影响受到新闻媒体迟来的关注。1990年6月18日，《洛杉矶时报》特派记者报道说，"美国军方在海外留下毒迹"和"污染热点污染水源"。《泰晤士报》获得的一份内部备忘录显示，危险废物污染是一个"新出现的政治问题"和"一个严重的预算问题"。这份备忘录是由1988年访问西德基地的一名五角大楼资深环境官员编写的。到目前为止，德国政府尚未将基地污染的问题公布于众，但是绿党的调查人员已经将美国基地的污染程度描述为"令人震惊"。德国政府面临着清理前德意志民主共和国红军留下的大规模污染的难以推卸的更多成本。当国会要求国防机构，在对其在美国的基地进行消毒之后，才能移交给其他监管机构时，外国政府是否愿意为美国在海外的基地，无限期地承担此类费用？

基地运作对环境影响的责任因管辖权安排而复杂化。每个海外基地的法律地位大概是由美国与东道国之间谈判所达成的协议加以确定。除了《国家环境政策法》和第 12114 号行政命令外，似乎没有通用标准来确定整个基地系统的指挥和控制当局的环境义务。但是，关于基地运作的环境义务至少有三种不同观点。一是遵守美国的环境法律法规；二是适用东道国法律；三是执行两者中较严格的一个。在实践中，这些选项似乎都没有得到始终如一地执行。1978 年 10 月 23 日，吉米·卡特总统发布了第 12088 号行政命令——《联邦遵守污染控制标准》，该命令可能被视为否定了《国家环境政策法》在海外基地环境保护方面的任何作用。但是，联合国环境与发展大会通过的《21 世纪议程》第二十章宣布，"各国政府应确保其军事建制在处理和处置有害废物时遵守国家适用的环境规范"，并建议在场地污染的分析和纠正中使用技术评价 20.13（g）、环境问责 20.13（i）、环境影响报告 20.19（d）。

第五节　国际协定的影响

美国政府有义务遵守的条约和其他协定越来越多，这是联邦机构在海外具有环境影响的活动日益重要的一个因素。国际关系的复杂性在迅速增加，外交政策与国内政策之间的界线越来越模糊。仅出于国内目的的联邦政策可能会影响国外的经济和环境状况。旨在使美国农业、矿业、木材和纺织品利益集团受益的法律，不仅会影响美国的土地利用和自然资源开发，还会影响其他国家。总部设在蒙特利尔的北美环境合作委员会是《北美自由贸易协定》的补充，这可能会影响美国海外联邦机构在加拿大和墨西哥国内政策方面的环境责任。[27]

预测美国海外环境活动的未来发展是一项充满不确定性的工作。有几个因素可能会影响未来的政策。首先是美国公共舆论的分量和重要性，以及总统和国会采取的立场——这些立场可能并不和谐。其次是国际经济活动的大幅度扩大和全球扩张，对环境产生了直接和间接的影响，导致需要国家和国际采取保护行动，并且可能在未来产生无法预见的违反直觉的后果。例如，在美国、加拿大和斯堪的纳维亚半岛的大气污染物沉降所造成的污染效应就是来自其边界之外的排放。其他例子包括所谓的外来物种（包括病原体）的爆炸性传播——有意或意外地传播到以前不知道它们的国家，以及贫穷国家接触西方世界富裕生活方式的心理影响，而这些生活方式都是他们无法实际效仿的。国际上的反应是1979年《远距离越境空气污染公约》以及1988年、1991年的议定书。最后是人类"难民"从社会生态"破产"的国家向北美和西欧的大规模移民正在加速。这种人口流动不会减少贫穷国家的问题，但会增加接受国的社会问题和环境问题。阿尔·戈尔副总统呼吁制定一个"全球马歇尔计划"，该计划以二战后重建欧洲的努力合作为模板。[28]这些努力有一些具有说服力的协定。但是在启动之前，首先必须在国家政府层面，尤其是在美国，有一种接受性和主动性。

非政府私营部门的活动对环境的影响更为明显；例如，农业，燃烧造成的森林减少、国家和跨国工业污染排放。对于其中许多活动，包括美国在内的各国政府负有国内监管责任。对于一些进出口商品实行立法和行政管制。在美国，这些机构似乎是为应对某些国内压力而特别设立的。在许多国家，私营企业与公营企业在海外的关系比美国更密切、更透明，例如，在日本。

然而，对于许多国家而言，环境恶化是长期行为造成的结果，这些行为几乎使环境沦为裸露的岩石或人为沙漠——海地和撒哈拉以南的非洲就是典型的例子。在北非、西亚和中国北方地区已经记录了环境质量和可持续性的历史减损。许多热带国家正在迅速砍伐森林,灭绝野生动物,并为环境和人类贫困的未来做准备。

美国国际开发署(United States Agency for International Development,简称USAID)开展了一项环境信息和援助计划。它于1993年启动的环境教育和交流项目(绿色交流)[Environmental Education and Communication Project(Green COM)],已帮助至少13个发展中国家宣传无害环境的政策和做法。美国国际开发署的出版物《可持续发展战略》(1994年3月)载有一份建设性的环境保护政策声明。该出版物宣布其与联合国环境与发展大会通过的《21世纪议程》是一致的,但并未提及它与《国家环境政策法》保持一致。鉴于国务院反对在海外适用《国家环境政策法》,这一遗漏可能反映了对《国家环境政策法》与外交事务相关性的斟酌。尽管如此,美国国际开发署的计划完全符合《国家环境政策法》第102(2)(f)条的规定:"为预防和阻止人类世界的环境质量衰退而倡议、决议扩大国际合作,并计划对国际合作给予适当的支持。"

人们日益认识到机构有责任考虑其对进出口的管制行动或不作为对国外环境的影响。美国农业部、商务部、财政部和进出口银行一直不愿采取任何可能限制或加重国际商品或技术贸易负担的行动。化学和制药行业实际上一直在游说美国国会否决限制性出口措施的立法。《濒危物种法》和《海洋哺乳动物保护法》中的联邦进口限制一直被批评为国际贸易的非关税壁垒。管理对外贸易的政策是自相矛盾的。国际条约和其他协定正在逐步缩小不受限制的"自由贸易"的范围。尽管如此,乔治·布什总统和克林顿总统还是将"自由贸易"作为国家优先事项。但是最近几十年来的发展(例如对生物多样性和有毒物质的担忧）可能会改变评估的有效性。

白宫和国会在环境保护方面承诺的力度，无疑将成为美国未来海外行动的一个因素。鉴于新出现的趋势，并考虑到不可避免的冲突和矛盾，似乎可以有把握地预测，今后对国际环境问题将有更大的关注（尽管这种关注是不情愿的）。从长远来看，联合国的国际会议和行动可能会影响美国的政策。危险废物和化学杀虫剂的国际运输已经成为《国家环境政策法》可能适用的问题，只要涉及美国的行动。事实上，美国的政策与《国家环境政策法》并不一致。29

1979 年 12 月 17 日，联合国大会通过了第 31/173 号决议，敦促成员国交流有关本国禁止使用的危险化学品（包括药品）的信息，并阻止其出口。吉米·卡特总统随后成立了一个跨部门的有害物质出口特别工作组，以制定有关危险品出口的准则。经过多次妥协之后，工作组报告的实质内容在第 12264 号行政命令（1981 年 1 月 15 日）中得到了短暂的法律地位，该行政命令是《关于出口违禁或重大限制物质的联邦政策》。这项行政命令于 1981 年 2 月 17 日被罗纳德·里根总统根据第 12290 号行政命令（即《联邦出口和过度管制条例》）迅速撤销了。罗纳德·里根总统声称，吉米·卡特总统的命令在其他国家和地区选择时强加了美国的价值观，损害了美国在国内外的商业利益。

到目前为止，国会限制有害物质出口的努力尚未取得成功。1978 年 7 月 11 日至 13 日，在众议院举行的关于出口违禁物质的听证会毫无结果。1980 年和 1981 年，马里兰州的迈克尔·巴恩斯（Michael Barnes）众议员提出了一项立法，强制出口商在将危险品运往国外之前，必须获得政府许可。众议院举行了听证会，但没有立法。30 美国国务院和环境保护局认识到，出口国内违禁物质会给外交关系带来的风险。但是国会更关心的是保护美国工业的就业机会和盈利能力。但是，公众对这一问题的认识日益提高。有证据表明，倾销到国外的农药和除草剂会在食品进口和大气沉降中又重新出现。[31]美国贸易代表的活动在某些情况下是为了保护美国的出口免受外国与环境有关的限制。公共健康的环境方面可能会受到影响，正如美国贸易代表以前将美国制造的香烟销往海外的努力一样。

多年来，美国国内外一直有人提议将环境保护的国家责任和国际责任正式化并付诸实施。1977年3月31日，克莱本·佩尔参议员提出一项法案（S. Res. 49），该法案表示："参议院认为，美国政府应该寻求其他政府的同意，以达成一项条约草案，要求对合理预期可能会对另一个国家或全球公域的自然环境或环境利益造成重大不利影响的任何重大项目、行动或持续活动编制国际环境影响报告。"1978年，参议院通过了克莱本·佩尔参议员的决议，但没有采取进一步的行动。

1987年，在克莱本·佩尔参议员提出建议十年后，应联合国环境规划署理事会的要求，联合国环境规划署的一个工作组发表了一份关于《环境影响评价的目标和原则》的报告。如果获得普遍通过，该文件的建议实际上将使《国家环境政策法》原则和程序普遍化，从而在很大程度上避免了美国对《国家环境政策法》域外相关性的争论。1982年，众议院在其对1972年联合国人类环境会议之后的十年审查中提出了一项国际环境影响报告的构想。[32]跨界环境影响也成为区域一级国家协定的主题。欧盟委员会已向成员国发布了有关环境影响评价的指令。如前所述，加拿大、美国和墨西哥之间环境合作协议已与《北美自由贸易协定》并行。此外，包括美国在内的30个国家在芬兰的埃斯波签署了联合国欧洲经济委员会主办的1991年《跨界环境影响评价公约》。[33]但是，截至1998年初，该条约尚未收到足够

第五章 国际环境政策

的批准书，无法使之生效。机构之间的分歧，国务院的保留意见，以及唯恐失去主权的参议员的反对，共同阻碍了美国的批准。北美环境合作委员会已经通过了一项类似的"协定"（而非条约）形式的义务，但是目前它与《国家环境政策法》的关系尚不清楚。联合国欧洲经济委员会发布了一系列有关各国环境影响评价的比较研究。

第六节　前景和不确定性

海外联邦机构的表现将继续受到美国国防和经济发展政策的影响。国家的目标和选择随着环境的变化而改变，而环境的变化现在涉及整个地球。目前联邦机构的国际使命和计划中（未经修改）有多少是适应 21 世纪的，现在还不确定。对于美国而言，审慎策略——适应于各种突发事件——可以概括为"信息""获取""远见"和"灵活性"。这种开放性给传统的政策偏好带来了风险。但是在新的信息时代，排他性、保密性和虚假信息可能越来越难以实现。尽可能多地了解海外联邦活动对环境的影响，符合国家利益。不断了解其他国家的环境法律和趋势也符合国家利益。这种信息虽然是可获得的，但是对于大多数人来说并不容易获得，但是通过非政府组织的网络活动、万维网以及环境出版物和信息服务的增加，这种信息现在变得越来越容易获得。[34]

随着各种类型的跨境交易的数量增加和复杂性增强，功能界限和地理边界正在变得模糊。在任何地方将经济影响与环境影响分开已经变得越来越困难。在国际事务中——经济、环境和政治方面——世界在 20 世纪后期经历了比以往任何同等时期都更为根本的变化。各国人民或政府从 19 世纪的假设转变为 21

世纪的需要,过去并不容易,将来也不会容易。这一转变的关键将是每个国家现实地重新评估其在国外的国家利益和责任。各国政府和商业企业的国际活动可能需要的是不受监督的自愿遵守国际标准。然而,自1992年以来,国际标准化组织(ISO,瑞士日内瓦)制定了一系列自愿性环境管理标准(ISO 14000),否则这些标准可能成为政府和国际监管的职能。[35]

为了执行《国家环境政策法》的国际合作规定,机构有充分的理由随时了解其他国家和国际组织(公共和非政府组织)的有关行动。实际做法并不总是与其政府的官方报告相符。官方信息的主要来源是联合国环境规划署、教科文组织、粮食及农业组织(Food and Agricultural Organization,简称FAO)、世界银行和经济合作与发展组织等国际组织。非政府组织和机构,例如:世界自然保护联盟、世界资源研究所、国际环境与发展研究所以及世界观察组织,是更可靠的信息和评估来源。非政府组织网络已经正式化,但大多数都只是短暂的成功。资金一直是一个问题,各成员机构主要关注的是自己的财务未来。关于环境问题的官方信息通常是基于经济学家在一国首都汇编的统计数据。报告的有效性取决于收集了哪些数据,遗漏了哪些数据以及如何获取和解释这些信息。一些环境信息可能被政府视为政治上的"敏感信息"。官方报告倾向于向那些为政府提供良好形象的国家提供信息。有关"基本事实"的信息较少——关于全国各地的实际情况以及关于环境政策和法律如何实际执行的信息。

经济合作与发展组织和美国国际开发署调查了国外的环境状况。这些信息对于美国的对外援助活动以及与《国家环境政策法》的一致性是非常重要的。一个典型的例子是美国计划援助建造跨越巴拿马达里安地峡的一段泛美公路。这项工程被发现对当地居民和自然环境有害。《国家环境政策法》作为一个主要理由被援引，以阻止美国继续推进公路建设。[36]

如今，对国家环境政策的有效性或者各国政府和政府间组织实施这些政策的方式的可靠性的系统评估相对较少。实事求是的评估是昂贵的，而且可能会受到公共当局的阻碍。非政府组织对环境政策和计划（如热带森林砍伐、野生动物保护）进行了一些实地审查。但是，为了遵守国际条约，通常必须依赖各国政府的报告。独立调查常常显示这些报告并不可靠。任何国家都不可能报告说它逃避或忽视了其条约义务。

美国政府问责局1992年的一份报告宣称，国际环境协定没有得到很好的监督。在总结其调查结果时，美国政府问责局指出：

> 许多国际环境专家意识到环境问题的严重性，提出了加强国际监督的措施以及缔约方遵守协定的能力。例如，有些人建议环境协定应仿效其他类型的国际协定，规定监督和审查，例如关于劳工和人权的国际协定。一些国际协定还包括帮助发展中国家遵守的筹资机制。无论如何，加强监督和各国履约能力，都需要缔约方的批准和财政支持。[37]

1987年，阿根廷副总统维克托·H. 马丁内斯（Victor H. Martinez）向美洲国家组织的司法委员会提议，建立一项监督美洲环境条约遵守情况的制度。[38]在过去，政府代表有时发现签署一项环境条约或宣言是有利的，但并不期望其得到执行。在将来，疏忽履行或故意逃避似乎比过去更不容易得逞。所有国家都必须应对日益严峻的人口、污染、资源枯竭、贫困和气候变化前景等问题，这几乎可以肯定会导致国际秩序的进一步改变，尽管其形式尚不明确。

联邦政府在海外开展的具有环境影响的活动的前景是更多的参与，更复杂、更高的透明度以及对评价结果的高度关注。政府机构不太可能具有正当理由或无视其活动对环境的影响。具有单一目的特征的视野狭隘的计划将越来越难以被接受。多方面工作的协调将带来组织、行政和概念综合的问题（例如各方面工作的协调）。就美国政府而言，《国家环境政策法》规定，环境政策和经济政策应按照协调一致原则加以实施，想必在其国际活动时也应如此。

在大多数社会政治方面，世界状况是严重分裂的。但是，人们也越来越认识到，为了所有人和国家的利益进行环境合作的必要性。不友好的国家共同努力以增进相互生存的前景，可能导致一种对抗性合作的国际政治。因此，可能出现一个超越言辞的国际政策的重要领域，即国家利益与共同生存的利益是一致的。对于美国来说，《国家环境政策法》推动了这一进步，这部法律的第102（2）（f）条规定："为预防和阻止人类世界的环境质量衰退而倡议、决议扩大国际合作。"

第七节 一些结论

冷战的突然结束和一场具有重大政治意义的国际环境运动的出现，随之而来的挑战是美国决策者未曾预料到的。对于这两个事态发展，外交政策的调整是必要的，这些调整不可避免地影响到联邦政府在海外和全球公域的活动。海外的军事和技术援助计划已经或正在进行重组和调整。美国外交政策历史上所依据的许多假设已不再普遍可信，用更能反映当前现实的政策取代这些假设的任务将需要时间，尽管政策改变已经姗姗来迟。《关税及贸易总协定》秘书处的一份报告宣称："一个国家已

第五章 国际环境政策

不可能孤立地制定适当的环境政策。"

政策调整的重要领域是经济发展、国家安全、人身和财产权以及环境保护。在许多国家，环境重建可以改善生活和经济的质量。《国家环境政策法》将使美国在这方面的援助合法化。美国国防部的工程和监视能力可能是无与伦比的。战争不是国家安全的唯一战略。促进国际稳定的条件可以减少诱发武装冲突。军队可能不仅仅是作战机器，正如2000年前罗马军团的土木工程所展示的那样。武装"发展中国家"打击共产主义和叛乱往往会产生意想不到的结果（例如在新解放国家内部爆发内战，美国人被自己的武器攻击，这些武器落入了不友好的人手中）。

我们能否从上述讨论中推断出美国在应对21世纪与环境有关的问题时，可能采取的一些外交政策方向？将我们的观察重点放在海外联邦机构影响环境的活动上，以下行动值得认真考虑：

第一，协调环境法规与行政命令、对外援助与贸易任务以及具有环境影响的经济与国防政策。美国政策会适得其反吗？这项调查可以由经济顾问委员会、环境质量委员会和政府问责局联合进行，也可以各自进行。为了使国家在今后几年发挥建设性作用，对法律的含糊不清和相互矛盾的解释应改为重申有关健康、福利、公平和生活质量至关重要的问题的政策和法律。从保护和更新生物圈的意义上讲，可持续性应该成为一项指导原则。《国家环境政策法》声明的目的之一是"努力提倡防止或者消除对环境与生物圈的损害"。

第二，总统可以承诺执行《国家环境政策法》，而不是将其解释权几乎完全交给法院。这项倡议将需要利用环境质量委员会，以便真正地向总统提供咨询，并履行《国家环境政策法》

第二章的任务。

第三，在考虑采取影响环境的重大联邦行动时，应将《国家环境政策法》视为完全适用。无论如何，如果其他国家颁布了类似《国家环境政策法》的法律，美国可能很快就必须接受其他国家或国际协定通过的影响评价。

第四，联邦政府应进一步考虑在和平时期，部分地重新部署其军事能力，以适应美国的环境重建，正如外国所请求的那样。

第五，应当具备识别和评估人口、自然资源、环境和经济未来重大趋势的能力。这在一定程度上是对国家和世界互动趋势的评估。它可以利用私人和国际来源的可比评估并将其相互联系。由于具有前瞻性，它可以指导对外援助的优先事项和标准，并有助于对联邦机构在海外的多项活动采取融合方法。

第六，国会应该建立或授权一个机构，以审议联合国环境与发展大会《21世纪议程》的建议及其对美国政策的影响，并且应承认国内和国外活动可以区分，但不能再完全分开。经过振兴的环境质量委员会可以被指定为这种努力的领导机构，但是对外援助和经济发展机构应该参与其中，尤其是国务院、美国国际开发署、经济顾问委员会、财政部和环境保护局。

国家之间的环境关系（本章所述）与作为岩石圈–生物圈的整个地球的环境政策（详见下文第六章）之间，无法划清界限。本章讨论的大多数国际问题都是针对特定领域的问题，或者不会立即影响所有国家。全球问题影响到所有国家和人民，尽管并非总是直接、平等或同时发生（例如海平面上升）。现代人要想在一个宜居的未来中生存下去，需要将地球作为一个整体系统进行思考和采取行动。这种必要性对概念、价值、假设、法律、制度和行为的影响超出了本书的范围。人类将如何适应21

第五章　国际环境政策

世纪的危机期，只能是猜测。在短期内，人类可能在一定程度上能够以渐进的方式应对环境中的强制性力量——通常是由人类行为引起的。然而，在生存游戏中，大自然设定了"规则"，如果人类和政府想要在游戏中长期生存，就必须遵守这些规则。当今国际环境政策的根本关注点应该是努力调整国家的政策和做法，使之符合世界系统的"规则"，并避免与无法克服的宇宙力量发生冲突。本章将《国家环境政策法》放在其国际背景下，说明在与《国家环境政策法》有关的问题上，《国家环境政策法》没有被引用的频率有多高，以及其如何因政治和官僚目的而被边缘化和误解。《国家环境政策法》需要重申，并回归其字义和本意。

第六章
《国家环境政策法》和全球环境

> 所涉及的是一项国会声明,即我们作为一个政府或一个民族,不打算采取危及人类生存或健康的行动,也不打算对维持地球生命的空气、土地和水造成无法弥补的损害……
> ——亨利·M.杰克逊参议员,《国会议事录》第115卷,1969年10月8日

123　　针对全球环境的政策属于一类特殊的跨国问题,它不同于惯常的外交事务,因为主权几乎不是一个主要的问题。甚至连南极,各国的领土要求也似乎未被普遍接受为合法的专属主权。两个或两个以上国家之间的关系,除受普遍接受的国际法律原则支配之外,往往是有关国家之间的具体问题,由国家之间的谈判支配。涉及领土主权国家之间相互关系的政策,与各国政府之间关于没有任何民族国家拥有主权或管辖权的地区国际协定是有区别的。反对所谓《国家环境政策法》侵犯其他主权国家的论点,并不适用于例如公海、深海海底、外层空间,或者

第六章 《国家环境政策法》和全球环境

在某些方面也不适用于南极。

全球环境问题影响所有或几乎所有国家,通常通过国际会议进行谈判。"公域"(commons)的概念适用于地球和外层空间中任何国家管辖范围以外的地区,并通过地外延伸至月球,也许还适用于火星。南极是一个特例,南极被视为"国际公域",由代表 26 个国家的政府和 16 个加入 1959 年条约的国家的协商委员会管理。这些区别当然是一般性的,也有例外和不适用的情况。然而,全球和地外问题是一个重大问题,对合作和制度安排构成巨大的挑战,足以值得我们对《国家环境政策法》进行特别考虑。

在 20 世纪后半叶,"全球公域"成为国际政策的对象。历史上,美国坚持海洋自由原则,允许每个国家追求自己的利益,不受其他国家要求的限制,但受海洋习惯法约束。随着经济事务全球化和"太空时代"的到来,航空运输和海上活动增加——特别是自然资源(例如石油、木材和金属矿石)的流动增加,以及新技术的发展扩大外层空间、深海海底和南极的机会。这些发展需要扩大国家立法和国际协定,以及对国家管辖范围以外地区的管理、使用和保护进行新的制度安排。全球公共空间的使用正在有序进行,同时出现了新的问题,还有许多问题仍有待解决。《国家环境政策法》是否为美国影响全球环境事务的政策提供指导?在罗纳德·里根和乔治·布什政府的政策中似乎没有这样做。罗纳德·里根和乔治·布什政府主张,在深海海底和南极开发矿产,敦促"星球大战"(star wars)战略防御计划(Strategic Defense Initiative,简称 SDI),并拒绝签署《生物多样性公约》。

本章并不认为《国家环境政策法》对美国的全球政策产生了直接或公认的影响,但确实调查了那些反映《国家环境政策法》所宣布的假设和价值观的政策的广泛性和多样性。尽管最高法院限制了《国家环境政策法》在美国领土管辖范围以外的外国土地上的适用性,但许多跨国和全球环境威胁的规模和对国内的影响使人们可以肯定,美国的未来环境政策将承认一个跨全球的背景——这无疑将适用于其他国家,而且也适用于联合国。

为了给全球政策提供实质性内容,似乎有必要考虑所遇到的环境问题以及联邦政府如何处理这些问题。虽然这无法预测未来的发展,但确实表明了所谓经济和环境事务全球化带来的一些政治后果。虽然《国家环境政策法》很少在下列全球问题中被援引,但它的原则经常与一些政策决定是如出一辙的——在未来日益相互作用的世界中,这些原则可能变得更加明确。

第一节 美国公共空间政策

尽管《国家环境政策法》的目的声明是"努力提倡防止或者消除对环境与生物圈的损害",但这种意图在联邦决策中未得到完全遵循。本章明确了《国家环境政策法》任务涉及的广泛而复杂的政策领域。这表明,通过美国国内和外交政策的政治手段来执行《国家环境政策法》隐含的全球承诺是一项艰巨的任务。环境压力过大对人类价值观和选择产生不利影响,其未来后果可能导致人们对《国家环境政策法》原则背后的原因有更广泛和更深刻的理解。同时,跨界和全球环境问题在21世纪的规模和重要性上都有所增加。

《国家环境政策法》承诺"努力提倡防止或者消除对环境与生物圈的损害",这为超越传统管辖范围而影响世界的政策和行动提供了原则指导。但是,到目前为止,就《国家环境政策法》

第六章 《国家环境政策法》和全球环境

原则指导美国全球政策的时间、地点、方式或程度,还未达成明确的政治或法律共识。对《国家环境政策法》明确规定的任何环境管理原则的承诺尚不明确。一个合理的推论是,机构官员要么不了解《国家环境政策法》的政策意图,要么不愿质疑"官方"的观点,即《国家环境政策法》的环境影响要求(几乎)与美国领土范围以外无关。《国家环境政策法》的措施似乎意在指导美国在需要国际合作的环境问题上的全球政策,然而,国会似乎并不认为《国家环境政策法》的规定是强制性的。

最近的国会对《国家环境政策法》第102(2)(f)条的反应无动于衷。特别是"保守派"成员拒绝:

> (f) 承认环境问题具有世界性和长远性的特点,并与美国的外交政策相一致,为预防和阻止人类世界的环境质量衰退而倡议、决议扩大国际合作,并计划对国际合作给予适当的支持。

美国同意为全球环境问题牵头或加入各种国际倡议,但往往拒绝签署或批准由此产生的决议或协定。例如,美国是唯一对1982年联合国大会通过的《世界自然宪章》投反对票的国家。美国拒绝批准《海洋法公约》(1982年)和《生物多样性公约》(1992年)。尽管美国签署了不具约束力的《联合国气候变化框架公约》(1992年),但截至1998年年中,参议院是否批准1997年12月谈判达成的《京都议定书》仍存在很大的不确定性。该议定书将在发达国家确立具有法律约束力的温室气体排放限制或减少措施。总统和参议院大概已经解释了《国家环境政策法》第101(b)条与第102(2)(f)条中"与国家政策的其他基本考虑因素相一致"和"与美国的外交政策相一致"的措辞,以证明拒绝任何可能对美国经济和军事利益不利的国际协定是合理的。

"全球公域"的概念对于国内法和国际法来说都是相对较新的概念。以前不属于任何国家的地球表面现在被认为是所有国家都关注的问题。但是，各国在管理公共空间方面鲜有先例或表现出能力，并且其政治和意识形态体制难以适应集体国际责任。目前公共空间（或公域）的政治安排是通过公约或条约谈判达成的。但是，这些协议的实施仍然受制于经验、创新和争议。

全球公域的定义包括高层大气、外层空间和公海（包括深海海底），这些都不在任何国家的有效管辖范围之内。出于政策目的，最外层大气与外层空间之间的边界没有明确的标记，但包括平流层臭氧层、磁层和电磁波谱。南极大陆具有独特的法律地位，在许多方面都被视为一个国际公域。第101-620号公法（1990年11月16日）是保护南极环境的一项国会联合决议，标题为《南极条约——全球生态公域》。

1991年，南极成为《国家环境政策法》就美国领土范围以外发生的联邦行动的重要司法解释的焦点。在环境保护基金会诉国家科学基金会主任沃尔特·马西（Walter Massey）案中，环境保护基金会要求禁止国家科学基金会在南极原始环境中从事研究时焚烧垃圾。这起案件于1993年在哥伦比亚特区上诉法院得到了解决，判决支持了环境保护基金会，要求国家科学基金会编制一份有关焚烧意图的环境影响报告。国会已经确定南极属于全球公域（例如公海和外层空间），美国在那里采取的行动没有侵犯其他国家的主权。这份关于沃尔特·马西的裁决确认，在某些情况下，《国家环境政策法》和"环境影响报告"可能适用于美国以外。但是，对于华盛顿负责的联邦官员采取的行动或该决定的影响地点，是否决定要求适用"环境影响报

第六章 《国家环境政策法》和全球环境

告",这一意见分歧并不明确。管辖权和国家主权问题将在本章后面更详细地讨论。

商业和通信领域中科学和以科学为基础的技术进步、人们的流动性以及人们对全球问题的普遍理解,都扩大了国际政治的范围。它们模糊了习惯性的国与国之间的国际谈判,与更具包容性且定义不太明确的环境关系之间的区别(如跨界空气污染和海洋渔业)。对公域的环境影响可能影响到大多数——或间接地影响到所有的国家(例如空气和海洋污染、过度捕捞和海洋污染、气候变化导致大气变暖或变冷、降雨量和海平面的变化,以及平流层臭氧层变薄)。

如前所述,联邦政府对《国家环境政策法》是否适用于在美国领土范围以外采取的行动,一直存在着尚未解决的争论。然而,与其他主权国家的直接关系相比,《国家环境政策法》适用于美国在全球公域内的活动似乎具有更大的司法自由。美国政府的许多机构在全球公域内或者影响全球公域的活动和计划,其中一些可能对其他国家产生环境或经济影响。国家海洋和大气管理局(National Oceanic and Atmospheric Administration,简称NOAA)以及国务院、内政部、能源部、商务部和国家科学基金会开展的活动尤其如此。尤其是国防部,其在美国领土以外的活动是广泛分散的,但有时是明显可见的。

如第五章所述,国防部《最终程序》附录H:《环境考量、外国和受保护全球公域》,执行了"第12114号行政命令关于对全球公域造成重大损害的国防部重大行动的要求"。[1]第12114号行政命令本身基本上是程序性的,是对《国家环境政策法》的补充,但不是基于或依赖于《国家环境政策法》。联邦决策者被告知他们需要遵循的程序,以及他们的决策必须附带的文件。但是,第12114号行政命令的作用可能使问题复杂化,而不是明确海外联邦机构的职责。

与《国家环境政策法》不同,第 12114 号行政命令不提供有关政策实质性问题的指导。然而,美国机构在"全球公域"中的主要法律问题是实质性问题——一个国家可以做什么,不可以做什么,以及在什么条件下做。根据第 12114 号行政命令,联邦机构必须遵守《联邦公报》中公布的决策程序,该决策程序被认为是明确的,但是,在实践中可能需要解释。机构决策者还需要理解的,而第 12114 号行政命令没有告诉他们的是,各国在制定和执行国家政策时必须考虑到全球环境方面的情况和趋势。政策决定不仅仅是程序;在提出行动的背景下,需要在程序(实际上可能成为政策)被调用之前获得信息和理解。目前,还没有官方设计的方法来提供这些信息。立法或许可以帮助建立一个机构负责分析和预测趋势和未来,但是目前还尚未颁布这样的立法。这一职能似乎得到了《国家环境政策法》第二章的授权,但环境质量委员会从未资助履行这一职能。反对政府预测的人声称,这是走向中央集权计划的第一步。

第二节 公域的政治与政策

对于地球上任何国家领土管辖范围以外的地区,技术能力扩大了经济机会,并导致国家政治扩展到国际资源开发、跨国环境影响和管理等问题。[2] 在联合国成立和有关全球环境的条约谈判之前,一般认为,各国政府可以在其领土范围以外,在不受任何其他国家管辖的情况下自由行事。这种在公海、外层空间、高层大气和南极的行动自由是受某些国际法原则管辖的。各国在法律上不能自由地以对其他国家有害的方式使用国际公域。例如,他们不能在国际水域合法地埋设水雷。[3]

第六章 《国家环境政策法》和全球环境

最近几十年来,科学、技术、商业和通信领域的加速发展改变了全球公域的概念。从国家行动的相对自由来看,各国现在承认公域是共同关心的领域。基本上不受限制的国家行动正在让位于国际集体责任的概念。这一概念作为国际关系原则的提法是在1967年引起全世界关注的,即使没有被确认为实在国际法。当时马耳他驻联合国大使提出了深海海底应被视为"人类共同遗产"的建议。[4]

尽管美国和大多数其他技术先进国家原则上不接受这一主张,但在实践中,人们已经认识到,为了实现国家利益的目标,必须开展国际合作。没有有关在海上和空中使用公域的国际协定,就无法进行国际电信和航空。第二次世界大战之后,洲际武器和核技术得到空前的发展。太空核战争的前景不可避免地对地球造成污染,以月球为基地的军事行动,以及大气核试验的越境影响,说服各国(尤其是那些缺乏先进技术能力的国家)禁止将公域用于军事目的。[5]这些发展动态都呈现在《国家环境政策法》制定的背景中。

全球公域作为国际环境责任不断发展的概念,现已纳入国际法和国际惯例。为分配无线电频率和限制在南极的单方面国家开发活动的国际安排已经正式确定。《海洋法公约》将深海采矿置于一个国际权威机构的控制之下。但是,世界正处于对全球环境公域集体治理的早期阶段。迄今为止,已通过或提议的全球协定是针对特定的国家需求或关注而发起的,包括普遍存在于国际公域的需求和关切(例如海洋生物资源、病原生物检疫、电信、矿物开发、大气污染、气候变化和太阳紫外线辐射)。在可预见的未来,治理公域的全能权威机构似乎不太可能出现,但人们仍在关注各种可能性、选择和替代方案。[6]

第三节　美国法律的全球适用

根据《国家环境政策法》采取的行动必须与美国的外交政策保持一致，但这一政策不总是明确且一贯的，并且这一政策可能会发生变化，并取决于总统和国会的决定，这在法律上几乎是无法改变的。此外，越来越多的证据表明，需要为影响所有国家、所有人民和生物圈的环境问题制定全球政策，这是所有国家的外交政策所面临的问题。人们普遍认为，解决全球问题需要国际政策，而不是应如何解决这些问题。当然，各国的外交政策可能会发生变化，影响它们与其他国家的合作。然而，全球公域问题正在成为国际谈判中引人注目的主题，并可能以积极的方式影响国家环境政策。

夏威夷联邦地区法院在关于美国绿色和平组织诉斯通案（Greenpeace USA v. Stone，1990年）的裁决中宣布："《国家环境政策法》的措辞表明，国会关注全球环境和环境问题的全球性质……在某些情况下，可能意图让《国家环境政策法》在域外适用。"[7]这一意见并没有解决《国家环境政策法》在美国域外适用的问题。"某些情况"似乎主要指全球公域中其他国家主权不是一个因素的问题。《国家环境政策法》的直接字面解释应明确指出，《国家环境政策法》［尤其是第102（2）(c)条］适用于美国联邦官员的行动。域外适用是一个无效命题。美国官员的行动可能而且确实对其他国家的影响要远大于影响报告的比例。在其他的情形下，在打击毒品的斗争中，将美国政策强加于其他国家尤为明显。

如前所述，联邦机构在属地管辖范围内有义务遵守明确适用于美国国内的法律（特别是《国家环境政策法》），这一点

第六章 《国家环境政策法》和全球环境

存在模糊性。如果一项法令或条约规定了这种义务，就不会有任何疑问。但是，如果法律条文没有具体说明其在全球公域或外国领土上的适用性，则可能会提出国内法不适用的论点。例如，弗利兄弟公司诉菲拉尔多案（Foley Bros., Inc. v. Filardo）和 1978 年 6 月 21 日国防部总法律顾问的备忘录中所述。[8]在某些情况下，总统根据其在外交关系中的宪法角色，或通过对《国家环境政策法》的行政解释来补救这种缺乏明确意图的情况。遗憾的是，吉米·卡特总统的第 12114 号行政命令似乎没有实现这一目标。

联合国及其专门机构主办的国际会议极大扩大了有关全球环境和生物圈的国内法和国际法的合法性和范围。1992 年 6 月，在里约热内卢举行的联合国环境与发展大会实际上是对 1972 年联合国人类环境会议的确认，该会议将环境政策列入国际关系的正式议程。与海洋法、平流层臭氧层保护、全球气候变化、南极地区、跨界污染和生物多样性有关的条约，已将全球环境确立为由制度安排实施的集体国际政策的主题。[9]在里约会议（即 1992 年在里约热内卢举行的联合国环境与发展大会）上，各国政府在宣布与公域有关的政策方面迈出了历史性的一步。但是，在 1997 年，联合国对里约会议之后五年的成就进行了回顾，其结果显示各国尚未就如何或何时实施这些政策达成共识。[10]

协助执行环境公约的国际秘书处一般仅限于收集缔约国和已发表的报告提供的数据（有时难以证实）。美国政府问责局发现，环境条约未得到有效监控。[11]各国政府关于履约的报告不是可靠的履约指标。为了确定一个国家是否履行其条约承诺，现场遵守是必要的，而在许多国家，这被视为对国家主权的侵犯。

民族国家历来戒备任何侵犯其权威的行为，许多国家已承

179

诺将其管辖范围扩大，例如，其对沿海海域的200英里限制。国家官僚机构、军事机构、统治精英和政党一向抵制会削弱其行动自由的跨国安排。各国政府关心的是，国际协定不会对具有政治影响力的利益集团不利。正是这种担心导致罗纳德·里根总统拒绝了《海洋法公约》，因为该条约将剥夺美国单方面授权在深海海底采矿的权利。同样，乔治·布什总统拒绝签署联合国环境与发展大会《生物多样性公约》，因为他认为这威胁到美国制药业的经济利益。1997年，美国参议院以军事安全为由公开反对《化学武器公约》，但也牵涉到工业经济利益。

国家利益要求所有国家承担防止在全球公域内发生可能损害某些或所有其他国家的事故的责任。为了获得协调合作，各国政府通过谈判达成国际协定，以创设具有国际身份的政府间组织和干事。[12] 国际协定与有关公域的协定之间的区别是，在第一种情况下，某些国家政府通常对主题区域的某些部分拥有管辖权，而在后一种情况下，没有任何国家政府对共同区域的任何部分拥有完全或经确认的管辖权。各国对南极大陆部分地区的权利主张并不是有效的例外，因为它们仅是权利主张，迄今为止，所有权利主张者受制于1959年多边《南极条约》的更高权威。[13]

对于没有国家政府能够主张管辖权或者提供治理的公域而言，特别需要多国的（实际上是全球）制度安排。在美国，没有就美国与公域有关的各种活动建立一般的关系模式。每个联邦机构都与其他政府或政府间机构或两者都有自己的关系，这取决于所涉及的职能或问题，例如在无线电频率、国际民用航空和海洋渔业方面。《国家环境政策法》没有直接参与这些活动，但第105条规定："本法所制定的政策和目标，性质上属于对联邦各机构现行职权的补充。"

第六章 《国家环境政策法》和全球环境

在所有涉及全球公域的环境政策案例中，国家政治一直是决定因素。总统办公室和国会委员会主席的变动可能会导致外交政策的变化。因此，《国家环境政策法》第102（2）(f)条规定，海外的环境政策应与外交政策保持一致，但是，无法预测美国的国际或全球外交政策将是或可能是什么样的。外交政策一向反映了同时代的经济、国防和种族议程，并可能有助于或阻碍《国家环境政策法》的目标。

在环境问题上，科学证据和经验可能改变对国家利益和国家政策的解释，例如臭氧和气候变化调查。较早的协议——全球性的而不仅限于公域——寻求通过国际贸易来防止动植物疾病的传播。病原微生物不受国界的限制，它们构成了一种需要几乎所有国家采取预防行动的生命共同体。例如，植物贸易的植物检疫法规以及防治天花和疟疾运动。

如前所述，美国在全球公域中的活动涉及众多联邦机构：国务院、商务部、能源部、内政部和国防部（特别是空军和海军）、国家海洋和大气管理局、美国航空航天局（National Aeronautics and Space Administration，简称NASA）、联邦航空管理局、联邦通信委员会（Federan Communications Commission，简称FCC）和环境保护局。美国国家科学基金会在全球公域内从事各种研究活动，尤其是在南极，海洋和大气方面——国家科学院（National Academic of Sciences，简称NAS）为影响大气、海洋、外层空间的政策提供了研究成果和建议。国家海洋和大气管理局和美国航空航天局在公域开展重要的研究活动，尤其是联合国系统的政府间机构进行了互动——例如与世界气象组织（World Meteorological Organization，简称WMO）和联合国教科文组织下属的政府间海洋学委员会（Intergovernmental Oceanographic Commission，简称IOC）。

此外，还有一些联邦委员会，其活动与有关全球公域的国际协定相关，例如核监管委员会、海洋哺乳动物委员会和国家海洋渔业委员会。与全球公域有关的机构间和政府间活动是广泛而复杂的。如果这些活动对全球公域的环境有重大影响，则可以适用《国家环境政策法》。以下小节说明全球公域中对外交和环境政策有影响的那些领域和问题。它们表明了协调和远见在海外的国家环境政策中的重要性和必要性，以及对《国家环境政策法》相关性的广泛解释。

第四节　海　洋

公海和深海海底覆盖了地球表面的大部分区域，是各国政府没有要求的领土范围之外的国际公域。制度安排对于实现与海洋有关的国际目标是必须的，但是，不同的国家目标使海洋治理安排复杂化。这些目标涉及海上航行、生物"资源"（特别是鱼类和海洋哺乳动物）、石油污染、深海采矿和倾倒有毒物质。人们认为，海洋表面及其附近的海洋植物生命对地球大气中的氧气平衡有着重要影响。对其生命力的任何威胁（例如由于气候变化、化学污染、沉积或紫外线辐射）都将是国际关注的问题。全球气候变化引起的海平面上升将影响包括美国在内的许多国家的沿海地区，并导致一些岛国部分淹没。[14]

公海航行在很大程度上是由从惯例演变而来的一套国际法律体系来管理的。管理的不是海洋公域本身，而是发生在海洋中或影响海洋及其资源的人类行为。有关渔业和保护某些海洋哺乳动物（例如鲸鱼和海豹）的国际协定，由代表遵守条约协定的各国政府的国际委员会管理。如前所述，美国联邦部门或委员会根据《国家环境政策法》第102（2）(a)、(b)条的规定

第六章 《国家环境政策法》和全球环境

与这些政府间机构合作。目前，管理公海航行的主要国际机构是国际海事组织（International Maritime Organization，简称IMO）。这个联合国专门机构除了其他关切事项外，还有责任采取协调一致的国家行动，以防止石油和其他污染物污染海洋。对于封闭海域、沿海海域或区域海域中的国际水域，多边条约提供了机构治理，这些条约实际上合并了国家主权，以解决共同的目的。

由联合国环境规划署发起的"联合国区域海洋计划"（Oceans and Coastal Areas，简称OCA，现为海洋和沿海地区）已经协助成立了至少12个管理沿海和区域水域环境状况的多边组织。[15]这些沿海和部分封闭的水域在水文和生态学上与全球公海相连，海洋生物的健康取决于其生态完整性。虽然受国家或多国的管辖，但它们不能在环境上与海洋公域分开，现在受到国际关注。1993年，美国主办了第二届关于"封闭沿海海域环境管理"（Environmental Management of Enclosed Coastal Seas，简称EMECS）的国际会议。[16]第一届会议于1991年在日本举行。第三届会议于1997年在瑞典举行。美国一直支持海洋和沿海地区，并参加了"泛加勒比地区计划。"

联合国粮食及农业组织就海洋生物资源（1955年）、海洋污染及其对生物资源和渔业的影响召开了国际会议（1970年），以及联合国大会就海洋法召开了国际会议（1958年至1982年）。在这些国际会议上，以及在通过《捕鲸公约》（1946年）和《南极海洋生物资源养护公约》（1982年《南大洋公约》）时，美国历来都支持公海政策，但对限制美国经济机会（如海底采矿）的国际或全球协定的态度是矛盾的。罗纳德·里根政府在反对《海洋法公约》时，忽视了《国家环境政策法》。

如果美国批准《海洋法公约》，那么美国在全球公域这一领域的政策将与其他签署国的政策相一致。美国的政策已经符合许多（也许是大部分）由美国人起草的条约规定。一般性原则的适用性总是有限的，但是美国海洋公域政策的主要任务是协调对所有国家平等开放的传统空间政策与公域的国际治理，以及为了所有国家的共同利益而对各国行动进行不可避免的限制。《国家环境政策法》提倡"防止或者消除对环境与生物圈的损害"和"促进人类与环境之间的充分和谐"，这似乎表明了美国在海洋公域问题上应采取的政策方向。

第五节 大气层和气候变化

尽管大气层传统上并未被视为公域——各国宣称对其领空拥有管辖权——但如今科学信息和基于科学的通信和运输技术使各国陆地边界以上的空间不被视为其领土范围内的空间专属管辖范围。高层大气层在科学上可以与外层空间区分开，但在实践或政治上完全没有区别。外层大气是国际公域，这一认识是由于最近关于现代工业活动对气候变化和臭氧层变薄影响的科学发现而产生的。在这些发现中，最突出的是某些化学物质的排放——尤其是氯氟烃（CFCs）——对平流层臭氧层的影响，以及所谓的"温室气体"（特别是直接和间接由人类活动产生二氧化碳和甲烷）的排放造成全球变暖的前景。

全球大气污染物流动的证据促成了1979年《远距离越境空气污染公约》和1985年、1988年议定书，以及1991年签署但尚未生效的《跨界环境影响评价公约》。目前不太重要的是有意改变天气。来自荒漠化地区的粉尘和大规模土地改造活动产生的浓烟（如1997年在印度尼西亚发生的情况）无意间在大气中转移，已经成为具有最终全球意义的严重问题。根据《国家环

第六章 《国家环境政策法》和全球环境

境政策法》规定，美国向印度尼西亚提供了空中援助，帮助印度尼西亚扑灭在西南太平洋地区形成的厚厚一层浓烟的大规模森林和灌木丛火灾。这些火灾主要是1977年干旱期间由砍伐和焚烧的土地清理活动所造成的。美国现在是有关气候变化、臭氧层和污染物远距离越境公约的缔约国——但一直拒绝制定实施这些公约的时间表。这些协议尚未通过国家和政府间行动予以生效。

世界气象组织是协调地球大气和天气研究的主要机构。与大气有关的科学研究工作和国际合作调查似乎组织良好，富有成效。美国国家海洋和大气管理局与国家科学院一直是世界气象组织和国际科学联盟理事会（International Council of Scientific Unions，简称ICSU）赞助的全球大气研究项目的主要参与者。1988年，世界气象组织和联合国环境规划署召集了政府间气候变化专门委员会（Intergovernmental Panel on Climate Change，简称IPCC），该委员会的调查结果促成了《联合国气候变化框架公约》的签署，该公约于1992年在里约热内卢举行的联合国会议上供开放签署。这些调查结果对美国的立法行动和国家政策产生了积极的影响，尊重氯氟烃对平流层臭氧层的影响，但对全球气候变化和大气变暖的真实性、原因和预防方面却不确定。

当在国家一级试图解决全球大气趋势的原因和影响时（例如可能的人为气候变化），就会遇到困难。当各国政府（特别是美国）试图以牺牲就业、经济竞争力和消费者便利为代价来遏制或扭转大气趋势时，会遇到经济、技术和行为问题。克林顿总统在里约会议（环境峰会+5）五年后，于1997年6月在联合国《21世纪议程》的审查会议上发言时，赞同全球气候变化是各国应处理的一个严重问题，但他拒绝支持欧洲提出的减少温室气体排放的建议，据信这是导致全球变暖的原因。[17]民主国家的政府官员不可能轻易地遵守《国家环境政策法》第 101（b）条的规定，"改进并协调联邦的计划、职能、方案和资源，以达到如下目的，即国家应当……履行每一代人都作为子孙后代的环境保管人的责任"。人们生活和投票通常是为了今天和他们预期的未来——而不是为了子孙后代。

国内政策与国际承诺的融合将是未来几年美国和其他国家公共政策制定的挑战。为了防止或延缓环境的不利变化，美国还需要改变其增加物质消耗和扩张性增长的承诺。需要做出认真的努力，使发展无害环境技术的产业政策制度化，避免或减少工业和技术在逐步淘汰和逐步采用过程中对个人和社区造成的困扰。正如一些人所认为的那样，私营企业和市场力量无法做到这一点。

保护地球免受有害紫外线辐射的平流层臭氧层变薄的发现，促成了一项国际公约（译者注：《保护臭氧层维也纳公约》，由联合国环境规划署发起，1985 年在维也纳通过，1988 年生效）控制破坏臭氧层的氯氟烃和其他气体的排放。[18] 1992 年在里约热内卢举行的联合国大会上签署一项关于全球气候变化的公约（译者注：《联合国气候变化框架公约》，1992 年 6 月 4 日在里约热内卢通过，1994 年 3 月 21 日生效）。这项公约和臭氧公约议定书（译者注：《蒙特利尔议定书》，1987 年 9 月 16 日在蒙特利尔签署，1989 年 1 月 1 日生效）要求各国限制气体排放，因为这些气体改变了大气公域的化学成分，可能对生物圈和人类福祉造成严重后果。已经通过或提出了国家政策来应对地球生命支持系统面临的威胁，这些威胁只有通过协调一致的行动才能得到解决。然而，在美国，某些经济和保守的利益集团强烈反对实施《联合国气候变化框架公约》——尤其是考虑到经济增长放缓和政府监管加强的预期影响。美国经济"运行"主要依靠化石燃料，而在开发替代能源方面的努力还不够。罗纳德·里根总统想废除能源部。克林顿总统原则上支持《联合国气候变化框架公约》，但在采取补救措施方面显得犹豫不决，其中许多措施将严重影响美国的生活方式和经济。国会一直强烈反对对美国经济施加任何强制性负担。截至1998年，参议院对1997年《京都议定书》和《联合国气候变化框架公约》的批准尚不确定。在21世纪，国家内部和国家之间围绕能源的来源和使用的冲突似乎是必然的。在能源政策方面，美国人或国会几乎没有愿意遵守《国家环境政策法》第101（b）(1)条的规定："履行每一代人都作为子孙后代的环境保管人的责任。"未来世代不是当今国会选举的选民。

第六节 外层空间

科学和技术为将外层空间环境视为全球公域开辟了道路。外层空间环境的三种可能用途对各国政府都产生了影响，这些影响已成为国际关注的主题。

外层空间环境的第一种用途是利用磁层的电磁频谱进行通信，并利用人造卫星进行通信和监视。[19]在"信息时代"的社会中，快速而可靠的电信已成为一种超越国界的价值。信息通过电磁频谱畅通无阻地流动，现在是一种重大的（甚至非传统的）环境价值。国际电信联盟（International Telecommunications Union，简称ITU）是各国政府在这种媒介上进行合作的主要机构，美国是主要参与者。国际电信联盟的工作由若干委员会、理事会和大会进行。截至1990年，大约有7000颗人造卫星在环绕地球的轨道上运行，它们利用电磁波进行通信和观测，涉及军事和民用目的。

通过卫星进行国际电信的主要组织是国际电信卫星组织（INTELSAT）。美国通过一个私营电信组织的联合体美国通信卫星公司（COMSAT）参加国际电信卫星组织。还有一些区域性电信组织，例如欧洲邮电管理委员会（CEPT）和美洲电信委员会（CITEL）。国际海事组织一直关注卫星作为海上通信和导航的辅助工具，并作为国际海事卫星组织（INMARSAT）的监督机构。

外层空间对环境的第二种用途是遥感和摄影。美国地球资源遥感系统（陆地卫星）的这些用途引起了一些反对意见，认为这是对其他国家领土的无理侵犯。遥感具有明显的军事用途，涉及所谓的"间谍卫星"。[20]尽管如此，在利用和探索空间环境方面已经作出了许多国际合作安排。1977年，美国国家研究委员会召集的一个遥感开发特设委员会建议，"美国政府应尽快宣布遥感系统实际上构成了一种国际公共事业，旨在进行国际治理"。[21]遥感提供有关环境变化的宝贵信息（如洋流、温度和污染、云量和天气、森林砍伐、荒漠化和城市化）。它极大地促进了环境研究的全球化，并有助于监测国际条约的履行情况。美国先进的空间技术极大地增强了其履行《国家环境政策法》对生物圈保护的承诺能力。

外层空间与环境有关的活动的第三种用途包括探索和研究。这些活动需要高度复杂和昂贵的技术，例如轨道空间实验室和行星间空间探测器。但是，由于大多数国家缺乏利用空间技术的能力，并且由于国际敏感性，需要采取一些手段管理空间技术的使用，以实现共同利益。外星探索和研究的目标之一是与地球的形成、地球的地质和气候历史有关的发现，这些信息可能会影响当前的环境政策，并且将推动《国家环境政策法》的目的，"努力提倡防止或者消除对环境与生物圈的损害"。对火

第六章 《国家环境政策法》和全球环境

星的探测可能会提供地球物理历史的线索,并且可能影响有关大气和海洋的政策。

外层空间的人造物体成为环境问题,这是由大量绕地球运行的人造物体造成的,这些人造物体大多是小型物件(例如螺丝刀)。为了监测、减少或消除这些对空间航行的危害,必须开展国际合作。如果计划中的"'自由号'空间站"真的建成了,它可能会成为一项国际冒险。对空间站来说,清理世界上自己的太空垃圾场可能是一项必要的任务,而且从美国的角度来看,这也符合《国家环境政策法》。

在《国家环境政策法》和联合国环境会议召开之前,可能产生全球后果的军事活动前景,为国际治理高层大气和外层空间环境提供了强大动力。洲际弹道导弹、轨道卫星、高空飞行器和原子核技术的发展为军事行动提供了防御和进攻的手段,人们担心这些军事行动会造成无法弥补的环境后果。

美国国防部在《国家环境政策法》颁布之前进行了两次太空实验,引起了国际社会的担忧和批评。1961年,西福特计划(Project West Ford)在范艾伦辐射带(Van Allen Radiation Belts)中发生了核爆炸。1962年,海星计划(Project Starfish)在高层大气中散布铜偶极子,以预先确定它们对无线电波传输的影响。[22] 似乎没有人认真努力去查明这些实验的后果。在这两种情况下,结果似乎都没有定论,也没有(如某些人所担心的那样)留下破坏性后果。尽管如此,他们还是引起了国际社会的广泛关注和抗议。如果《国家环境政策法》在1960年代初生效,那么它是否适用于美国领土管辖范围以外进行的与国防有关的未公开活动的问题本应得到解决。尽管在科学上是可疑的并且在环境上也是站不住脚的,但是,一些国会声称的国防必需品(尤其是武器系统),似乎不受《国家环境政策法》的影响。

189

洲际弹道导弹和高级超音速运输（SST）的发展引起了各国对高层大气和外层空间环境使用进一步关注。从1969年到1971年，尤其是在第91届国会上，美国参与国际超音速运输的问题引起了激烈的争论。虽然得到了理查德·M. 尼克松总统的赞同和众议院支持，但由于未能为该项目提供资金，而在参议院遭到了否决。来自威斯康星州的威廉·普罗克斯迈尔参议员（William Proxmire）领导了反对超音速运输的斗争，强调了超音速运输的环境风险。但是来自华盛顿州的亨利·M. 杰克逊和沃伦·马格努森（Warren Magnuson）参议员支持这个项目，因为它对西雅图的飞机工业具有潜在的好处。华盛顿州的两位参议员都是环境问题的主要捍卫者，超音速运输事件表明，在拟议行动的后果不确定时，难以协调经济和环境价值。同样，来自密歇根州的国会议员约翰·丁格尔一直是环境保护的积极捍卫者，除非环保法规会给汽车行业带来成本。

从1950年代到1980年代，核战争的威胁及其对全球环境的可能影响笼罩着整个国家。从1963年到1965年，国防部民防办公室委托了许多有关核战争对环境影响的研究，主要由哈德逊研究所编制，为国防文献中心或国防供应局处理。[23] 当时，美国和其他地方普遍担心深海海底、月球或外层空间可能成为敌对军事活动的基地。

1983年，一场关于"核战争之后的世界"的会议提出了"核冬天"的假设——多次核爆炸后全球气候发生严重变化。这次会议是在早些时候（1983年4月25日至26日）举行的关于"核战争对全球生物造成长期后果"的会议之后召开的。[24] "核冬天"的论点后来受到质疑，但它可能加强了国际上消除世界核战争威胁的努力，并强化了大气层作为全球公域的概念。

由于担心利用公域进行国际战争，促成了以下条约的顺利通过，以防止其可能性：

＊1963 年，《禁止在大气层、外层空间和水下进行核武器试验条约》(《部分核禁试条约》)。

＊1967 年，《关于各国探索和利用包括月球和其他天体在内的外层空间活动的原则条约》。

＊1978 年，《禁止为军事目的或任何其他敌对目的使用改变环境的技术公约》(ENMOD)。

对外层空间发生核战争的可能性及其环境后果的担忧成为支持和反对罗纳德·里根总统提议的"战略防御计划"的主要因素。[25] "战略防御计划"被新闻媒体不恰当地称为"星球大战"，该计划由国会资助用于研究目的，但是其实施却变得越来越令人怀疑——尤其是在苏联解体之后。1960 年代，对核战争和核反应堆辐射影响的恐惧促使环境意识的高涨，从而产生了《国家环境政策法》。

第七节　南　极

南极大陆在政治上是一个"准公域"，由一种独特制度安排所支配。[26]7 个国家声称对南极拥有领土主权，但自从 1959 年 12 个国家的政府签署一项国际条约以来，这些主权声索已被有效搁置。美国声称在南极没有领土，但一直是该大陆科学调查的领导者。尽管条约(译者注:《南极条约》，1959 年 12 月 1 日在华盛顿签署，1961 年 6 月 23 日生效)将南极指定为国际科学保护区，但开采矿藏和能源的经济雄心已促使一些政府和矿业利益集团，敦促开放南极进行矿产勘探和开发。美国的政策一直在支持受保护的国际科学保护区和自然资源开发之间摇摆不定。

1988 年 6 月 2 日，当时 19 个《南极条约》(当时对南极提供最低限度治理）协商国和13个签约国（即非缔约国）的代表通过了《南极矿物资源活动管理公约》，实际上终止了受保护的南极科学保护区。《南极矿物资源活动管理公约》的支持者认为（对很多人来说缺乏说服力），矿产开发和环境保护可以共存，不会妨碍科学调查。尽管罗纳德·里根总统和乔治·布什总统赞成开放南极的矿产开发，但是国会不同意。1990年11月16日，国会通过了联合决议（第101-620号公法），重申支持保护南极，使其成为符合1959年《南极条约》的全球生态公域。结果是，由于南极协商委员会内部存在分歧，总统与国会之间的冲突得以避免。为了使《南极矿物资源活动管理公约》生效，需要征得协商国的一致同意。非政府组织的反对，尤其是库斯托协会（Cousteau Society），导致法国和澳大利亚拒绝批准，因此取消了这项提案。[27]

南极的未来仍然是不确定的，但是，如果国际环境运动继续发展，尤其是在1992年联合国环境与发展大会之后，南极的开发似乎不太可能在不久的将来获得批准。1970年代，国防部、国务院和国家科学基金会显然认为，《国家环境政策法》适用于美国在南极的活动。但是，1981年，罗纳德·里根政府就职之后，一些机构开始抵制将环境影响报告适用于南极的行动。环境保护基金会援引《国家环境政策法》，要求国家科学基金会对其在南极的活动进行影响评价。与一些机构和司法机关对有关《国家环境政策法》海外适用的解释相反，哥伦比亚特区上诉法院要求国家科学基金会遵守《国家环境政策法》，美国政府未对该裁决提出上诉。[28]

第六章 《国家环境政策法》和全球环境

第八节 联合国环境与发展大会及其影响

1992年联合国环境与发展大会有178个国家的政府代表出席,使世界各国更接近对全球环境承担集体责任。[29]尽管联合国环境与发展大会的宣言重申了对一国自然资源拥有主权的原则,但这一原则的传统含义已经被修改和缩减。"主权"能够使一国政府在国际谈判中作出具有约束力的承诺,也能够使其限制合作,或为其自身和国际利益承担义务。"合并主权"的概念变得更加现实,因为各国发现相互合作最符合它们的利益。

为了理解联合国环境与发展大会的影响,应将其视为一系列国际行动中的一个重大事件,以实现对全球环境承担集体责任。对其有效性的真正考验将在于它在21世纪的实施程度。从1968年在巴黎举行的生物圈会议开始,尤其是从1972年联合国人类环境会议开始,随后举行了关于人口、粮食、人类居住、水、荒漠化和能源的全球会议。与全球公域特别相关的是相继召开的联合国海洋法会议(1958年至1982年)和联合国探索与和平利用外层空间会议(1968年和1982年)。自从1945年联合国成立以来,这些会议和许多其他国际和区域会议的影响模糊了国际(国与国)环境政策与供所有国家遵守的全球政策之间的区别。

联合国环境与发展大会在环境与发展之间的明确联系和更具体的规定方面,比20年前在斯德哥尔摩举行的联合国人类环境会议所通过的《人类环境宣言》和《行动计划》更加进步。然而,更重要的不同之处在于出席会议的人数更多——110位国家元首和大约18 000名自愿非政府参与者。联合国环境与发展大会也可视为重申和扩大在斯德哥尔摩通过的宣言和原则。这

193

丝毫不会削弱里约会议的意识提高和全球化的影响。然而,联合国环境与发展大会和联合国人类环境会议一样,以逃避或忽视召开这些会议所需的一些基本条件为代价来达成协议——这些基本条件主要是人口指数增长和国家对自然资源开发的主权。此外,正如1997年联合国"环境峰会+5"和对《联合国气候变化框架公约》的争议所表明的那样,各国更愿意宣布政策,而不是实施政策。[30]

只要所谓的公域受到国际协定和政策的控制,那么它们就不再是传统意义上无人管理的"公域"。国家、国际和全球环境之间的区别,至少在逻辑上,在《生物多样性公约》和有关气候变化、臭氧层的各项公约,以及较小范围的海洋法公约中已经消失。我们仍然试图用19世纪的制度语言来描述21世纪的现实。这些全球和国际环境政策的发展对美国的国家环境政策有何启示?

有两点似乎是很清楚的。第一,多数美国人似乎重视保护地球环境,尽管有反对者否认环境需要保护。尽管如此,《国家环境政策法》序言中声明美国"防止或者消除对环境与生物圈的损害"的政策,但在理解时应承认当环境保护与经济、种族、军事或外交利益发生冲突时可能产生的保留意见。如果这些利益与环境保护一致或没有明显冲突时,《国家环境政策法》原则在政治上是可以接受的,并得到非政府环境组织的认可。

第二,美国政府迄今为止所采取的国际政策大多是基于特定的战略考虑,尽管环境因素现在也得到了承认——就像《北美自由贸易协定》的环境补充协定一样。有人可能会认为,即使《国家环境政策法》从未被通过,美国国际协定中的环境内容也可能存在,但这种说法忽略了一点,即《国家环境政策法》肯定了一种国家价值,并在国际和全球事务中得到承认。按照

第六章 《国家环境政策法》和全球环境

这种方式解读，《国家环境政策法》可以被解读为根据不断变化的美国精神，制定了一项明确的政策。

《国家环境政策法》是为美国政府制定了一项新政策，还是对一项至少在当时美国社会出现的政策赋予了官方表述和法定地位？这本书的观点是《国家环境政策法》代表了美国社会和政府对假设和价值观的长期重构，代表了一种正在全球兴起的趋势。[31]这个过程是不断发展的，并且常常会出现异常情况。《国家环境政策法》为环境（以及经济）可持续发展的未来提供了清晰可见的政策表达。它阐明了美国社会潜在的和正在显现的价值观。它还反映了一种认识，即生物圈是一个完整的互动系统，对其中任何一部分产生重大影响的事物，最终都可能对整个生物圈产生影响。这种认识现在开始在整个信息高度发达的社会中传播开来。

近几十年来，在整个公共经济和环境事务中，国际企业、科学、通信和大众旅游业加强了这一认识，即"环境"不可分割地从本地延伸到全球，甚至更远。人们越来越清楚地看到，各国的未来与世界的未来密不可分。然而，国家环境和经济在很大程度上仍然必须在主权国家的有限领土和法律范围内加以管理。但是在北美、欧洲和东南亚已经出现了区域性安排，将经济和环境方面的考虑结合在一起。在当今世界，建立世界政府并不是一个现实的选择。

寻找一种可行和可靠的制度结构，使全球问题能够得到安全和有效地解决，这是21世纪的挑战。为此，《国家环境政策法》做出了重大的战略贡献。环境影响分析国际化的安排尚未制度化。然而，与《北美自由贸易协定》并行的北美环境合作委员会可能会促成这一结果。欧盟和联合国欧洲经济委员会似乎正朝着同样的方向前进。在全球范围内将影响评价程序制度化的努力似乎最终可能会取得成功。全球化的一体化趋势、强大的新技术影响，以及世界作为一个整体系统的相互联系的认识，推动各国寻求在生物圈中共同生活的方式，而不会因无知或疏忽而破坏生物圈的活力或削弱其未来。悬而未决的问题是，这种"推动"是否足够坚定和迅速，以避免共同的环境灾难。

如果《国家环境政策法》的原则付诸实施，就可以为全世界提供一个典范。《国家环境政策法》普遍化的原则概括了联合国《21世纪议程》的大部分内容。对两次联合国会议（1972年和1992年）所确定的全球挑战的建设性回应必须在国家一级开始，然后才能采取集体行动。这就是《国家环境政策法》在美国全面实施的重要性所在。仅仅是象征性或修辞性的回应，并不能为世界其他地区提供可信的模式。《国家环境政策法》被80多个国家仿效表明，《国家环境政策法》确实具有跨国意义。我们尚不知道如何将类似《国家环境政策法》的原则和程序纳入世界事务，但是如果美国能够以身作则并倡导实现这一目标，美国就能为秩序和经济生态的可持续性做出巨大贡献。

遗憾的是，对于全球环境而言，美国的例子一直是模棱两可的。诸如美国国会之类的立法机构对许多要求做出了回应，其中许多要求在人们的日常生活中比他们认为的环境问题更为优先。大多数当选官员回应的选区是使他们任职的"有效选区"，与更大的"法定选区"不同，后者没有为选举提供资金或妙招。外交政策是对"有效"国内压力的回应，而环境政策很少引起更"有效"的国内选民的关注。

但是，世界经济是在全球环境中运行的。如果人类人口在下个世纪翻一番，那么对环境各个方面造成的压力将以几何级数而不是算术方式累积。提高全世界的生活水平将增加数字的压力。在某个时候，世界各地的人民和政府将被迫以某种方式，将人口增长和经济目标与环境参数相协调。《国家环境政策法》为各国领导人预防不可持续的人口和经济趋势带来的后果，提供一个及时而富有远见的议程。

第七章
未来方向：超越《国家环境政策法》

> 历史不太可能再提供一个像今天这样开放而充满希望的机会，因此，人类必须找到利用这一机会的智慧。
> ——亚历山大·金和伯特兰·施耐德，《第一次全球革命》，1991年

最后一章重申了本书的主题，重述其主要论点，并提出《国家环境政策法》对未来环境的影响。《国家环境政策法》在颁布之时没有得到充分的重视，它体现了一种观念上的根本性转变，这种转变在20世纪后半叶已经在世界范围内传播。[1]

虽然《国家环境政策法》的目的尚未完全实现，但其对美国和国外的公共政策产生了重大影响。环境影响报告条款所要求进行的程序改革，提高了许多地方公共规划和决策的质量。但是，单凭环境影响报告不足以实现《国家环境政策法》所声明的目的。《国家环境政策法》第二章尚未全面实施。环境质量委员会在资源有限的情况下尽了其所能——但要发挥第二章所述的作用，还需要总统和国会的积极支持。由于白宫没有采取

第七章 未来方向：超越《国家环境政策法》

积极的行动，法院一直是《国家环境政策法》的主要解释者，但是最高法院根据该法将其裁决限制在程序上。[2] 如果要实现《国家环境政策法》的目的，并且与其实质性目标相一致，则可能需要以宪法为基础。经过近 30 年，我们已经有足够的时间，对《国家环境政策法》所做的改变进行中期评估，并且回顾过去考虑我们所学到的知识，这些知识可以指导未来的环境政策。

关于《国家环境政策法》的四个基本主张已在前面的章节中介绍。第一，《国家环境政策法》阐明了美国社会的核心价值观，这些价值观虽然是长期潜伏的，但是现在正在得到体现。《国家环境政策法》还表达了环境管理方面的新价值观，而这些价值观在很大程度上是美国过去的先驱所缺乏的。《国家环境政策法》不寻求强加价值观，它反映了价值观，并宣布了实施价值观的目标。第二，由于官僚和司法保守主义以及模棱两可的政治支持，《国家环境政策法》的实质性目标仅部分内化于政府机构。第三，《国家环境政策法》仍然对美国的政策和行政管理产生了积极的影响，并对其他国家的政策产生了催化作用。第四，政府在环境、经济和生活质量之间密不可分关系中所起的作用，在很大程度上应得到国家基本法美国《宪法》的承认。要实现《国家环境政策法》的目的，就需要真正的政治、制度、科学、法律，尤其是道德上的承诺。为了理解为什么新的倡议是必要的，我们需要回顾《国家环境政策法》的主要目的是如何从属于重要但有限的程序性考虑的，以及为什么总统职位概念的变化影响了《国家环境政策法》的实施。最后，重要的是要考虑该法对未来的潜在影响，从长远来看，这可能具有最大的意义。

第一节 《国家环境政策法》背景

如果当前经济和社会对环境的需求继续增长,《国家环境政策法》所提出的政策问题几乎肯定会在 21 世纪初达到一个紧迫的程度。美国未来的生活质量将取决于美国政府和人民在多大程度上理解环境的基本性和包容性,并使《国家环境政策法》声明的原则成为现实,在实际的公共行政中得到适用。未来环境问题的种种迹象都非常明显,不能被认为是"危言耸听"。

环境保护政策现在已经具有全球意义,《国家环境政策法》认识到环境问题的全球性和长期性。但是,联邦政府采取的环保行动往往与《国家环境政策法》声明的原则不符。《国家环境政策法》在美国领土管辖范围以外的相关性在联邦法院既被否认又被确认。各联邦机构所采取的立场并不一致。第 101 条强有力地声明的原则和目标基本上被视为没有实际效果的假设。因此,随着国家进入 21 世纪,鉴于预见到现在正在预测的问题,国家的福祉要求《国家环境政策法》所声明的原则和目标得到重申和强化,以实现高质量和可持续性的个人和公民生活。

为了使《国家环境政策法》成为一种国家意图的表达,有必要了解它为什么已成为美国环境政策的明显核心。这部法律在全世界具有影响力,被称为美国"环境大宪章",为什么没有在美国获得更大的认可?人们对《国家环境政策法》的理解可能不亚于任何其他联邦法规——其中许多联邦法规是冗长和复杂的,并且需要司法机关的定期重新解释。然而,《国家环境政策法》是相对简短和直白的,并且作为一部政策法案,它的规定并不像一些评论家所说的那样"模糊"。

对于《国家环境政策法》声明的政策,与政府和经济中实际发生或未发生的情况之间的差异,至少有五种可能的解释。第一种是行政部门的边缘化;第二种是司法上的误解;第三种是当没有紧急事件引起关注时,人们普遍对原则问题漠不关心;第四种是不理解环境的范围和普遍性;第五种(也是最重要的)是没有一个伟大的统一目标和战略能够激活《国家环境政策法》的长远目标。《国家环境政策法》声明的原则尚未作为国家行动议程得到重申。

这些解释都是泛化的,因此也有例外。《国家环境政策法》有时会被联邦官员援引,并且在一些下级联邦法院得到了正确的解释。1975 年,一位评论员发现:"5 年后,《国家环境政策法》作为创造和维护环境完整性和改革环境决策过程的工具,只取得了一点点成功。"[3]20 年后,将需要进行更积极的评价。但是,除了环境影响报告要求的影响之外,很难证明《国家环境政策法》是不合格的国家政策。然而,这并没有降低该法的重要性。《国家环境政策法》提供了一个评估行动的标准。至于未来美国将如何评价环境问题与国家优先事项的关系,目前尚不确定。我认为,大量证据支持强制性环境变化以及知识的增长将提高环境问题的优先级的可能性,但这可能也不会发生。人类已经表现出否认显而易见的东西,并且适应不断下降的生活和环境质量的能力。[4]

第二节 目的审查

在华盛顿国家公墓有一块墓碑,上面刻有字母"NEPA"。毫无疑问,这标志着一个士兵的葬礼,但它是否也可以看作是《国家环境政策法》作为一种可信表达的国家政策的消亡象征?

人们对《国家环境政策法》进行了多次评估,但评估结果各不相同。[5]尽管有轻视的评价和公然的敌意，但这部法律仍然保持完整，它的条款基本上没有改变，尽管已对其实施采取了各种豁免措施（例如与阿拉斯加油气管道等特定项目有关的豁免）。然而，《国家环境政策法》的直接适用主要限于第102（2）（c）条强制行动条款——关于对环境有重大影响的联邦行动的详细说明的编制，以及与这一要求相关的附带行动，即所谓的《国家环境政策法》程序或环境影响报告程序。

如果这一程序为决策提供了信息，并改变了机构长期以来的做法，该法通常肯定被认为是成功的。《国家环境政策法》引起了对联邦项目的重新考虑、重新设计甚至撤销，而这些项目在以前不会受到有效挑战。《国家环境政策法》迫使政府公开披露，之前本可以不受公众监督的计划和提案。《国家环境政策法》要求就计划和提案进行跨部门的信息交流，并促进了环境项目方面的跨部门合作，因为曾经的惯例是跨部门的竞争和独占。尽管如此，从其发起人的意图看，《国家环境政策法》的潜力尚未实现。

《国家环境政策法》的广泛目的载于其序言之中，用与国家政策声明相适应的语言表述：

> 本法的目的在于：声明国家政策，促进人类与环境之间的充分和谐；努力提倡防止或者消除对环境与生物圈的损害，增进人类的健康与福利；充分了解生态系统以及自然资源对国家的重要性；设立环境质量委员会。

《国家环境政策法》是1960年代公众对不断恶化的环境状况日益关注的一种立法回应——公众普遍弥漫的焦虑和不满情绪。在第90届和第91届国会上提出了许多环境法案。由亨利·M. 杰克逊参议员于1969年2月18日提出的参议院第1075号法

第七章　未来方向：超越《国家环境政策法》

案，连同随后的附加条款，成了旨在宣告和实施国家环境政策的法律。该法案在其发展过程中进行了广泛的修订。它收到了许多来自各方的意见，但制定法律基本上是国会参众两院各委员会的工作，特别是参议院内政与岛屿事务委员会，以及众议院商船与渔业委员会渔业及野生动物保护小组委员会的工作。这部新出台的法律不是环保行动组织的产物——在发现它有可能阻止他们反对的特定联邦项目之前，环保行动组织中似乎很少有人对它的颁布有过模糊的认识。自然保护基金会是这种早期缺乏兴趣的一个明显的例外，让我协助亨利·M. 杰克逊参议员和参议院内政委员会制定这项立法。

　　《国家环境政策法》的立法史解释了其实施过程中的一些困难。《国家环境政策法》的目的是通过将联邦决策导向有利于环境质量价值观和代际公平的结果来肯定国家环境质量政策。《国家环境政策法》的实质性原则是一般性的——适合于国家政策声明。虽然关于机构规划和决策的指令是以清晰的语言表述的，但需要转化和解释，这些指令是1978年按照吉米·卡特总统第11991号行政命令（1977年）规定而制定的。对于某些问题，还需要补充立法——其中一些还存在很大争议（例如人口、土地利用和能源政策）。对于其他问题，已经颁布了立法（例如1966年《历史保护法》和1964年《荒野法》）。与1970年代制定的大多数环境法规不同的是，《国家环境政策法》没有激进和有组织的活动人士，那些人的占有欲堪比代表清洁空气、水质、荒野、濒危物种或公民权利的倡导者。《国家环境政策法》被强加给了一位勉为其难的总统和致力于使命政策的官僚机构，而传统上，这些机构认为环境价值（在根本上）从属于特定使命的法定目标。实际上，《国家环境政策法》修改了所有联邦机构的授权——但是让新授权适应旧授权，既不会是自动的也不会是那么容易的。

第三节 法律抑或政策?

传统意义上的法律反映了共同体里长期以来广泛的共识或认同。它主要涉及共同的正义感以及统治者和被统治者的权利和义务的定义。时至今日,似乎可以公平地说,在大多数美国人的心目中,法律也是权利、规制、正式要求的程序和义务的代名词。在高度多元化的个人主义社会中,法律不要求的公民责任很少影响社会行为。在一个日益复杂的世界中,法律变得越来越专业化、技术化,对普通公民来说,也越来越难以理解。在一个多元主义和多样化的国家里,共同体意识和对公民优先事项的共识会减弱。

《国家环境政策法》是相对简单的,但基于科学的规范空气和水质、有毒物质和生态系统管理的立法可能是非常复杂的,只有专家才能理解。人们可能会争论是否应该制定一部法律,但制定实在法几乎已经成为律师、法官和职业政治家的专属领域。法律不再必须符合大众的共识。并非所有的立法行为——包括类似法律的成文法——都被视为真正的法律,如果它们所宣布的目的是无法实施的。

《国家环境政策法》是第 91-190 号公法。但是,在多大程度上,将一部成文法称为法律,使之成为事实上的法律呢?《国家环境政策法》是合众国最高立法机关的一项政策声明,这一点毋庸置疑。环境影响报告的要求是一项好的法律,从它所产生的诉讼和裁决都证明了这一点。但是,《国家环境政策法》中没有对联邦行政官员施加任何可在法律上强制实施的程序性授权或特定结果的那些实质性条款又是什么呢?《国家环境政策

第七章 未来方向：超越《国家环境政策法》

法》有关其目的的语言表达是明确的——但要激活它，就需要国会和行政部门采取行动，而这并不是一直都能做到的。

如果《国家环境政策法》确实是真正的法律，而不仅仅是政策声明，那么总统"监督各项法律被忠实地实施"的宪法义务似乎是适用的。显然，美国政府制定的实在法和法规远远超过任何总统所能亲自监督的范围。因此，当前的政治取代了对法律执行的监督。为了加强总统作为行政长官的角色，已经制定了一些制度安排，但这些安排不能强迫总统发挥作用。如前所述，在富兰克林·D. 罗斯福总统任期内，1939年《重组法》（53 Stat. 561）设立了总统行政办公室；规定了白宫工作人员；并使预算、人事和计划的中央管理职能置于总统控制之下。

1939年《重组法》执行了总统行政管理委员会的建议，这些建议确定了总统行政办公室与白宫工作人员之间的明显区别。[6] 总统行政办公室是机构总统的管理（即行政）职责的主要代理人。其任命的官员须经参议院批准。相比之下，白宫工作人员是总统的私人助理，其未经过政治上的批准而被选出，而且不拥有制定政策或决策的权力。

如今，这些职能的区别对记者来说已经不存在了，新闻媒体经常会混淆，联邦机构和国会也不予重视。由于强调现任总统的政治、象征性，特别是个人活动，总统的管理职能已大为转移。[7] 总统行政办公室没有按照行政管理委员会的意图被使用。这一点，再加上所谓的华盛顿当权派中一些有影响力的成员对《国家环境政策法》的傲慢态度，使环境质量委员会无法充分履行其法定职能。然而，尽管存在政治局限性，但是环境质量委员会在《国家环境政策法》的实施中发挥了重要而成功的作用。

由于认识到管理和预算局具有改变经济偏见的政策制定权力，在起草《国家环境政策法》期间，有人提议，将监督遵守

151 《国家环境政策法》的某些职责交给管理和预算局（以及政府问责局）。如果要大力推进《国家环境政策法》的目的，这些提议在职能上可能是现实的。但是，它们在政治上是不现实的，因为国会或白宫都不指望《国家环境政策法》的原则（被认为是象征性的）会得到政治行动的完全支持——至少最近不会。

管理和预算局有质疑支出的权力，这赋予它监督行政机构的权力，而环境质量委员会却没有这种权力。在政治事务中，就像在日常生活中一样，掌控金钱的权力赢得尊重。管理和预算局可能缺乏感情，但并不缺乏尊重。行政机构不必害怕环境质量委员会，除非它明确代表总统——这种情况很少出现。除了吉米·卡特总统第 11991 号行政命令赋予《CEQ 条例》以法律地位外，环境质量委员会对这些行政机构没有可与管理和预算局相比的机构权力。

但是，除了《CEQ 条例》之外，还有其他总统权力工具，足以在推进《国家环境政策法》原则方面给予更大的自由度。在过去 30 年中，环境问题会偶尔出现在总统宣布的优先事项清单上，但它从来没有排在首位，也低于公众舆论原则上似乎更喜欢的位置。由于在政党中获得合法化、保留领导权和控制权的方式，政治领导人往往很难知道如何处理与传统政治假设相冲突的新的公众舆论现实。当似乎需要采取行动，但后果不确定时，政治上的审慎反应具有象征意义。

在有影响力的国会议员和国会特别委员会所关注的某些问题上，总统往往会听从国会的意见。有时，出于战术原因，总统的偏好会发生变化——白宫针对一系列问题采取的行动被推迟，以换取国会在其他具有更高的总统优先事项问题上的投票。因此，总统应监督各项法律被忠实地实施的义务取决于他的优先事项、环境压力以及他对个人声誉和精神财富的感觉。对于

第七章 未来方向：超越《国家环境政策法》

选举产生的官员、总统和国会来说，政治优于不方便的宪法义务似乎是合理的结论。

近年来，美国和欧洲的老牌政党都与大量的公民疏远了。欧洲"绿党"的崛起以及美国投票率的下降，在一定程度上反映了人们对传统政治的不满。[8]"绿党"更适合欧洲的多党制，而不是传统的两党制的美国。但是，一场以环境为核心关注（而非排他性）的包容性、重点突出、积极进取的政治运动，可能会迫使两大政党争夺其支持。这种环境联盟的要素目前存在，但尚未达到所需的领导力、范围和一致性，以抵消大笔竞选资金、对地方经济问题的关注、在政治选举中动员少数族裔投票，以及新闻媒体模棱两可的对待的影响。《国家环境政策法》的目的在美国人民中得到广泛认同，但尚未获得使其更接近现实所需的融合而集中的政治行动。《国家环境政策法》的目标尚未列入任何总统候选人的议程。

如果坚定的环境行动成为一个政党内部的主要政策，它会被认为是"自由的"还是"保守的"？这些词语具有传统意义上模棱两可的含义。为了应对生态或经济灾难，威权激进中心的政治可能会占据主导地位，实现罗伯特·海尔布罗纳（Robert Heilbroner）的推测，即从当前的优先事项向可持续社会的转型可能会以"铁腕政府"（iron governments）时代为特征。他不情愿地预见到"一种国家权力更具强制性的行使"的出现，以控制不可持续的工业社会的社会生态破坏过程。他没有预见到："人类，无论是个人还是现存的社会组织，会愿意默许由远见所要求的生活方式的改变。如果是这样的话，我们要问的问题是：'人类还有希望吗？'如果不付出可怕的代价，是否可能迎接未来的挑战？答案肯定是：不，没有这样的可能。"[9] 罗伯特·海尔布罗纳并不是唯一一个对未来持悲观看法的人。可以汇编一份关于类似评价的广泛参考书目。

我无法评估这些预测的可能性，但我相信它们有证据的支持。这些章节中其他地方提到的趋势给出了它们合理性——但也许并非不可避免。认真实施《国家环境政策法》可能会极大地有助于缓解或避免社会生态的崩溃。但是，按照目前的设想——甚至是它的支持者的设想——《国家环境政策法》也主要是预防性的。仅仅重申《国家环境政策法》是必要的，还不够。在1973年环境保护局全国环境管理大会上，我认为有必要"发挥环境管理的积极作用"，并依法设立"环境重建局"（Environmental Reconstruction Agency，简称 ERA）——与环境保护局并行。但是，在实际上充分就业和普遍的反政府情绪的情况下，成立这样一个机构的可能性很小。如果美国经济出现了大幅下滑，环境重建的前景可能会更大。

1960年代末，当第一波环境运动达到高潮时，由于环境政策缺乏全面的法律基础，一些关心环境的公民和国会议员开始考虑制定环境权利法案的可能性。1960年代的政治氛围中充斥着对"权利"（rights）的主张，但相对而言，很少有人将宪法修正案视为对环境诉求的回应。鉴于美国司法立法（judicial legislating）的持续进行，尽管不是以权利法案的形式，但仍可能需要对环境进行宪法保护。在本章结束时，我将回到宪法问题。但是单靠宪法修正案并不能满足对环境重建、改善和维护的积极议程的需要。《国家环境政策法》声明原则，阐明价值观。但是，为了实现《国家环境政策法》提高生活质量的目的，除了《国家环境政策法》之外，建设性计划、项目和现有法律的合理化都是必要的。为了获得持久的公共利益，需要一个精心构思的协调方案。应当尽可能保护这一努力的完整性，使其不受历史上联邦自然资源和公共工程项目中常见的滥用职权和欺骗行

第七章 未来方向：超越《国家环境政策法》

为的影响。

第四节 目的实现

伴随着大量环境保护法规的出台，《国家环境政策法》在环境的许多方面带来了显著的改善。但与过去的滥用职权和疏忽相比，这些成就看起来是最好的。从目前和将来的需求来看，它们的影响要小得多。实现《国家环境政策法》目的现在被认为是一项更加艰巨和昂贵的任务（从社会心理和金钱方面来说），比1969年所认为的要艰巨得多。科学通过公布有关疾病的环境来源（例如粮食和水的污染）、全球气候变化、平流层臭氧层消耗、酸雨、有毒物质和辐射暴露、土壤退化和全球森林砍伐的新发现，引起了人们对未来环境的担忧。少数有识之士意识到人口空前增长对环境造成的不利后果，但许多政府、宗教教条主义者和一些反智主义者广泛地忽视或否认这些后果，而广大公众却不理解。[10]因此，如何评价我们在环境法方面取得的成就，这取决于人们所看的方向——向后看已经做的事情，或向前看需要做的事情。

如果《国家环境政策法》的目的没有得到足够的民意，那么其目的将只能部分实现。但是，要使民意发挥作用，就必须让它在政治上听得见和看得到。政治上的回应需要的不仅仅是民意调查中大多数人所表明的偏好。在美国这样一个社会多元化的民主国家中，少数派的胜出票数往往主导政治，而不是多数派主导。组织良好的、激进的和有指导的少数派（经济、种族、宗教等）可能会成功地实施多数派可能不喜欢但无法有效地反对的政策。如果民意调查能够准确地反映出民众的偏好，那么被广泛接受的环境价值观在美国政治中的地位比实际情况更为突出。实际上，尽管环境质量无处不在，但在美国社会却是一种非固定的价值观。它通常被其他价值观所盖过，当事件引起足够多的人的积极关注时，它通常会浮出政治的表面。

预算拨款是衡量美国政治问题相对重要性的指标之一。但是，对于环境目标而言，公共支出只是政治承诺的一部分指标。对于自然环境的许多方面，《国家环境政策法》目标不是通过公共支出来实现的，而是通过放弃《国家环境政策法》程序揭示的对环境有害的开发来实现的。然而，这可能会给私营部门带来一些"成本"，例如，放弃资源开发或土地投机的利润。自1990年代以来，鼓吹私有财产权的激进分子是"环境主义"最强烈的反对者之一。

国会对具有政治影响力的经济利益集团在不利环境影响的开发项目上所作出的反应，是对承诺的一个明显考验。例如，当国会授权或资助水坝、公路、机场、电力线和工业开发的项目，或者当补贴采矿、伐木、放牧，或农业生产（例如食糖）时，其最终结果是环境恶化，公共支出与《国家环境政策法》相矛盾。对环境的某些方面产生不利影响的项目，有时可能会为特定的受益者带来短期利益，但从长远来看对社会没有好处。

如果要实现《国家环境政策法》的目的并实现已声明的国家政策，则必须找到方法，使政治意愿更接近于美国社会日益增长的环境价值观。当政策通过制度化的安排实施时，治理就发生了。如果这些措施不足以实施政策，那么其结果将达不到预期目的。为了实现《国家环境政策法》的目的，在审查政治和法律的充分性时，存在三个明显的缺陷。第一个是出现在美国政治体制的结构化行为中；第二个是环境政策的法律基础。为了达到《国家环境政策法》目的，必须对这两个问题进行补救，但是要采取补救措施，必须有证据表明人们普遍关注环境

第七章　未来方向：超越《国家环境政策法》

问题，而且政客们不敢忽视。在实施《国家环境政策法》所需的条件中，第三个也是最根本的缺陷是公民承诺的不足。没有调动起政治意愿来支持积极的公共和私人措施，或实现并维持全国范围内新的公共生活质量。这一观点丝毫没有低估重要的私人生态系统保护，如土地信托，自然保护协会，国家、州和地方环境保护协会。

《国家环境政策法》提供了将环境政策与人类价值观全部范围相结合的基础。但是，这个基础必须足够强大，以支持一个足以应对人类和生物圈日益增长的未来挑战的实施结构。《国家环境政策法》的原则必须明确和有力，足以激发采取行动，以实现地球上可持续的生活质量。因此，重申和加强《国家环境政策法》对于激活其声明的目的是必要的。

第五节　加强《国家环境政策法》的备选方法

加强《国家环境政策法》的方法不是很多，但至少有 7 种可能的方法。它们不是相互排斥的，但其在操作上都依赖于前两个方法。简言之，它们是：

（1）扩大公众对制定有效环境政策的必要性的认识，这一政策也是人们对环境的政策，以及扩大公众对《国家环境政策法》原则对美国未来的重要性的认识。

（2）确保《国家环境政策法》原则的重要性出现在政党领导人和舆论塑造者的关注范围之内。

（3）为适当解决或调解环境质量问题上的冲突提供制度性的非司法手段。

（4）改革国会的委员会结构，以便对环境问题进行更负责任的审议，并可能设立一个"国会参众两院环境联合委员会"。

(5) 审查《国家环境政策法》，以阐明和加强其法定条款。

(6) 按照《国家环境政策法》第二章规定，恢复环境质量委员会在总统行政办公室中的既定角色。

(7) 修改美国《宪法》，赋予环境保护以基本法地位。

1. 提高公众的意识和关注度是加强《国家环境政策法》的明显策略，但提高意识的成功途径并不明显。灾难的经历常常唤起人们的环境意识，但并不总是导致环境合理的结果。可能发生的和延后发生的灾难的前景远没有那么令人感动了。人们经常不顾可预见的自然灾害，在洪泛平原、沿海屏障岛和不稳定的地形上建造、重建房屋和社区。政府的搬迁努力经常遭到财政保守派的反对，并被认为是对公众选择和私有财产权的侵犯。对未来的一个更大危险是，对环境和人类未来的不易察觉的威胁，这些威胁是无法感知的"不断加剧的灾难"，包括气候变化、平流层臭氧层退化、淡水枯竭、森林砍伐、土壤侵蚀、动植物物种灭绝以及人口过剩。人们要么没有意识到这些趋势，要么被专业的乐观主义者所误导，要么无动于衷，拒绝认真对待危险，直到迫近不可挽回的损害。但是，要避免不可挽回的损害或灾难，可能为时已晚。美国人偏爱乐观的消息，他们往往不太相信所谓的"厄运和悲观"的情景。通过扩大公众对有害环境、经济和生活质量的国家趋势的现实性和重要性的认识，可以提高《国家环境政策法》作为政策议程的有效性。

《国家环境政策法》第二章规定并确实授权了为实现这一目的的手段，即设立环境质量委员会，但该手段未充分利用。第204条规定，除其他职责外，"委员会具有以下责任和职能"：

(2) 适时收集关于当前和未来环境质量的状况以及发展趋势的正确资讯，并对该资讯进行分析和解释，以确定这种状况与发展趋势是否妨碍本法第一章所规定政策的贯

第七章 未来方向：超越《国家环境政策法》

彻执行。编辑关于此项情况与发展趋势的研究报告，并向总统提出建议。

（3）根据本法第一章所规定的政策，对联邦政府的各项计划和活动进行审查和评价，以确定这些计划和活动有助于提高该政策贯彻执行的程度，并就此向总统提出建议。

（4）研究促进环境质量的改善问题，并向总统提出各项国家政策的建议，以达到环境保护和国家社会、经济、卫生及其他方面的需要与目的。

（5）对生态系统与环境质量进行调查、研究、考察、探讨和分析。

（6）记录和确定自然环境的变化（包括植物系统和动物系统的变化），并积累必要的数据资料及其资讯，以便对这些变化与发展趋势进行持续的分析研究，并对其原因作出解释。

这些职能之所以没有得到有效履行或根本没有得到履行，存在几个原因。不作为的责任依次由国会、总统和环境质量委员会承担。除少数例外，《国家环境政策法》和环境质量委员会一直被政治部门视为象征性的。如果环境质量委员会有足够的资金、人员和总统支持来履行第 204 条规定的职能，并且以可能引起公众关注的方式识别、跟踪和解释重要趋势并报告这些趋势，则《国家环境政策法》可能会对公共政策产生更大的影响。公众并不缺乏对主要经济指标指数的关注，这些指标在塑造环境未来趋势方面不那么具有持久意义。

如第一章所述，公众对环境理解的传统和必要的途径是通过学校中的环境教育以及通过非政府环境保护组织（例如北美环境教育协会、美国奥杜邦协会、荒野协会、自然保护协会、北美野生动物联合会、塞拉俱乐部和世界野生动物基金会等）。

环境研究似乎已经在许多学院和大学中获得了永久性地位。现在，有大量的关于环境的书籍和杂志，还有大量的电视纪录片。然而，公众对环境关系和趋势理解的强度和范围尚不确定。如果由成员支持的环境组织通过将《国家环境政策法》作为基本国策来加强其特殊而重要的议程，那么它们可能具有更有说服力的理由。但可以理解的是，他们主要是在濒危物种、湿地、森林和国家公园等特定环境问题上吸引客户——这些努力不应被削弱。《国家环境政策法》的广泛政策目标似乎不太适合指导公民行动和资助呼吁，但它们可能会增加更具体的环境原因的重要性。

2. 选举一个关心环境的国会和总统是实现《国家环境政策法》目的的一个明显的策略。这就要求将环境保护放在政党议程的首位。但是，如果候选人看不到选票，他们就不会支持这项事业。自1970年代中期以来，减少在环境政策上形成的党派和意识形态的两极分化显然将是有益的。任何一个主要政党都没有完全地支持或反对环境保护措施。"反环境主义"一直与政治上"保守派"联系在一起，特别是那些代表私有土地所有者和经济发展利益的人，但这只是一种趋势，也有例外。非政府环境和公益组织可以在选举政治中发挥更有效的作用，通过扩大其议程，包括更多美国人的相关关切。

3. 有关各方之间的调解是化解某些环境问题上政治争论的一种方法。1998年《环境政策和冲突解决法》设立了环境冲突解决机构，通过提供一个官方的联邦机构来减少环境、土地使用和资源纠纷中的诉讼和政治冲突，以协助国家环境政策的实施。[11]尽管有些问题可能无法化解，但这一过程可以澄清所涉及的价值观和利益，并调和许多分歧。环境质量委员会将参与联邦机构使用该机构服务的请求，以及机构间争端的解决。

第七章 未来方向：超越《国家环境政策法》

4. 在起草《国家环境政策法》的过程中，曾考虑设立一个"国会参众两院环境联合委员会"，但未获通过，这可能是由于声称对环境事务的某些方面拥有管辖权的委员会主席的反对，这是可以预见的。此外，如果联合委员会的主席是由一个对环境问题无动于衷的国会议员担任，那么联合委员会将无法保护《国家环境政策法》的完整性。1969年《资源、保护和环境质量法》即参议院第1752号法案是由来自威斯康星州参议员盖洛德·纳尔逊发起的，该法案第三章授权成立一个"环境质量联合委员会"，这项法案在许多方面与亨利·M.杰克逊参议员发起的参议院第1075号法案是非常相似的，但不同之处在于它将内政部指定为生态研究的主要焦点。参议院内政委员会没有就参议院第1752号法案提出报告，供国会审议。

在《国家环境政策法》颁布之前，一些环境和资源保护法规之中包含了联合委员会条款。该模型是国会经济联合委员会，即1946年《就业法》的一项条款（主要是审查总统的经济报告并，并在经济问题上指导国会）。由于环境（和经济一样）涉及广泛的问题，因此，国会参众两院环境联合委员会的管辖权需要仔细界定。

5. 加强《国家环境政策法》的一个更常见的建议是通过修订法律。1989年10月11日，格里·斯塔兹（Gerry Studds）众议员提出了众议院第1113号法案(第101届国会第1次会议)，该法案授权为环境质量办公室（环境质量委员会）拨款，并包括了一些旨在澄清和扩展《国家环境政策法》条款的修正案。众议院第1113号法案本来应在《国家环境政策法》第101（b）条中增加第（7）项，即"在确保健康和稳定的全球环境方面发挥世界领导作用"。约翰·H.查菲（John H. Chafee）向参议院提出了一项相应的法案，但这项法案在国会没有获得足够的支持。

菲利普·M.费瑞斯特（Philip M. Ferester）在1992年的《哈佛环境法评论》中也提出了修正案。[12]提出人要求机构为它们没有认真考虑破坏性最小的选择方案作出解释，以遏制机构减少或逃避为环境损害而开脱的倾向，解决程序与实质（procedure v. substance）的辩论。

修订《国家环境政策法》，以加强行政机构对其实质性条款的遵守，这些条款在司法上是可审查的，对行政部门具有强制性，并且确认其适用于在美国领土管辖范围以外具有环境影响的联邦行动，这可能会使《国家环境政策法》的目的得到更充分地实现。但是，在1990年代国会的意识形态党派之争的情况下，打开修订之门将会危及该法案现在所提供的保护。《国家环境政策法》的颁布得到了两党的明确支持。自1994年以来，控制着国会各委员会的共和党保守派一直对环境立法怀有敌意，尤其是对《国家环境政策法》。在第104届和第105届国会上，已经通过或者试图对《国家环境政策法》进行多项豁免。这些准修正案（简称"附加条款"）被秘密地纳入了与环境问题毫无关系的法案文本中。"附加条款"的发起人希望，在没有通知或听证的情况下，这些豁免将作为它们"寄生"的法案的一部分而获得通过。分项否决权将使总统能够防止这种立法权的滥用。尚不清楚仅仅成文法的事实在多大程度上可以影响政治家和公共行政人员的假设和优先事项。政府机构在时间和公众疏忽的情况下，几乎没有什么规则、规定或程序不能根据自己的喜好来选择。虽然不应当排除对《国家环境政策法》的修订，但最好是探讨加强《国家环境政策法》的其他方法，例如，可以修改阻碍《国家环境政策法》实施的法规。1976年《阳光政府法》可以被修改，以使环境质量委员会免受严重限制，这些

第七章 未来方向：超越《国家环境政策法》

限制实际上阻碍了其作为《国家环境政策法》所设想的审议机构的职能。管理和预算局可能会受命审查机构的支出提案是否符合《国家环境政策法》，并将可疑的提案提交环境质量委员会进行审查。

6. 如前所述，环境质量委员会在 1970 年代中期以后已变得十分脆弱。国会曾多次试图废除环境质量委员会，吉米·卡特和克林顿政府也曾提出废除环境质量委员会的建议。一种解释是，人们一直认为环境政策主要与环境保护局实施的反污染措施有关。另一种解释是，环境问题基本上是当代的，范围和意义有限，可以通过一些新的法律加以纠正。此外，大力保护环境不符合国会议员的政治利益，他们对那些环境价值漠不关心，甚至对不友好的赞助人的利益很敏感。

为了使环境质量委员会更加有效，它应当有足够的资金和人员配备，并由总统根据《国家环境政策法》的目的加以利用。新的立法可能会有所帮助，但不是必要的。总统可以通过行政命令和预算支持，使环境质量委员会能够按照《国家环境政策法》的目的运作。虽然环境质量委员会的主席行使重要的行政职能，但如果环境质量委员会要发挥原先设想的审议和协调作用，那么三人委员会是一个重要的政策工具。如前所述，作为水门事件发生后的回应，国会在 1976 年通过了《阳光政府法》，根据法院的解释，这使三人委员会的审议和咨询职能复杂化并且受阻。[13]该委员会的讨论被解释为，需要在《联邦公报》中提前通知的"会议"（meetings），国会应当豁免环境质量委员会受到《阳光政府法》所施加的限制。将"委员会"减为一名成员似乎是一种不必要的倒退。国会至少暂时设法使这种背离《阳光政府法》的做法合法化，尽管有《国家环境政策法》第二章的规定，但是国会规定，1998 财政年度，环境质量委员会只有一名成员，而不是三名成员。在今后的拨款中，可能会使用类似的措辞。

第一届胡佛委员会建议以一个单一的负责人取代由三人组成的经济顾问委员会，但该建议未被国会接受。1988年，国家公共行政学院的一个小组建议废除环境质量委员会。[14]1992年，卡内基国际和平基金会和国际经济研究所的联合委员会提出了类似的建议。这两份报告都是就行政部门的组织变革向当选总统提出的建议。没有明显的证据表明，编写这些报告的工作人员或批准这些报告的"一流"委员会（blue-ribbon commissions）理解设立环境质量委员会的理由。卡内基国际和平基金会和国际经济研究所联合委员会的报告将环境视为一项重大的国家政策问题，但并没有区分环境质量委员会的审议和协调职能，与内阁级别的部门或监管机构（如环境保护局）的直接管理职责。

7. 法院对《国家环境政策法》的态度模棱两可，而且往往将其边缘化对待，这一直是提议设立专门法院来裁决环境争议的因素，特别是在科学和技术问题至关重要的环境争议中。[15]一些人认为，涉及的科学技术问题和概念是与大多数律师和法官的教育背景无关的。对这一主张的批评者指出，在涉及科技因素的案件中，涉及的不仅仅是科学和技术。哈佛大学法学院的理查德·B.斯图尔特（Richard B. Stewart）认为："环境问题不仅仅是技术问题，甚至主要不是技术问题。"科学和技术可能是高度相关的，但问题不可避免地是人类的偏好或行为问题。[16]如果案件中需要澄清的问题超出司法机关的一般职权范围时，则任命一名首席顾问或专家顾问可能是一个可行的解决办法，尽管这并非没有风险。

要加强《国家环境政策法》和一般环境立法，还有一个最

第七章　未来方向：超越《国家环境政策法》

基本的，但也可能是最不可信的备选方法——宪法修正案。这个备选方法目前看来是不可行的。但是，它值得考虑有三个原因：第一，审查赞成和反对宪法修正案的论点，可以对环境政策在一般法律和行政方面的相对重要性、影响和局限性进行全面的评估，尤其是与《国家环境政策法》有关的评估。第二，关于环境修正案的辩论，可以促使人们检讨法律在可预见的环境风险和不希望发生的后果方面的作用，这些后果是社会目前没有准备好应付的。第三，这个问题又引发了一个问题，即什么样的政策适合于旨在宣布政府的基本责任和限制的成文宪法？要回答这个问题，最好考虑宪法地位的标准。这种特别调查的好处可能是减少了许多不适合公法基本原则的拟议修正案。

宪法修正案是否会扩大环境问题诉讼的大门，这是一个猜测。在一个似乎由律师和法官治理的社会里，美国人是爱打官司的。如果宪法修正案明确了与环境有关的公共和私人权利和义务，那么诉讼的数量可能会减少，但是，根据宪法修正案的语言和最高法院的解释，也可能会鼓励诉诸诉讼。按照现行法律，财产权和公民权利受到宪法保护；环境没有可比的地位。但是，财产权和公民权利主要适用于确定的个人或直接受影响的群体。环境法是集体适用的，国防也是如此。但是，与国防不同，保护环境的责任并没有内化在美国人民的精神、伦理和风俗习惯之中。

以下几页详细阐述了宪法对环境的保护。它们简要介绍了为获得环境修正案所做的努力，分析了权利声明和义务声明之间的差异，举例说明了政府义务修正案的实质内容（不是修正案提案），以及最后宪法问题的国际影响。这里的论点是，环境的法律地位作为基本的集体社会生活事实，是值得考虑的，特别是在一个法律几乎只关注个人的社会之中。这个问题值得在宪法（不仅仅是美国法律）和环境政策问题上具有广泛能力的人认真考虑。

第六节 宪法修正案的理由

主张为环境进行宪法修正案的理由并不是呼吁尽早采取行动；相反，这是继续考虑国家准备应对未来环境问题的理由。将环境问题纳入国家基本法，宣布政府的责任而不是个人的环境权，既有国际原因，也有国内原因。正如吉米·卡特政府的《2000年全球报告》（1980年至1981年）、国际宣言、许多书籍和文章以及《世界科学家对人类的警告》（1993年）所重申的那样，认真对待世界环境中不断发展的危险是有累积的理由的。这些警告已被无知的乐观主义者所拒绝，他们认为，这些警告是没有"可靠科学"（sound science）支持的世界末日预言。然而，我们仍然有理由相信，人口、资源、经济和环境这些共同的问题将在21世纪初汇聚在一起——这就是罗马俱乐部的"问题"。虽然时间不确定，但趋势似乎没有错。美国（乃至整个世界）在概念上和制度上都没有准备好应对这些问题。建立国家预测能力的法案被国会一致否决。关于环境的宪法地位（即环境权）的提案迄今为止没有任何进展。然而，应该继续讨论这一问题，以便国家能够准备在时机成熟时，通过解决这一宪法问题的有效办法。

关于宪法修正案的不同观点归结为价值观、问题的相对重要性以及政府的角色和责任的不同。大量不适合宪法修正案的提案被不断地提出，削弱了对基本政策问题进行修正的前景。学校祷告、预算平衡、国会任期限制和反对焚烧国旗的宪法修正案都被其提案人认为是很重要的。但是，这些问题是否比生

第七章 未来方向：超越《国家环境政策法》

命和经济的未来所依赖的空气、水、土地和生物群等自然系统的状态更紧迫和更重要呢？

宪法修正案对立法和诉讼的影响尚不确定。这在很大程度上将取决于修正案的措辞，特别是因为这会影响到法院。当前，关于环境公共信托范围的意见分歧引发了诉讼，特别是在针对土地利用、濒危物种、自然资源开发和工业生产方法等方面的环境限制私权主张的情况下。如果环境冲突解决机构实现其发起人的期望，那么环境保护的宪法条款可能会将更多争端引入调解，从而减少诉诸可能代价高昂、结果不确定的诉讼。

迄今为止，大多数关于加强环境法的宪法提案都试图宣布环境权。[17]早在 1967 年 12 月 11 日，国会议员查尔斯·E. 贝内特（Charles E. Bennett）就以众议院联合决议的形式在众议院提出了宪法修正案（众议院第 954 号联合决议案）。众议员理查德·奥廷格（Richard Ottinger）于 1968 年 6 月 13 日（众议院第 1321 号联合决议案）和莫里斯·尤德尔（Morris Udall）于 1970 年 4 月（众议院第 1205 号联合决议案）也提出了类似的提案。这些有关"权利"的拟议宪法修正案没有获得国会的通过。在起草《国家环境政策法》过程中，曾尝试通过成文法确立环境权。参议院第 1075 号法案中"人人享有健康环境的基本和不可剥夺的权利"条款在参众两院就《国家环境政策法》的协商中被删除。随后，1970 年 1 月 19 日，参议员盖洛德·纳尔逊、艾伦·克兰斯顿（Alan Cranston）和克莱本·佩尔提出了参议院第 169 号联合决议案，即一项《国家环境政策法》的修正案，该修正案宣布："每个人都有享有体面环境的不可剥夺的权利。合众国和各州都应保障这项权利。"如果这些条款中的任何一条获得通过，那么其目的是否会实现是值得怀疑的，但是，如果公民权利是类似的，诉讼的数量可能会增加。为"体面"下一个切实可行且普遍可接受的定义可能是一项不可能完成的任务。

环境权提案受到了专业保守派、市场选择政治经济学家和一些主要关注财产权的法律学者的批评。这些反对意见究竟是针对环境修正案本身的想法，还是针对提案作为"权利法案"的形式，并不总是很清楚。对权利的关注是受到了从自然法中衍生出来的自然权利哲学的启发，尽管不一定依赖于这种哲学。当然，人们可以从功利主义的角度来看待权利——理解权利是社会衍生出来的，而不是与生俱来的，因此，权利绝不是不可剥夺的。

解释和适用宣布环境权的宪法修正案可能会有很大的困难。如果通过宪法修正案规定政府有义务以避免对环境、物种和生态系统造成不必要损害的方式来实施和评判法律和政策，这一修正案的难度较小，任务也更具可执行性。在这种情况下，与侵犯个人权利主张的主观性相比，可以更客观地确定遵守情况。但是，"义务"的方法需要在公民诉讼（集体诉讼）中的"起诉权"（standing），以迫使政府遵守法律。法院对普通法上人身损害证明的司法限制，会使许多控告只能通过诉诸可能的总统行动和国会行动（前景可疑）来执法。

无论是通过宣布个人权利还是公共职责来寻求环境保护，都可能被视为一种战术选择。事实上，区别是根本性的。这里提出的论点是，实现可持续的环境关系的更可靠的方法不是通过权利——不容易定义或辩护——而是通过基本法所确认的职责。但是，"权利"的概念并未被消除，因为公民确实（至少在理论上）具有要求其政府官员执行法律并对不作为负责的权利。

那么，这个通过政府法律义务承担环境责任的概念应该如何书写呢？以下是一个简短的（假设）宪法修正案草案，宣布

第七章　未来方向：超越《国家环境政策法》

了政府保护环境质量和完整性的责任：

> 美国所有政府授权或执行的所有行动不应损害自然系统的完整性，除非是为了保护公共健康、安全和福利，或是在没有社会可接受的替代方案存在时，为了应对紧急情况。自然系统的可持续性和更新，环境质量和人类生活环境的改善，以及公平对待今世后代应是政策的指导原则。

此草案仅供说明之用。在提出的修正案的确切措辞没有制定出来之前，无法预见联邦法院对修正案的解释。与构成宪法权利法案的修正案一样，司法解释中的"创造性"往往会超出或扭曲提案人的意图。仅仅通过一项宪法修正案并不能保证其有效性。美国各州宪法环境条款的概况范围从适度有效到不可执行。许多国家宪法条款都是严格的修辞，对如何对待环境没有任何影响。

各州永远不会批准一项环境修正案的说法充其量只是一种推测。在1960年代和1970年代初，美国各州掀起了一股环境保护立法的热潮。到1965年，至少有16个州、哥伦比亚特区和波多黎各制定了环境政策法案或者"小《国家环境政策法》"。[18] 其他估计认为，已经颁布环境政策法律的州有28个。不同之处在于，更多的州有类似《国家环境政策法》的影响报告程序，而16个州则充分制定了政策法案。

至少有16个州的宪法中有环境条款。有些实际上在很大程度上是修辞。[19] 但是，有些州（如纽约州、宾夕法尼亚州和弗吉尼亚州）援引公共信托原则，并宣布政府有义务保护环境中的公共利益。有一些州（如加利福尼亚州、华盛顿州、佛罗里达州、佛蒙特州）在某些方面（特别是在土地利用方面）的法律规定比联邦立法提供更多的环境保护。一个由40个州的两党议员组成的联盟已同意发起决议，要求国会将一项《环境权利修正案》提案送交各州批准。[20]这项提案继续努力要求联邦政府"保证今世后代享有清洁和健康环境的权利"。这种保证在实践中如何兑现，还远不清楚。

165 这项宪法环境修正案提案不会取代各州执行环境保护措施的职能，并且可以加强州的立场，以反对联邦机构、州外固体废物倾倒者和资源开发商的入侵行动。只有在州政府寻求照顾经济利益或其他利益，而追求不必要地损害环境价值的项目时，才可减少州政府的自由裁量权。州可以（有些州确实会）为当地的环境状况提供重要的保护。其中包括有关土地利用、城市和区域规划以及重要生态资产（风景、科学和文化）保护的规定。但是，更大的环境问题超越了人为的人类边界，并逐步被发现是跨国的，甚至是全球性的。

第七节　跨国考虑因素审查

人们对环境问题的跨国性质的日益理解，导致了国内环境法和国际环境法的趋同。国际组织，特别是与联合国系统有关的国际组织，已经通过或承认了越来越多的实在国际法和软法（宪章、宣言、决议）。[21]国际公约（即条约）是国际环境法的主要表现形式。根据美国宪法，经参议院批准的一项国际条约在重要性方面与宪法修正案类似。[22]1916年，通过这种方式，在加拿大和美国之间的鸟类迁徙受到联邦政府的保护，而以前所有的野生动物都归州管辖。将环境保护确立为实在（即基本）国际法的国际努力，如美国一样，在宣布政府义务和个人权利之间存在着分歧。涉及政府义务的方法更多的是推论的，而不是直接的。联合国《世界自然宪章》（1982年）原则上规定了各

第七章 未来方向：超越《国家环境政策法》

国政府的义务，但是没有规定任何确保遵守的办法。尽管联合国大会以压倒性多数通过了这项决议（美国投了唯一的反对票），但很少有国家意欲遵守它的规则。这次会议既涉及全球环境的关切，也涉及大会的内部政治。

履行国家义务的一种间接方法是通过模仿《国家环境政策法》，在国际上提出环境影响评价要求。1977年3月31日，来自罗德岛的克莱本·佩尔参议员在参议院提出了一项决议，提议缔结一项条约，要求签署国政府进行环境评估，并就潜在的有害提议与其他国家政府进行磋商（S. Res. 49）。1978年7月21日，这项决议在参议院以口头表决方式通过，但没有取得进一步进展。1979年4月，当这一概念在联合国环境规划署理事会上提出时，该项提议仍然有效。1991年2月25日，在芬兰埃斯波签署了《跨界环境影响评价公约》。[23] 美国签署了该公约，但尚未批准。到1997年为止，该公约尚未获得足够的批准而生效。《国家环境政策法》中所表达的"努力提倡防止或者消除对环境与生物圈的损害"的关切在其他国家（联合国会议除外）得到了体现。1989年召开了一次关于"一个更有效的国际环境法与设立一个联合国系统内的国际环境法院"的国际会议证明了这一点。这次会议由意大利最高法院在罗马召开，来自27个国家的代表出席了会议。会议通过的《最后建议》内容如下：

（1）起草一项世界性的国际公约，宣布所有国家都有义务养护和保护国际管辖范围内外的环境；

（2）在联合国系统内设立一个国际机构，以保证对世界环境的监督、规划和管理；

（3）任命一名联合国环境事务高级专员，并提供适当支持设施；

（4）联合国创设国际环境法院，供各国、联合国各机关和普通公民使用。法院应有权就侵犯环境权、侵犯国际生态,以及可能要在国际环境公约中处理的问题作出裁决。

一位著名的意大利法学家在评论世界性的国际公约时宣称:"该公约应具体规定个人不可剥夺的权利,并确立维护这些权利所需的信息、参与和诉讼的适当水平……并且还应界定各国的主要义务。……必须确定负责促进和保护其人权的人。"[24] 自 1990 年联合国欧洲经济委员会提出制定一部《环境权利和义务宪章》以来,一直审议在整个欧盟可裁判的欧洲环境宪法这一概念。[25] 一个可接受的版本仍在考虑之中。此外,雅克·库斯托(Jacques Cousteau)提出了《联合国宪章》的修正案,以实现代际环境公平。截至 1997 年年中,这些努力没有一项取得成功,但它们表达了一种国际关注,尽管可能为时过早,但将来可能会实现。《国家环境政策法》使美国能够在这些努力中进行合作甚至领导。

全球国际环境责任的概念是由联合国环境会议和联合国大会通过的决议提出的。1972 年在斯德哥尔摩举行的联合国人类环境会议通过的《原则宣言》申明了"享有一种能够过上尊严和幸福生活的高质量环境"的基本人权;它还宣告"为今世后代保护和改善环境的庄严责任"。但是,斯德哥尔摩联合国人类环境会议宣布的 25 项原则的重点显然是责任,而不是权利。简短的斯德哥尔摩《人类环境的宣言》首先是一项义务和责任的声明。在阐明了保护和改善人类环境的必要性之后,第 7 段宣布:

> 为实现这一环境目的,将要求公民、团体以及企业和机关承担责任,大家平等分担,共同努力。各界人士和许多领域中的组织,凭他们价值的品质和全部行动,将确定

第七章　未来方向：超越《国家环境政策法》

未来世界环境的格局。

各地方政府和全国政府，将对在它们管辖范围内的大规模环境政策和行动承担最大责任。为筹集资金以支援发展中国家完成它们在这方面的责任，还需要进行国际合作。种类越来越多的环境问题，因为它们在范围上是区域性的或全球性的，或者因为它们影响着共同的国际领域，将要求国与国之间广泛合作和国际组织采取行动以谋求共同的利益。会议呼吁各国政府和人民为着全体人民和他们的子孙后代的利益而作出共同努力。

在1970年代和1980年代，国际社会对环境可持续性的承诺显著增加。1972年在斯德哥尔摩，欠发达国家怀疑他们的经济发展会被发达国家提出的环境议程所阻碍。相比之下，1992年在里约热内卢召开的联合国环境与发展大会，至少在措辞上，标志着全球将环境保护作为可持续发展的必要条件几乎达成了共识。1992年6月14日，联合国环境与发展大会通过的《环境与发展宣言》的原则声明：

> 各国应本着全球伙伴精神，为保存、保护和恢复地球生态系统的健康和完整进行合作。鉴于导致全球环境退化的各种不同因素，各国负有共同但是又有区别的责任。发达国家承认，鉴于它们的社会给全球环境带来了压力，以及它们所掌握的技术和财力资源，它们在追求可持续发展的国际努力中负有责任。

这些声明的意义在于，大会认为有义务宣布它们。然而，它们不仅仅具有修辞意义，因为它们正式宣布了各国在处理环境和跨国事务时应如何行事的信念。国家像人一样，普遍承认自己无法实践的道德责任,这是很常见的。然而,承认环境管理的道德责任,可能是采取有效国际行动的必要的第一步。今天的政治声明,明天可能成为法律义务。

迄今为止,在实现这些道德责任的努力方面,发达国家未能提供始终如一的领导。关于《国家环境政策法》是否适用于美国参与国家领土以外的实地行动的分歧,使得美国在国际环境合作中走了一条矛盾的道路。然而,没有任何一个国家能够(直接或间接)逃避威胁世界环境的灾难。美国在环境保护的许多方面都处于领先地位,但它并没有在其基本法中给予这方面保护的一席之地。尽管有《国家环境政策法》,联邦政府仍有可能无视、巧妙处理或推翻承诺,并且在没有明确的宪法实质性授权的情况下,也有可能无视总统确保法律得到忠实执行的宪法义务。一位著名的国际法教授昆西·赖特(Quincy Wright)引用了许多评论员的话,他宣称这些评论员清楚地表明了,国家宪法在决定国家行使国际法权力和履行国际法责任的实际能力方面的重要性。[26]至少已确定有44个国家在其国家宪法中有某种形式的环境保护条款。[27]

如果美国要在世界环境事务中发挥领导作用,甚至要参与共同努力,就必须在一些基本优先事项上达成全国共识。如果美国不能或不愿意将环境保护作为其宪法义务之一,那么在这方面的公共和国际政策中,美国作为一个值得信赖的领导者的前景可能会受到影响。美国对联合国倡议的消极反应并未加强其在国际事务中的信誉。美国是对联合国《关于防止对健康和环境有害的产品的决议》(1981年)和《世界自然宪章》(1982年)投反对票的国家。美国拒绝批准《海洋法公约》(1982年),并在1992年联合国里约会议上拒绝了《生物多样性公约》(后来由克林顿总统签署,但没有获得参议院批准)。

第七章 未来方向：超越《国家环境政策法》

除了《国家环境政策法》之外，可能还需要更多的措施来实施《国家环境政策法》中所声明的原则。承认环境在国家和世界事务中的根本重要性，并写入美国宪法，这将树立一个榜样，有助于实现全世界的环境保护。美国经常对联合国倡议采取消极立场，无法鼓励人们期望美国在国际环境事务中发挥领导作用。

第八节 超越《国家环境政策法》：适应现实

任何社会的显著特征是它对自己与地球关系的普遍假设。文化的历史，特别是宗教的历史，揭示了大量的宇宙论，或者人类所感知到的与其行星环境的关系。今天，人类的未来主要取决于其环境状况的普遍概念与生物物理现实相对应的程度，以及人类在这一现实中的价值观和行为方式。一些哲学家（或怀疑论者）可能会否认现实的可知性。但是，人类与其他生命形式一样，必须足够了解现实才能生存。考古学记录了那些误读了环境/经济可持续性要求的社会的退化或崩溃。

在人类历史的早期，社会对环境的影响是比较轻微和局部的。如果一个环境变得不可持续——无论出于何种原因——人们往往会搬到新的地方。当环境的损耗缓慢或难以察觉时，环境退化的后果往往要到其不可逆转时才能感觉到。相对于空间而言，在人口数量较少的情况下，迁徙使得受损的环境得以恢复或部分恢复。但是，在一个充满人口和定居点遍布的世界里，这种选择已经变得不再可行。最近几十年来，人们逐渐认识到环境选择范围的日益缩小，在科学的进步、环境变化的比较测量以及对当前趋势可能产生的后果预测的帮助下，人们开始采取保护措施。

自然资源保护运动对人类关于环境现实的看法产生了逆反效果。资源保护运动既促使了应用生态学的出现，也引起了对环境的关注，但也倾向于拒绝环境主义，认为环境主义是"不经济"、误导和反人类的行为。节约和高效地合理利用资源一直是"自然资源保护"的精髓。许多资源保护主义者认为，环境是无限可控的——在掌握科学知识的技术专家的指导下，能够持续甚至提高生产力。[28] 自然资源保护主义与 19 世纪末 20 世纪初西方社会看待世界的方式是基本一致的。环境具有无限可塑性的概念仍然有其追随者。1977 年，一位环境资源政策教授写道："人类赖以生存的大多数约束条件都可以通过人类行为加以改变。它们仅仅是一种约束。"[29] 必须改变的是"自然"，而不是人类的行为。

环境主义产生于 20 世纪后半叶，源于人们对人类生存状况不断变化的看法的趋同，这些看法涉及生态学、公共卫生、人口学、气候学、宇宙学和伦理学等各个领域。正如罗伯特·尼斯贝特所观察到的那样，当人们理解了环境主义的全部方面、假设和期望之后，环境主义实质上就是革命性的。环境主义对人类社会的影响，不亚于 17 世纪哥白尼宇宙革命、19 世纪达尔文进化论革命和 20 世纪初阿尔伯特·爱因斯坦的理论所带来的现实观的变化。[30]

对一些人来说，这个结论似乎是对环境主义及其未来前景的夸大和不切实际的评价。社会系统的反直觉行动使得对未来的任何预测都是暂时的和不确定的。尽管如此，当今世界仍存在一些可确定和可衡量的趋势，这些趋势强烈地表明，认知变化和强制性环境事件对 21 世纪人类社会的共同影响。遵守《国家环境政策法》原则可能更像是一个必要的问题，而不是自愿的选择。人们及其政府应对这些强制转换前景的方式将决定世

第七章 未来方向：超越《国家环境政策法》

界的未来。有效反应的时机也是同样重要的。拖延的时间越长，任务就越艰巨，造成无法弥补的损害的可能性也就越大。我们没有必要为未来制定预防性战略。在《国家环境政策法》中，我们已经有了一个预防性战略。

鉴于未来的议程和方案众多，我提出另一个议程似乎是多余的。联合国有关环境的会议报告（1972年至1982年）、联合国《世界自然宪章》（1982年）、布伦特兰委员会报告《我们共同的未来》（1987年）、罗马俱乐部的出版物、美国发布的《2000年全球报告》（1980年至1981年），都阐述了为维持环境/经济上可持续的高质量未来而必须解决的问题和必须采取的行动。美国是否或何时可以通过一项有效的行动方案尚不确定。这些努力——或者失败——将是对国家诚信的考验。我已经提出了一项行动方案的两个部分。[31]但是我承认，在1990年代中期经济蓬勃发展的消费社会中，接受它们的可能性不大，因为无法预见21世纪世界的未来，所以我们只能推测《国家环境政策法》在历史轨迹上的位置。鉴于充分认识到世界有可能发生不可预知的转变，我对《国家环境政策法》的重要性进行了以下评估：

今天，《国家环境政策法》被充分理解为一项面向未来的国家政策。"环境"可以理解为一个替代术语，是一个比通常理解更全面的概念。我们的语言往往落后于新的见解。我们最顽固的社会误解可能是经济/生态（即环境）的人为二分法。经济与生态之间的真正关系可以用物理学中的时空概念来解释。与价值相关的环境和经济概念并不相同——它们是有区别的——但矛盾的是，它们最终是不可分割的。在现实世界中，经济和环境的"领域"内部和相互之间存在明显的冲突。然而，我们世界的这两方面实际上是密不可分的——文化习俗和分析目的是可分的。无论多么不情愿，人口增加和经济增长最终将不得不面对受到地球限制的现实。最好这是一种选择,而不是必要。《2000年全球报告》描绘了一个"比我们现在生活的世界更拥挤、污染更严重、生态更不稳定,更容易受到破坏"的世界。[32]在公认的道德和理性文明条件下,对人类品格的考验取决于及时采取行动,预防或扭转可预见的灾难。另一种选择是,后一代人要下定决心,努力使这个受损的世界变得最好。这项任务可能是对生存的考验,正如菲利普·沙别科夫(Philip Shabecoff)在《和平的新名称》一书中所总结的那样:"我们这一代人的责任是尽我们所能,让我们的子孙免于这种考验。"[33]《国家环境政策法》作为一项面向未来的议程,将对可持续未来的考验放在了这一代人的身上。《国家环境政策法》的首要原则[第101(b)(1)条]是"履行每一代人都作为子孙后代的环境保管人的责任"。但是,我认为华盛顿缺乏制度记忆的一个例证是,《2000年全球报告》中没有提到《国家环境政策法》,尤其是在其关于美国全面国家战略的建议之中。

要实现国家环境政策,必须意识到环境与经济之间的相互关系,认识到世界的发展方向,就理想的可持续未来达成共识,接受调整期望和行为,以适应人类无法改变的物质环境的需要。环境在人类生活和公共政策中的意义和重要性,只有承认和区分环境的终极方面和实际方面,才能得到充分认识。终极(即宇宙)环境为人类物质成就设定了外部限制。它设定了人类行为可以满足人类需求和目的的参数。宇宙(包括地球和生物圈在内)似乎是一个自组织的反馈系统。迄今为止,它对人类社会和行为的控制还没有完全被理解。发现并考虑人类对环境的影响所产生的反馈后果是环境分析的功能。

国家未来环境政策的实现不能脱离其他重大社会问题。人口、物质增长、财产权利和义务,以及基本公民权利和社会公

第七章 未来方向：超越《国家环境政策法》

平等问题涉及许多人不愿作出的选择。但是，当今世界并不是一个没有终极责任制的"新水瓶座时代"。不管我们可能否认或抵制什么，我们的社会都会以某种方式被迫适应这个世界无情的运行方式。但是，对于一个将其道德、物质、智力、技术和组织能力集中起来，朝着一个理想的和可持续未来的社会来说，世界末日不一定是一个注定的结果。《国家环境政策法》可以被视为这条道路上的一个重要里程碑，或者是未来的议程和基础。

附录

1969年《国家环境政策法》

Public Law 91-190 91st Congress, S. 1075 January 1, 1970

AN ACT

To establish a national policy for the environment, to provide for the establishment of a Council on Environmental Quality, and for other purposes.

Be it enacted by the Senate and House of Representatives of the United States of America in Congress assembled, That this Act may be cited as the "National Environmental Policy Act of 1969".

PURPOSE

SEC. 2. The purposes of the Act are: To declare a national policy which will encourage productive and enjoyable harmony between man and his environment; to promote efforts which will prevent or eliminate damage to the environment and biosphere and stimulate the health and welfare of man; to enrich the understanding of the ecological systems and natural resources important to the Nation; and to establish a Council on Environmental Quality.

TITLE I

DECLARATION OF NATIONAL ENVIRONMENTAL POLICY

SEC. 101 (a) The Congress, recognizing the profound impact of man's activity on the interrelations of all components of the natural environment, particularly the profound influences of population growth, high-density urbanization, industrial expansion, resource exploitation, and new and expanding technological advances and recognizing further the critical importance of restoring and maintaining environmental quality to the overall welfare and development of man, declares that it is the continuing policy of the Federal Government, in cooperation with State and local governments, in cooperation with State and local government, and other concerned public and private organizations, to use all practicable means and measures, including financial and technical assistance, in a manner calculated to foster and promote the general welfare, to create and maintain conditions under which man and nature can exist in productive harmony, and fulfill the social, economic, and other requirements of present and future generations of Americans.

(b) In order to carry out the policy set forth in this Act, it is the continuing responsibility of the Federal Government to use all practicable means, consistent with other essential considerations of national policy, to improve and coordinate Federal plans, functions, programs, and resources to the end that the Nation may—

(1) fulfill the responsibilities of each generation as trustee of the environment for succeeding generations;

(2) assure for all Americans safe, healthful, productive, and esthetically and culturally pleasing surroundings;

(3) attain the widest range of beneficial uses of the environment without degradation, risk to health or safety, or other undesirable and unintended consequences;

(4) preserve important historic, cultural, and natural aspects of our national heritage, and maintain, wherever possible, an environment which supports diversity and variety of individual choice;

(5) achieve a balance between population and resource use which will permit high standards of living and a wide sharing of life's amenities; and

(6) enhance the quality of renewable resources and approach the maximum attainable recycling of depletable resources.

(c) The Congress recognizes that each person should enjoy a healthful environment and that each person has a responsibility to contribute to the preservation and enhancement of the environment.

SEC. 102. The Congress authorizes and directs that, to the fullest extent possible: (1) the policies, regulations, and public laws of the United States shall be interpreted and administered in accordance with the policies set forth in this Act, and (2) all agencies of the Federal Government Shall—

(A) utilize a systematic, interdisciplinary approach which will insure the integrated use of the natural and social sciences and the environment design arts in planning and in decision-making which may have an impact on man's environment;

(B) identify and develop methods and procedures, in consultation with the Council on Environmental Quality established by title II of this Act, which will insure that presently unquantified environmental amenities and values may be given appropriate consideration in decisionmaking along with economic and technical considerations;

(C) include in every recommendation or report on proposals for legislation and other major Federal actions significantly affecting the quality of the human environment, a detailed statement by the responsible official on—

(i) the environmental impact of the proposed action,

(ii) any adverse environmental effects which cannot be avoided should the proposal be implemented,

(ii) alternatives to the proposed action,

(iv) the relationship between local short-term uses of man's environment and the maintenance and enhancement of long-term productivity, and

(v) any irreversible and irretrievable commitments of resources which would be involved in the proposed action should it be implemented.

Prior to making any detailed statement, the responsible Federal official shall consult with and obtain the comments of any Federal agency which has jurisdiction by law or special expertise with respect to any environmental impact involved. Copies of such statement and the comments and views of the appropriate Federal, State and local agencies, which are authorized to develop and enforce environmental standards, shall be made available to the President, the Council on Environmental Quality and to the public as provided by section 552 of title 5, United States Code, and shall accompany the proposal through the existing agency review processes;

(D) study, develop, and describe appropriate alternatives to recommended courses of action in any proposal which involves unresolved conflicts concerning alternative uses of available resources;

(E) recognize the worldwide and long-range character of environmental problems and, where consistent with the foreign policy of the United States, lend appropriate support to initiatives, resolutions, and programs designed to maximize international cooperation in anticipating and preventing a decline in the quality of mankind's world environment;

(F) make available to States, counties, municipalities, institutions, and individuals, advice and information useful in restoring, maintaining, and enhancing the quality of the environment;

(G) initiate and utilize ecological information in the planning and development of resource-oriented projects; and

(H) assist the Council on Environmental Quality established by title II of this Act.

SEC. 103. All agencies of the Federal Government shall review their present statutory authority, administrative regulations, and current policies and procedures for the purpose of determining whether there are any deficiencies or inconsistencies therein which prohibit full compliance with the purposes and provisions of this Act and shall propose to the President not later than July 1, 1971, such measures as may be necessary to bring their authority and policies into conformity with the intent, purposes, and procedures set forth in this Act.

SEC. 104. Nothing in Section 102 or 103 shall in any way affect the specific statutory obligations of any Federal agency (1) to comply with criteria or standards of environmental quality, (2) to coordinate or consult with any other Federal or State agency, or (3) to act, or refrain from acting contingent upon the recommendations or certification of any other Federal or State agency.

SEC. 105. The policies and goals set forth in this Act are supplementary to those set forth in existing authorizations of Federal agencies.

TITLE II

COUNCIL ON ENVIRONMENTAL QUALITY

SEC. 201. The President shall transmit to the Congress annually beginning July 1, 1970, an Environmental Quality Report (hereinafter referred to as the "report") which shall set forth (1) the status and condition of the major natural, manmade, or altered environmental classes of the Nation, including, but not limited to, the air, the aquatic, including marine, estuarine, and fresh water, and the terrestrial environment, including, but not limited to, the forest, dryland, wetland, range, urban, suburban, and rural environment; (2) current and foreseeable trends in the quality, management and utilization of such environments and the effects of those trends on the social, economic, and other requirements of the Nation; (3) the adequacy of available natural resources for fulfilling human and economic requirements of the Nation in the light of expected population pressures; (4) a review of the programs and activities (including regulatory activities) of the Federal Government, the State and local governments, and nongovernmental entities or individuals, with particular reference to their effect on the environment and on the conservation, development and utilization of natural resources; and (5) a program for remedying the deficiencies of existing programs and activities, together with recommendations for legislation.

SEC. 202. There is created in the Executive Office of the President a Council on Environmental Quality (hereinafter referred to as the "Council"). The Council shall be composed of three members who shall be appointed by the President to serve at his pleasure, by and with the advice and consent of the Senate. The President shall designate one of the members of the Council to serve as Chairman. Each member shall be a person who, as a result of his training, experience, and attainments, is exceptionally well qualified to analyze and interpret environmental trends and information of all kinds, to appraise programs and activities of the Federal Government in the light of the policy set forth in title I of this Act, to be conscious of and responsive to the scientific, economic, social, esthetic, and cultural needs and interests of the Nation; and to formulate and recommend national policies to promote the improvement of the quality of the environment.

SEC. 203. The Council may employ such officers and employees as may be necessary to carry out its functions under this Act. In addition, the Council may employ and fix the compensation of such experts and consultants as may be necessary for the carrying out of its functions under this Act, in accordance with section 3109 of title 5, United States Code (but without regard to the last sentence thereof).

SEC, 204. It shall be the duty and function of the Council—

(1) to assist and advise the President in the preparation of the

Environmental Quality Report required by section 201;

(2) to gather timely and authoritative informationconcerning the conditions and trends in the quality of the environment both current and prospective, to analyze and interpret such information for the purpose of determining whether such conditions and trends are interfering, or are likely to interfere, with the achievement of the policy set forth in title I of this Act, and to compile and submit to the President studies relating to such conditions and trends;

(3) to review and appraise the various programs and activities of the Federal Government in the light of the policy set forth in title I of this Act for the purpose of determining the extent to which such programs and activities are contributing to the achievement of such policy, and to make recommendations to the President with respect thereto;

(4) to develop and recommend to the President national policies to foster and promote the improvement of environmental quality to meet the conservation, social, economic, health, and other requirements and goals of the Nation;

(5) to conduct investigations, studies, surveys, research, and analyses relating to ecological systems and environmental quality;

(6) to document and define changes in the natural environment, including the plant and animal systems, and to accumulate necessary data and other information for a continuing analysis of these changes or trends and an interpretation of their underlying causes;

(7) to report at least once each year to the President on the state and condition of the environment; and

(8) to make and furnish such studies, reports thereon, and rec-

ommendations with respect to matters of policy and legislation as the President may request.

SEC. 205. In exercising its powers, functions, and duties under this Act, the Council shall—

(1) consult with the Citizens' Advisory Committee on Environment Quality established by Executive order numbered 11472, dated May 29, 1969, and with such representatives of science, industry, agriculture, labor, conservation organizations, State and local governments and other groups, as it deems advisable; and

(2) utilize, to the fullest extent possible, the services, facilities, and information (including statistical information) of public and private agencies and organizations, and individuals, in order that duplication of effort and expense may be avoided, thus assuring that the Councils activities will not unnecessarily overlap or conflict with similar activities authorized by law and performed by established agencies.

SEC. 206. Members of the Council shall serve full time and the Chairman of the Council shall be compensated at the rate provided for Level II of the Executive Schedule Pay Rates (5 U.S.C. 5313). The other members of the Council shall be compensated at the rate provided for Level IV or the Executive Schedule Pay Rates (5 U.S.C. 5315)

SEC. 207. There are authorized to be appropriated to carry out the provisions of this Act not to exceed $300,000 for fiscal year 1970, $700,000 for fiscal year 1971, and $1,000,000 for each fiscal year thereafter.

Approved January 1, 1970.

立法史

众议院报告：第 91-378 号，第二部分，附众议院第 12549 号决议（商船与渔业委员会），以及第 91-765 号报告（协商委员会）。

参议院报告：第 91-296 号（内政与岛屿事务委员会）。

《国会议事录》第 115 卷（1969 年）：

1969 年 7 月 10 日：经参议院审议并通过。

1969 年 9 月 23 日：经众议院审议并通过，已修正，代替众议院第 12549 号决议。

1969 年 10 月 8 日：参议院不同意众议院的修正；同意协商。

1969 年 12 月 20 日：参议院同意协商报告。

1969 年 12 月 22 日：众议院同意协商报告。

注 释

INTRODUCTION

1. Carl Sagan, *Cosmos* (New York: Random House, 1980), xii.

2. Herman E. Daly, *Growth: The Economics of Sustainable Development* (Boston: Beacon Press, 1996), 6.

3. Statement in *National Environmental Policy: Hearing before the Committee on Interior and Insular Affairs*, United States Senate, 91st Congress, 1st Session, April 16, 1969, Appendix 2, p. 206.

4. Organization for Economic Cooperation and Development, *Environmental Performance Reviews: United States* (Paris: OECD, 1996).

CHAPTER 1   ENVIRONMENTAL POLICY:
VALUES AND PERCEPTIONS

1. Statement by Senator Henry M. Jackson on *National Environmental Policy: Hearing before the Committee on Interior and Insular Affairs*, United States Senate, 91st Congress, 1st Session, April 16, 1969, Appendix 2, p. 205.

2. For example see Laurence H. Tribe, Corinne S. Schelling, and John Voss, *When Values Conflict: Essays on Environmental Analysis, Discourse, and Decision*

(Cambridge, Mass.: Ballinger, 1976)

3. Remarks concerning Conference Committee Report on S. 1075 Congressional Record 115, 40416 (December 20, 1969).

4. *Background Materials relating to the Environmental Policy and Conflict Resolution Act of* 1997 *Recently Introduced as S.* 399 *by U. S. Senator John McCain (R-AZ)*, *March* 5, 1997 (Tucson: Udall Center for Studies in Public Policy, University of Arizona, 1997); and *A Report on the Proposed U. S. Institute for Environmental Conflict Resolution* (S. 399) (Tucson: The Morris K. Udall Foundation, May 15, 1997). McCain's bill was enacted on February 11, 1998, and signed that same day by President Clinton. On environmental mediation see Lawrence S. Bacow and Michael Wheeler, *Environmental Dispute Resolution* (New York: Plenum Press, 1984); Gail Bingham, *Resolving Environmental Disputes: A Decade of Experience* (Washington, D. C.: The Conservation Foundation, 1986); and John K. Gamman, *Overcoming Obstacles to Environmental Policymaking: Creating Partnerships through Mediation* (Albany: State University of New York Press, 1994).

5. *Congressional Record* 115, 29056 (October 8, 1969).

6. Ronald Inglehart, *Culture Shift in Advanced Industrial Societies* (Princeton: Princeton University Press, 1989); "Value Change in Industrial Societies," American Political Science Review 81 no. 4 (December 1987): 1289–1303; Marvin E. Olson, Dora Lodwick, and Riley E. Dunlap, *Viewing the World Ecologically* (Boulder: West view Press, 1992) and Max Nicholson, *The Environmental Resolution: A Guide for the New Masters of the World* (New York: McGraw-Hill, 1970).

7. Calvin W Stillman, "On Saving Places," *Environmental Law* (1977): 485.

8. A National Policy for the Environment. *A Report on the Need for a National Policy for the Environment: An Explanation of Its Purpose and Content*; *An Exploration of Means to Make It Effective*; *and a Listing of Questions Implicit in Its Establishment, A Special Report to the Committee on Interior and Insular Affairs, United States Senate, Together with a Statement by Senator Henry M. Jackson*, 90th

Congress, 2nd Session, July 11, 1968.

9. Willett Kempton, James S. Boster, and Jennifer A. Hartley, *Environmental Values in American Culture* (Cambridge: MIT Press, 1995); Richard N. L. Andrews and Mary J. Waits, *Environmental Values in Public Decisions: A Research Agenda* (Ann and Arbor: School of National Resources, 1978); Milton Rokeach, *Beliefs, Attitudes and Values: A Theory of Organization and Change* (San Francisco: Jossey-Bass, 1968); and *The Nature of Human Values* (New York: Free Press, 1973), Lawrence C. Becker and Charlotte B. Becker eds. "Value Theory," *Encyclopedia of Ethics* (New York: Garland, 1992), 1269–1272; and Leo Marx, "American Institutions and Ecological Ideals," *Science* 170 (November 27, 1970): 945–952.

10. Michael S. Greve, *The Demise of Environmentalism in American Law* (Washington, D. C.: AEI Press, 1996). There is a large and often vitriolic literature attacking the environmental movement and Federal ownership and management of land and resources. Many of these publications are sponsored and financed by conservative foundations and "think tanks."

11. *Final Report of the Intergovernmental Conference of Experts on the Scientific Basis for Rational Use and Conservation of the Resources of the Biosphere–Paris*, 4–13 *September* 1968 (Paris: UNESCO SC/MD/9, January 9, 1969).

12. Ernest Becker, *The Revolution in Psychiatry—A New Understanding of Man* (New York: The Free Press of Glencoe, 1964), 222.

13. For a more comprehensive development of this theme see Kristin Shrader-Frechette, *Environmental Ethics* (Pacific Grove, Cal.: Boxwood Press, 1981) and Lynton K. Caldwell, "Environmental Management as an Ethical System," *Environment: A Challenge to Modern Society* (Garden City: Anchor Books—Doubleday, 1971), 204–221. For a "resource book" for this subject with emphasis on ethics in the United States see Clare Palmer, *Environmental Ethics* (Santa Barbara: ABC-CLIO, 1997).

14. James Moffett, *An Introduction to the Literature of the New Testament*. 3d ed. (New York: Charles Scribner's Sons, 1918), 519.

15. Robert Gillette, "National Environmental Policy Act: Signsof Backlash are Evident," *Science* 176 (April 7, 1972): 30-33; Karen F. Schmidt, "Green Education Under Fire," *Science* 274 (December 13, 1996): 1828-1830; Jacqueline Vaughan Switzer, *Green Backlash: The History and Politics of Environmental Opposition in the U. S.* (Boulder: Lynne Rienner, 1997); David Helvarg, *The War against the Greens: The "Wise Use" Movement, the New Right and Anti-Environmental Violence* (San Francisco: Sierra Club Books, 1997); Carl Deal, *The Greenpeace Guide to Anti-Environmental Organizations* (Berkeley: Odonian Press, 1993); and Andrew Rowell, *Green Backlash: Global Subversion of the Environmental Movement* (New York: Routledge, 1996). Note "Conclusion: Environmentalism in Balance," 281-297.

16. Harold Coward, ed., *Population, Consumption and the Environment: Religious and Secular Responses* (Albany: State University of New York Press, 1995). There are chapters on environmental ethics in aboriginal societies and in Judaism, Christianity, Islam, Hinduism, Buddhism, as well as in China.

17. Barry A. Turner, *Man-Made Disasters* (London: Wyeham Publications and New York: Crane, Russak, 1978); also Gilbert F White and J. Eugene Haas, *Assessment of Research on Natural Disasters* (Cambridge: MIT Press, 1975); and Gilbert F. White, *Natural Disaster: Local, National, Global* (New York: Oxford University Press, 1974).

18. Lyndon B. Johnson, "Conference Call— Message from the President of the United States to the Congress, February 8, 1965," *Public Papers of the Presidents: Lyndon B. Johnson*, 1965, Book I, 155- 165. It ought not be assumed that a president's published remarks express personal values or priorities. Presidential speeches serve political purposes and today are drafted by professional writers.

19. Supra, n. 1, 206.

20. Lester W. Milbrath, *Environmentalists: Vanguard for a New Society* (Albany: State University of New York Press, 1984).

21. RobertNisbet, *Prejudices: A Philosophical Dictionary* (Cambridge: Harvard University Press, 1982), 101. For a more detailed critique see T O' Rior-

dan, *Environmentalism*, 2nd ed. (London: Pion Ltd. 1981).

22. Amitai Etzioni, "The Wrong Top Priority," *Science* 168 (May 22, 1970): 921 (his objection was to an overemphasis on pollution); and Anthony Downs, "Up and Down with Ecology: The Issue Attention Cycle," *The Public Interest* 28 (1972): 38-50.

23. Joseph M. Petulla, *American Environmentalism: Values, Tactics, Priorities* (College Station: Texas A&M University Press, 1980); Riley E. Dunlap and Angela G. Mertig eds., *American Environmentalism—U. S. Movement*, 1970—1990 (Philadelphia: Taylor and Francis, 1992); and Mark Davies, *Losing Ground: American Environmentalism at the Close of the Twentieth Century* (Cambridge: MIT Press, 1995)

24. Reported in *The New York Times* (January 2, 1970). Nixon's comment was apparently verbal; for his official statement see *Weekly Compilation of Presidential Documents* 6, no. 1 (January 5, 1970). For a short-term, quick fix interpretation of the "environmental crisis" see John C. Whitaker, *Striking a Balance: Environment and Natural Resource Policy in the Nixon-Ford Years* (Washington, D. C.: American Enterprise Institute, 1976), especially pp. 50-52. See also Downs, supra. n. 18.

25. Eric Ashby, *Reconciling Man with the Environment* (Stanford: Stanford University Press, 1978). For a holistic interpretation of environment see Gilbert F. White, "Environment," *Science* 209 (July 4, 1970): 183-190.

26. Garrett Hardin, *Living Within Limits: Ecology, Economics, and Population Taboos* (New York: Oxford University Press, 1993); Donald N. Michael, *On Learning to Plan and Planning to Learn*. Rev. ed. (Alexandria, Va.: Miles River Press, 1997); Lester Milbrath, *Envisioning a Sustainable Society: Learning Our Way Out* (Albany: State University of New York Press, 1984); and David W. Orr, *Ecological Literacy: Education and the Transition to a Postmodern World* (Albany: State University of New York Press, 1992).

27. Issued by the Union of Concerned Scientists, 26 Church Street, Cambridge, Mass. 02238-9105.

28. Thomas Princen and Mathias Finger, *Environmental NGOs in World Politics* (New York: Routledge, 1994); and Julie Fisher, *The Road from Rio: Sustainable Development and the Nongovernmental Movement in the Third World* (Westport, Conn.: Praeger, 1993).

29. Richard N. L. Andrews, "The Unfinished Business of the National Environmental Policy Act" in Ray Clark and Larry Canter, eds., *Environmental Policy and NEPA: Past, Present, and Future* (Boca Raton: St. Lucie Press, 1997), 85-97. Many other articles in this volume reach similar conclusions.

CHAPTER 2 NEPA:

ENACTMENT ANDINTERPRETATION

1. The National Environmental Policy Act of 1969, PL 91-190, 42 U.S.C. 4321-4347, January 1, 1970, as amended by PL 94-52, July 3, 1975, and PL 94, 83, August 9, 1975. 42 U.S.C. Sec. 4371 (1976); and Executive Office of the President, *Regulations for Implementing the Procedural Provisions of the National Environmental Policy Act*, 43 Fed. Reg. 55978-56007 (November 29, 1978).

2. Nicholas C. Yost "NEPA's Promise: Partially Fulfilled," *Environmental law: Northwestern School of Law of Lewis and Clark College* 20 (1990): 533-549; Richard N. L. Andrews, "The Unfinished Business of the National Environmental Policy Act." Ray Clark and Larry Canter, eds. "Chapter 6," *Environmental Policy and NEPA: Past, Present, and Future* (Boca Raton: St. Lucie Press, 1997) 85-97.

3. For prior accounts see Richard k A. Liroff, *A National Policy for the Environment: NEPA and Its Aftermath* (Bloomington: Indiana University Press 1976). More recently, a Ph. D. dissertation was written on the subject by Matthew Lindstrom (Northern Arizona University, 1997).

4. Terence T. Finn, *Conflict and Compromise: Congress Makes a Law: The Passage of the National Environmental Policy Act*, Doctoral Dissertation, George-

town University, 1972, unpublished. For congressional deliberations preceding NEPA see Bryce Nelson, "Congress: Toward a National Policy for the Environment," *Science* 161 (August 2, 1968): 445 – 446. There is a very large literature on NEPA, far exceeding what can be referenced here. Publications are of five types: (1) case books on environmental law; (2) government documents (e. g. hearings and reports); (3) handbooks and guidebooks on the NEPA process—some by agencies, some nongovernmental; (4) books; (5) articles (there are at least 28 journals or law reviews on environmental, natural resources, or land use law); and (6) university doctoral dissertations. Two bibliographies cover roughly the first decade of NEPA: Robert Lazear, *The National Environmental Policy Act and Its Implementation: A Selected, Annotated Bibliography* (Madison: Wisconsin Seminars on Resource and Environmental Systems, Institute for Environmental Studies, University of Wisconsin, 1978); and John P. Worsham, *The National Environmental Policy Act and Related Materials: A Selected Bibliography* (Monticello, Ill. : Vance Bibliographies, 1978).

5. *Beauty for America: Proceedings of the White House Conference on Natural Beauty*, May 24–25, 1965 (Washington, D. C. : U. S. Government Printing Office, 1965).

6. International Symposium on Man's Role in Changing the Face of the Earth, *Man's Role in Changing the Face of the Earth* (Chicago: University of Chicago Press, 1955). See also I. G. Simmons, *Changing the Face of the Earth: Culture, Environment, History* (New York: Blackwell, 1989).

7. F. Fraser Darling and John P. Milton, *Future Environments of North America: Transformation of a Continent* (Garden City: Natural History Press, 1966).

8. Advisory Commission on Intergovernmental Relations (ACIR), The Federal Role in the Federal System: *The Dynamics of Growth—Protecting the Environment: Politics, Pollution, and Federal Policy* (Washington, D. C. : ACIR, March 1981); Rosemary O' Leary and Tae Soon Lah, "Progressive Ratcheting of Environmental Law: Implications for Public Management," *Environmental Policy: Transnational Issues and National Trends*, Lynton K. Caldwell and Robert

V. Bartlett, eds. (Westfort, Conn.: Quorum Books, 1997), 19-36.

9. U. S. National Academy of Sciences—National Research Council, Committee on Natural Resources, *Natural Resources: A Summary Report to the President of the United States* (Washington, D. C.: N. R. C. Publication 1060, 1962).

10. U. S. Department of Health, Education, and Welfare, *A Strategy for a Livable Environment: A Report to the Secretary of Health, Education, and Welfare by the Task Force on Environmental Health and Related Problems* (Washington, D. C., June 1967).

11. *Managing the Environment*, Report of the Subcommittee on Science, Research, and Development to the Committee on Science and Astronautics, U. S. House of Representatives, 1968.

12. *A National Policy for the Environment: A Report on the Need for a National Policy for the Environment: An Explanation of Its Purpose and Content; An Explanation of Means to Make It Effective; and a Listing of Questions Implicit in Its Establishment. Special Report to the Committee on Interior and Insular Affairs, United States Senate*, 90th Congress, 2nd Session, July 11, 1968.

13. *Joint House—Senate Colloquium to Discuss A National Policy for the Environment: Hearing before the Committee on Interior and Insular Affairs, United States Senate, and the Committee on Science and Astronautics, U. S. House of Representatives*, 90th Congress, 2nd Session, July 17, 1968.

14. *Congressional White Paper on a National Policy for the Environment: Submitted to the United States Congress under the auspices of the Committee on Interior and Insular Affairs, United States Senate, and the Committee on Science and Astronautics, United States House of Representatives*, 90th Congress, 2nd Session, October 1968.

15. *National Environmental Policy: Hearing before the Committee on Interior and Insular Affairs, United States Senate*, 91st Congress, 1st Session on S. 1075, S. 237, and S. 1752, April 16, 1969.

16. Hearing, p. 116.

17. *Environmental Quality: Hearings before the Subcommittee on Fisheries and*

Wildlife of the Committee on Merchant Marine and Fisheries, United States House of Representatives, 91st Congress, 1st Session on Bills to Establish a Council on Environmental Quality, and for Other Purposes, May 7 and 26; June 13, 20, 23, 26, and 27, 1969.

18. *U. S. House of Representatives, Conference Report, National Environmental Policy Act of* 1969, *H. Report* 91-765. 91st Congress, 1st Session, 1969.

19. *Calvert Cliffs Coordinating Committee v. Atomic Energy Commission*, United States Circuit Court of Appeals of the District of Columbia Circuit, 1971, 499 F. 2d. 1109.

20. *Abolishing the Council on Environmental Quality*: *Hearing before the Committee on Environment and Public Works, United States Senate*, 103rd Congress, 1st Session, Section 112 of S. 171-Termination of the Council on Environmental Quality and Transfer of Functions, April 1, 1993.

21. Supra, n. 12.

22. "Nixon Promises an Urgent Fight to End Pollution; Signs Measure to Establish a 3-Member Council on Environmental Quality," *The New York Times* (January 9, 1970): 1; and "Nixon Appoints 3 in Pollution War," *The New York Times* (January 30, 1970): 1, 7.

23. Dinah Bear, "NEPA: Substance or Merely Process?" *Forum for Applied Research and Public Policy* (Summer 1993): 86-88.

24. For an early assessment of the CEQ, see Richard A. Liroff, "The Council on Environmental Quality," *Environmental Law Reporter* 3 (1973): 50051-50070.

25. Cases in which the Supreme Court of the United States held that CEQ's interpretation of NEPA was entitled to "substantial deference" are:

Andrus v. Sierra Club, 442 U. S. 347 (1979) at 358.

Robertson v. Methow Valley Citizens Council, 490 U. S. 332 (1989).

Marsh v. Oregon Natural Resources Council, 490 U. S. 360 (1989).

26. *The President's Committee on Administrative Management*: *Report of the Committee with Studies of Administrative Management. Submitted to the President and to the Congress in accordance with Public Law No.* 739, 74th Congress, 2nd

Session, 1937 (note p. 5, I. *The White House Staff*, and p. 31, V. *Administrative Reorganization in the Government of the United States*).

27. Section 103 requires Federal agencies to report anything in their statutory authority that would prevent "full compliance" with NEPA and to propose remedial measures when needed. Section 104 states that "the policies and goals set forth in this Act are supplementary to those set forth in existing authorizations." In effect, NEPA amended all relevant authorizing legislation.

28. Sections 204 and 205 specify ten functions and duties of the CEQ. Owing to White House parsimony, caution, or indifference, many of these functions have never been fulfilled. Proposals have been made to establish a capability for forecasting interactive trends in population, resources, and environment, overlooking the charge to the CEQ under Section 204 to undertake investigations in this area. See Lindsay Grant, *Foresight and National Decisions: The Horseman and the Bureaucrat* (Lanham, Maryland: University Press of America, 1988), 48-53.

29. Supra, n. 19.

30. *Environmental Defense Fund, Inc. v. Corps of Engineers*, U. S. Court of Appeals, Eighth Circuit, 1972, 470 F. 2d. 289 (*the Gillham Dam* case). The court ruled that the Corps must satisfy the requirements of NEPA before completing the dam even though "the overall project was authorized by Congress eleven years prior to the passage of NEPA and was sixty-three percent completed at the date this action was instituted."

31. D. W. Shindler, "The Impact Statement Boondoggle" (editorial), *Science* 192 (7 May 1976): 509; Sally K. Fairfax, "A Disaster in the Environment Movement," *Science* 199 (17 February 1978): 743 - 748, Michael S. Greve, *The Demise of. Environmentalism in American Law* (Washington, D. C.: AEI Press, 1996).

32. National Environmental Policy: Hearing before the Committee on Interior and Insular Affairs, United States Senate, 91st Congress, 1st Session, April 16, 1969, p. 31.

33. Ronald C. Moe, "Traditional Organization Principles and the Managerial

Presidency: From Phoenix to Ashes," *Public Administration Review* 50 (March-April, 1990): 129-140; "The Institutional Presidency: A Tale of Retreat and Decline," 25 *Years from the Bureaucrat to the Public Manager* (Spring 1996): 9-12; and Ronald C. Moe and Robert S. Gilmour, "Rediscovering Principles of Public Administration: The Neglected Foundation of Public Law," *Public Administration Review* 55 (March-April, 1995). For the institution of the presidency in historical perspective see Edward S. Corwin, *The President, Office and Powers: History and Analysis of Practice and Opinion*, 2nd edition (New York: New York University Press, 1941), and Clinton Rossiter, *The American Presidency*, 2nd edition (New York: Harcourt Brace, 1960).

34. For the president as personal leader see Richard Neustadt, *Presidential Power: The Politics of Leadership* (New York: Wiley, 1960).

35. William J. Clinton, "Remarks Announcing a New Environmental Policy, February 8, 1933," *Weekly Compilation of Presidential Documents* Monday, February 15, Vol. 29-No. 6, 159-160. Vice President Gore was acknowledged as a major participant in the reorganization of environmental policy-making.

36. Robert V. Bartlett, "The Rationality and Logic of NEPA Revisited, " *Environmental Policy and NEPA: Past, Present, and Future*, Ray Clark and Larry Canter, eds. (Boca Raton: St. Lucia Press, 1997), 51-60.

37. Judge Skelly Wright in *Calvert Cliffs* opinion, supra, n. 19.

CHAPTER 3

ENVIRONMENTAL IMPACT ASSESSMENT

1. There is a large literature on impact assessment, the implementation of NEPA, and international applications for exceeding the representative citations listed here. But see *Impact Assessment* (1981-), published quarterly by the International Association for Impact Assessment. Note especially vol. 6, no. 2— "Update on: International Study of the Effectiveness of Environmental Assessment, including the Results of the International Summit on Environmental Assessment."

There are frequent articles on assessment in *The Environmental Professional* (1979-) and *Project Appraisal: the Journal* (1986-U.K.). See also Alan Gilpin, *Environmental Impact Assessment (EIA): Cutting Edge for the Twenty-First Century* (Cambridge: Cambridge University Press, 1995), a detailed survey of various international applications, especially in Australia and New Zealand; Daniel A. Dreyfus and Helen M. Ingram, "The National Environmental Policy Act: A View of Intent and Practice," one of a five-article symposium published in *the Natural Resources Journal* 16, no. 2 (April 1976); Lynton K. Caldwell, *Science and the National Environmental Policy Act: Redirecting Policy through Procedural Reform* (University: University of Alabama Press, 1982); Serge Taylor, *Making Bureaucracies Think: The Environmental Impact Statement Strategy of Administrative Reform* (Stanford: Stanford University Press, 1984); Robert V. Bartlett, "Rationality and the Logic of the National Environmental Policy Act," *The Environmental Professional* 8 (1986): 105-111; "Environmental Impact Assessment and Administrative Theory," *Managing Leviathan: Environmental Politics and the Administrative State*, Robert Paehlke and Douglas Torgerson, eds. (Petersborough, Ontario: Broadview Press, 1990); and Robert V. Bartlett, ed., *Policy Through Impact Assessment: Institutionalized Analysis as a Policy Strategy* (Westport, Conn.: Greenwood Press, 1989), See also Richard N. L. Andrews, *Environmental Policy and Administrative Change: Implementation of the National Environmental Policy Act* (Lexington, Mass D. C. Heath, 1976). For manuals on the NEPA process see Keshava S. Murthy, *National Environmental Policy Act (NEPA) Process* (Boca Raton: CRC Press, 1988) and Valerie M. Fogleman, *Guide to the National Environmental Policy Act: Interpretations, Applications, and Compliance* (New York: Quorum Books, 1990). See also the *Environmental Series* published by the United Nations for the Economic Commission for Europe, and numerous casebooks on environmental law.

2. 43FR 55978-56001, November 29, 1978. 40 CFR Parts 1500-1508.

3. David Sive and Mark A. Chertok, "*Little NEPAs*" *and their Environmental Impact Assessment Processes.* American Law Institute-American Bar Association

Course of Study, June 23, 1997 (available in WESTLAW ALI-ABA database).

4. Michelle S. Wiseman, "Consideration of Alternatives in the NEPA Process." Paper presented at the National Association of Environmental Professionals 16th Annual Conference: NEPA Symposium, April 30, 1991, Baltimore, Maryland.

5. On the judicial history of NEPA see Frederick Anderson, *NEPA in the Courts: A Legal Analysis of the National Environmental Policy Act* (Baltimore: Johns Hopkins Press, 1973); Lettie M. Wenner, *The Environmental Decade in Court* (Bloomington: Indiana University Press, 1982); Daniel A. Farber, "Environmental Law: Disdain for 17-Year-Old Statute Evident in High Court Rulings," *The National Law Journal* (May 4, 1987): 20-23; and Frederic P. Sutherland and Roger Beers, "Supreme Indifference: The National Environmental Policy Act Has Not Had a Friend on the Supreme Court since the Retirement of William O. Douglas," *The Amicus Journal* 13, no. 2 (Spring 1991): 38-42.

6. John Lemons, ed., *Scientific Uncertainty and Environmental Problem-Solving* (Cambridge: Blackwell Science, 1996).

7. Council on Environmental Quality, *Considering Cumulative Effects under the National Environmental Policy Act* (Washington, D. C.: CEQ, January 1997); and L. W. Canter, "Cumulative Effects and Other Analytic Challenges of NEPA," *Environmental Policy and NEPA: Past, Present, and Future*, Ray Clark and Larry Canter, eds. (Boca Raton: St. Lucie Press, 1997), 115-137.

8. Richard A. Carpenter, "The Adequacy of Scientific Information for the Implementation of the National Environmental Policy Act," *Workshop on the National Environmental Policy Act. A Report...by the Environment and Natural Resources Division Congressional Research Service*, Library of Congress for House of Representatives Committee on Merchant Marine and Fisheries, February 1976, 52-62; and "The Case for Continuous Monitoring and Adaptive Management Under NEPA," *Environmental Policy and NEPA: Past, Present, Future*, Ray Clark and Larry Canter, eds. (Boca Raton: St. Lucie Press, 1997), 163-180. See also *The National Environmental Policy Act: A Study of Its Effectiveness after Twenty-Five Years* (Washington, D. C.: Council on Environmental Quality, January

1997).

9. Jon D. Miller, *The American People and Science Policy*: *The Role of Public Attitudes in the Policy Process* (New York: Pergamon Press, 1983).

10. Antienvironmentalists allege that environmental laws and regulations, and NEPA impact statements in particular, are based on "bad science," e. g. George Claus and Karen Bolander, *Ecologist Sanity*: *A Critical Examination of Bad Science*, *Good Intentions and Premature Announcements of Doomsday by the Ecology Lobby* (New York: David McKay, 1977). For response to these allegations see Paul R. Ehrlich and Anne H. Ehrlich, *The Betrayal of Science and Reason*: *How Anti-Environmental Rhetoric Threatens Our Future* (Washington, D. C. : Island Press, 1996).

11. *World Scientists Warning to Humanity*. Published by the Union of Concerned Scientists, 26 Church St. , Cambridge, Mass. , 1993.

12. "Problems of Applied Ecology: Perceptions, Institutions, Methods, and Operational Tools," *BioScience* 16 (1966): 524-527.

13. Owen L. Schmidt, *Checklists for Preparing National Environmental Policy Act Documents*. Monographs Series No. 5, Natural Resources Law Section, American Bar Association and the National Energy Law and Policy Institute, University of Tulsa College of Law, 1987.

14. *Public Policy and Natural Environment*: *An opportunity for National Leadership. A Report to the Citizens Advisory Committee on Recreation and Natural Beauty*, November 21, 1968 (unpublished).

15. Letter of September 27, 1968, transmitting report, supra, n. 14. *The Congressional White Paper* was prepared at the Congressional Research Service for the Senate Committee on Interior and Insular Affairs and the House Committee on Science and Astronautics, 90th Congress, 2nd Session, October 1968.

16. *Public Policy and Natural Environment*, supra, n. 14, p. 13.

17. *Public Administration Review* 23 (September 1963): 132-139, and especially "Administrative Possibilities for Environmental Control," *Future Environments of North America*, F. Fraser Darling and John P. Milton, eds. (New

York: Natural History Press, 1966), 648-671.

18. *National Environmental Policy: Hearing before the Committee on Interior and Insular Affairs*, United States Senate, 91st Congress, 1st Session on S. 1075, S. 237, and S. 1752, April 16, p. 116.

19. *Time* (August 1, 1969): 42.

20. Edward S. Corwin, *The President: Office and Powers. History and Analysis of Practice and Opinion.* 2nd ed. Revised. (New York: New York University Press, 1941).

21. "Note: Retroactive Laws—Environmental Law—Retroactive Application of the National Environmental Policy Act of 1969," *Michigan Law Review* 69 (March 1971): 732-761.

22. *Environmental Defense Fund, Inc. v. Corps of Engineers*, U. S. Court of Appeals, Eighth Circuit, 1972, 470 F. 2d. 289 (*the Gillham Dam* case). The court ruled that the Corps must satisfy the requirements of NEPA before completing the dam even though "the overall project was authorized by Congress eleven years prior to the passage of NEPA and was sixty-three percent completed at the date this action was instituted."

23. See Robert Cahn, "Impact of NEPA on Public Perception of Environmental Issues—NEPA as a Focus for Anti-Environment Forces," *Workshop on the National Environmental Policy Act*, supra, n. 8, p. 68. See also *Mobil Oil Corp. et al. v. Federal Trade Commission* 430 F Supp. (1977) on failure to prepare an EIS on regulations for distribution of petroleum products.

24. Martin Healy, "The Environmental Protection Agency's Duty to Oversee NEPA's Implementation: Section 306 of the Clean Air Act," *Environmental Law Reporter* 3 (August, 1973): 50071-50084.

25. *New Engineer* 5 (June 1976): 11.

26. D. W. Shindler, "The Impact Statement Boondoggle" (Editorial), *Science* 192 (7 May 1976): 5 09. Contrary to the intentions of the framers and inconsistent with its proper administration, the impact requirement was seen as an opportunity by consulting firms around the Washington Beltway.

27. U. S. Environmental Protection Agency, *Introduction to the Environmental Review Process under Section* 309 *of the Clean Air Act*, July 1992. Also supra, n. 24. See also U. S. Code Annotated, Title 42. The Public Health and Welfare, Chapter 85, Air Pollution Prevention and Control, Subchapter III—General Provisions (enacted as Section 306 of the Clear Air Act of 1970).

28. Comment, "The Environmental Court Proposal. Requiem, Analysis, and Counter proposal, " *University of Pennsylvania Law Review* 123 (January 1975): 676-696.

29. Since 1991 six reports have been issued in the*Environment Series*: No. 1, *Application of Environment Impact Assessment*: *Highways and Dams*; No. 2, *National Strategies for protection of Flora*, *Fauna*, *and their Habitats*; No. 3, *Post-project Analysis in Environment Impact Assessment*; No. 4 *Policies and Systems of Environmental Impact Assessment*; No. 5, *Application of Environment Impact Assessment Principles to policies*, *Plans and Programmes*; and No. 6, *Current Polices*, *Strategies and Aspects of Environmental Impact Assessment in a Transboundary Context*.

CHAPTER 4

INTEGRATING ENVIRONMENTAL POLICY

1. "Integration in Concept and Practice," chapter 5. Council on Environmental Quality21*st Annual Report*, 1991, 189-220; and Odelia Funke, "Prospects for Integrating Environmental Policy. " *Environmental Policy*: *Transnational Issues and National Trends*, Lynton K Caldwell and Robert V. Bartlett, eds. (Westport, Conn. : Quorum Books, 1997), 173-200.

2. *National Environmental Policy*: *Hearing before the Committee on Interior and Insular Affairs*, *United States Senate*, 91st Congress, 1st Session on S. 1075, S. 237, and S. 1752, April 16, 1969, p. 31.

3. *Public Administration Review* 28 (July-August 1968): 305.

4. *Setting Priorities*, *Getting Results*: *A New Direction for the Environmental*

Protection Agency (Washington, D. C.: National Academy of Public Administration, April 1995), 47.

5. *A National Policy for the Environment: A Report on the Need for a National Policy for the Environment: An Explanation of its Purpose and Content; an Explanation of Means to Make it effective; and a Listing of Questions Implicit in its Establishment. Special Report to the Committee on Interior and Insular Affairs*, United States Senate, 90th Congress, 2nd Session, July 11, 1968.

6. *Hearing*, April 16, 1969, p. 117.

7. National Science and Technology Council, *Integrating the Nation's Environmental Monitoring and Research Networks and Programs: A Proposed Framework* (Washington, D. C.: NSTC Committee on Environment and Natural Resources, March 1997).

8. J. Skelly Wright, "New Judicial Requisites for Informal Rulemaking: Implications for the Environmental Impact Statement," *Administrative Law Review* 29 (Winter 1977): 59-60, 64.

9. Ronald C. Moe, *The Hoover Commissions Revisited* (Boulder: Westview Pess, 1982).

10. "Autobiography," *The Works of Thomas Jefferson*, Paul Leicester Ford, ed., Federal ed., vol. I (New York: G. P. Putnam's Sons, 1904-1905), 122.

11. Woodrow Wilson, *Congressional Government: A Study in American Politics* (New York: Meridian Books, 1885). Reprint.

12. *The President's Committee on Administrative Management: Report to the committee with Studies of Administrative Management. Submitted to the President and to the Congress in accordance with Public Law* No. 739, 74th Congress, 2nd Session, 1937 (Note p. 5, I. *The White House Staff* and p. 31, V. *Administrative Reorganization in the Government of the United States.*)

13. Executive Office of the President. Under authority of the Reorganization Act of 1939 (5 U. S. C. 133-133r, 133t note), various agencies were transferred to the Executive Office of the President by the President's Reorganization Plans I and II of 1939 (5 U. S. C. app.), effective July 1, 1939. Executive Order 8248 of

September 8, 1939, established the divisions of the Executive Office and defined their functions. Numerous changes in the EOP agencies have subsequently occurred.

14. Ronald C. Moe, "Traditional Organization Principles and Managerial Presidency: From Phoenix to Ashes," *Public Administration Review* 50 (March-April 1990): 129-140, and "*The Institutional Presidency: A Tale of Retreat and Decline,*" 25 *Years from the Bureaucrat to the Public Manager* (Spring 1996): 9-12.

15. Council on Environmental Quality, *NEPA Reinvention Workshop: Rediscovering and Implementing the National Environmental Policy Act* (June 19, 1997). *Proceedings*.

16. The most Informative source on the interactive and collaborative environmental management of Federal agencies is the *Federal Facilities Environmental Journal* published by John Wiley & Sons, New York (1990-).

17. U. S. Department of Defense, *Legacy Resources Management Program: Report to Congress*, September 1992 (Washington, D. C.: Office of the Deputy Assistant Secretary of Defense for the Environment, 1992).

18. Judith Landry Lee, "NEPA is a Powerful Collaborative Process" *Federal Facilities Environmental Journal* 8, no. 1 (Spring 1997): 85-79.

19. National Academy of Public Administration (NAPA), *Resolving the Paradox of Environmental Protection: An Agenda for Congress, EPA, and the States* (Washington, D. C.: The Academy, September 1977), 95-74. See also *Setting Priorities, Getting Results: A New Direction for the Environmental Protection Agency*, April 1995.

20. NAPA, 1995 Panel report, 65.

CHAPTER 5

INTERNATIONAL ENVIRONMENTAL POLICY

1. For an account of the rise of a transnational environmental movement with

implications for national laws and policies see Lynton K. Caldwell, *International Environmental Policy: From the Twentieth to the Twenty-First Century* (Durham: Duke University Press, 1996); John McCormick, *Reclaiming Paradise: The Global Environment Movement* (Bloomington: Indiana University Press, 1989); Andrew Harrell and Benedict Kingsbury, eds., *The International Politics of the Environment* (Oxford: Clarendon Press, 1992); Gareth Porter and Janet Welsh Brown, *Global Environmental Politics* (Boulder: Westview Press, 1992); Max Nicholson, *The Environmental Revolution* (London: Hodder & Straughton, 1970); and Edith Brown Weiss, ed., *International Change and International Law* (Tokyo: United Nations Press, 1992).

2. Nicholas C. Yost, "The Road to Rio and Beyond," *Environmental Law* no. 4, American Bar Association (Summer 1992): 6.

3. For a comprehensive in-depth historical account see William L. Thomas Jr., ed., *Man's Role in Changing the Face of the Earth* (Chicago: University of Chicago Press, 1956). Publications on the transformations in the 20th century are numerous and varied to a degree precluding specific citation here. But see Philippe Sands, ed., *Greening International Law* (New York: New Press, 1994).

4. Thomas Princen and Mathias Finger, *Environmental NGOs in World Politics: Linking the Local and the Global* (New York: Routledge, 1994).

5. Stephen Schmidheimy, ed., *Changing Course: Global Business Perspective on Development and Environment* (Cambridge: MIT Press, 1992). Although the scope of multinational business is potentially worldwide, the focus of environmental concern is largely international because international business activities are affected by the national policies, laws, and practices of numerous countries.

6. For excerpts from numerous national constitutions relating to environmental protection see Edith Brown Weiss, *In Fairness to Future Generations: International Law, Common Patrimony, and Intergenerational Equity* (Ardsley-on-Hudson, New York: Transnational Publishers, 1989), Appendix B: 297-327 and Albert P. Blaustein and Gisbert H. Flanz, *Constitutions of the World*, binders Ⅰ-ⅩⅨ (Dobbs Ferry, N.Y.: Oceana Publications, 1992). For the practical implemen-

tation of these constitutional provisions see Ernst Brandl and Hastwin Bungert, "Constitutional Entrenchment of Environmental Protection: A Comparative Analysis of Experiences Abroad," *Harvard Environmental Law Review* 16, no. 1 (1992): 1-100.

7. Richard E. Benedick, *Ozone Diplomacy: New Directions, in Safeguarding the Planet* (Cambridge: Harvard University Press, 1991).

8. See "Clinton Defers Curbs on Gases Heating Globe," *The New York Times* (Friday, June 27, 1997): 1, 7 and "Top Aids Urge Clinton to Ease Global Warming Emission Goal," *The New York Times* (Friday, October 10, 1987): 1.

9. See *U. S. Government Participation in International Treaties, Agreements, Organizations and Programs in the Fields of Environment, Natural Resource and Population: An Inventory Prepared at the Request of the Interagency Global Issues Work Group—under the Leadership of the State Department's Bureau of Oceans and International Environmental Affairs, with the Assistance from the Council on Environmental Quality and the Office of the International Activities of the Environmental Protection Agency*; updated by *International Agreements to Protect the Environment and Wildlife*, United States International Trade Commission, January 1991.

10. Jordan J. Paust, *International Law as Law of the United States* (Durham: Carolina Academic Press, 1996).

11. See *GATT: Implications on Environmental Laws: Hearings before the Subcommittee on Health and the Environment of the Committee on Energy and Commerce, House of Representatives*, 102nd Congress, 1st Session, September 27, 1991; *Trade and the Environment: Hearing before the Subcommittee on International Trade, Committee on Finance, Senate*, 102nd Congress, 1st Session, October 25, 1991; also *The National Environmental Policy Act and the North American Free Trade Agreement: Hearing before the Committee on Environment and Public Works, United States Senate*, 103rd Congress, 1st Session, July 22, 1993. See also "George Bush and the Secret Side of Free Trade," *The New York Times* (December 14, 1992): A12; Daniel C. Esty, *Greening the GATT: Trade, Envi-*

ronment, and the Future (Washington, D. C. : Institute for International Economics, 1994); Kerry Krutilla, "World Trade, the GATT, and the Environment," *International Environmental Policy: Transnational Issues and National Trends*, Lynton K. Caldwell and Robert Bartlett, eds. (Westport, Conn. : Quorum Books, 1997), 87–112; and Mike Meier, "GATT, WTO, and the Environment: To what Extent do GATT/WTO Rules Permit Member Nations to Protect the Environment When To Do So Adversely Affects Trade?" *Colorado Journal of International Environmental Law and Policy* 8, no. 2 (Summer 1997): 241–282.

12. See *Restatement of the Law*. 3rd series. *The Foreign Relations Law of the United States* American Law Institute, 1987, section 402. 2. Beyond a few settled principles, primarily relating to individual persons, the applicability of U. S. law beyond U. S. territory appears to defy generalization. The so-called "Foley doctrine" holds that U. S. law does not apply in another country, absent an express intent to give a statute extraterritorial application (*Foley Bros., Inc. v. Filardo*, 336 U. S. 281, 1949). This doctrine is irrelevant to NEPA's application to action by Federal agencies without regard to where an environmental impact occurs. NEPA applied, however, might cause a foreign nation to revise or abandon environment-affecting development projects dependent on U. S. financial or technical assistance. For example, see A. Dan Tarlock, "The Application of the National Environmental Policy Act of 1969 to the Darien Gap Highway Project," *New York University Journal of International Law and Politics* 7, no. 3 (Winter 1974): 459–473. See also "Statement by Warren Christopher, Acting Secretary of State on the Panama Canal Treaties and Environmental Protection," reported in *Sierra* 63 (April 1978): 24–25. See also Nicholas A. Robinson, "International Environmental Protection Obligations of Foreign Affairs Agencies: The Unfulfilled Mandate of NEPA," *New York University Journal of International Law and Politics* 7 (1974): 257–270; and Jeffrey E. González-Perez and Douglas A. Klein, "The International Reach of the Impact Statement Requirement of the National Environmental Policy Act," *The George Washington Law Review* 62, no. 5 (June 1994): 757–794.

13. See for example *Lujan, Secretary of the Interior v. Defenders of Wildlife et al.* 505 U. S. 555, 1992, 112 *Supreme Court Reporter* 2130 – 2160 (June 12, 1992). The case involved U. S. financial participation in a dam-building project in Sri Lanka which was alleged to imperil endangered wildlife. The Court denied standing to the Defenders.

14. J. Owen Saunders, "The NAFTA and the North American Agreement on Environmental Cooperation," *Environmental Policy: Transnational Issues and Environment Trends*, Lynton K. Caldwell and Robert V. Bartlett, eds. (Westport, Conn. : Quorum Books, 1997), 61–85.

15. For a negative assessment of NEPA's relevance to U. S. actions affecting environmental impacts abroad see David C. Shilton, "Assessment of Extraterritorial Impacts under NEPA and Executive Order 12114," *Land and Natural Resources Division Journal* 17, no. 4 (September–October 1980): 2–12.

16. *Administration of the National Environmental Policy Act*, Merchant Marine and Fisheries Committee, H. R. Rep. , No. 316 92nd Congress, 1st Session (1971): 53; and also Bosire Maragia, "Defining the Jurisdictional Reach of NEPA: An Analysis of the Extraterritorial Application of NEPA in *Environmental Defense Fund, Inc. v. Massey*," *Widner Journal of Public Law* 4, no. 1 (1994): 129–198.

17. *Export–Import Bank Amendments of* 1978: *Hearings before the Subcommittee on Resource Protection of the Senate Committee on Environment and Public Works*, 95th Congress, 2nd Session, 1978, p. 220.

18. United Nations Environment Programme. Programme Matters Requiring Guidance from the Governing Council: Report of the Director General. GC14/17 (5 June 1987). Addendum I, Annex III, also Economic Commission for Europe, *Application of Environmental Impact Assessment Principles to Policies, Plans, and Programs* (New York: United Nations, 1992).

19. 44 Fed. Reg. (4 January 1979); 3. *Code of Federal Regulations*, 356–360. Executive Order 12114, 4 January 1979, 356–360.

20. For analyses of EO 12114 see David C. Shilton, "Assessment of Extrater-

ritorial Environmental Impacts under NEPA and Executive Order 12114," *Land and Natural Resources Division Journal* (U. S. Department of Justice) 17, no. 4 (September – October 1980): 2 – 12, an official administration interpretation; Francis M. Allegra, "Executive Order 12114—Environmental Effects Abroad: Does It Really Further the Purpose of NEPA?" *Cleveland State Law Review* 29, no. 1 (1980): 109–139; Nicholas C. Yost, "American Governmental Responsibility for the Environmental Effects of Actions Abroad," *Albany Law Review* 43 (1979): 528–537, specifically 535–537. A General Accounting Office report declared EO 12114 in need of clarification and its relationship to NEPA ambiguous. See *International Environment: Improved Procedures Needed for Environmental Assessments of U. S. Actions Abroad* GAD/RCED-94-55, February 1994.

21. Statement of Administration Policy, HR 1113—Office of Environmental Quality Appropriations Authorization, October 10, 1989.

22. Supra, n. 12 and 13.

23. Charles Grove Haines, *The American Doctrine of Judicial Supremacy* (New York: Macmillan, 1914); Raoul Berger, *Government by Judiciary: The Transformation of the Fourteenth Amendment* (Cambridge: Harvard University Press, 1977); and Louis Fisher, *Constitutional Dialogues: Interpretation as a Political Process* (Princeton: Princeton University Press, 1988).

24. 44 Fed. Reg. Department of Defense, Final Procedures (April 12, 1979): 21786 and AR 206-2 Update, Appendix H, 86–89.

25. Michael Satchell, "The Mess We've Left Behind," *U. S. News & World Report* (November 30, 1992): 28 – 31 and John M. Broder, "U. S. Military Leaves Toxic Trail Overseas" and "Pollution 'Hot Spots' Taint Water Sources," *Los Angeles Times* (June 18, 1990). United States General Accounting Office, *Hazardous Waste Management Problems Continue at Overseas Military Bases*, GAO/NSIAD-91-231, August 28, 1991. (Compares effects of NEPA and EO 12114.) But see also *Report of the Delegation to Europe of the Committee on Armed Services: House of Representatives* 102nd Congress, 2nd Session, March 3, 1992. it is hardly extenuating, however, to point out that the record of Soviet occupation in

Eastern Europe was worse. Note observations of the Delegation to Europe, pages 48-55, and Ruben A. Mnatsakian, *Environmental Legacy of the Former Soviet Republics* (Edinburgh: Centre for Human Ecology, University of Edinburgh, 1992).

26. James R. Blaker, *United States Basing: An Anatomy of the Dilemma* (New York: Praeger, 1990).

27. See Commission for Environmental Cooperation Secretariate, *North American Agreement on Environmental Cooperation* (unofficial text): 1-40. For "environmentalist" misgivings on NAFTA see "Trading Away the Environment," *The Amicus Journal* 14, no. 4 (Winter 1993): 9-10. See also supra, n. 14.

28. *The Earth in Balance: Ecology and the Human Spirit* (New York: Penguin Books, 1992/1993). The assumptions and conclusions of this book were attacked in *Environmental Gore: A Constructive Response to the Earth in Balance*, edited by John A. Baden (1994), a collection of essays sponsored by the Pacific Research Institute for Public Policy, a conservative organization promoting free enterprise and private rights.

29. Laura A. Strohm and Roy W. Shin, "Policy Regimes for the International Waste Trade," in *Environmental Policy: Transnational Issues and National Trends*, Lynton K. Caldwell and Robert V. Bartlett, eds. (Westport, Conn. : Quorum Books, 1997), 113-129.

30. *U. S. Export of Banned Products. Hearing before a Sub-Committee of the House of Representatives Committee on Government Operations*, July 11-13, 1978. Another effort was made in 1980 in the 96th Congress. H. R. 6587 introduced February 25, 1980; hearing in the House of Representatives June 5, 12, and September 9, 1980. In the 97th Congress H. R. 2439, introduced March 11, 1981; hearing in House, March 19, 1981. In the 98th Congress H. R. 2467 introduced but no hearing reported.

31. David Weir and Mark Shapiro, *Circle of Poison* (San Francisco: Institute for Food and Development Policy, 1981); and Saul Rich, "Interactions of Air Pollution and Agricultural Practices," Response of Plants to Air Pollution, J. Brian Mudd and T. T. Kozlowski, eds. (New York: Academic Press, 1975),

335-360.

32. *Review of the Global Environment—10 Years after Stockholm*: *Hearings before the Subcommittee and Human Rights and International Organizations of the Committee on Foreign Affairs of the House of Representatives*, March 30, April 1, 1982.

33. *U. N. Multilateral Treaties Deposited with the Secretary General*: *Status at 31 December* 1995. New York United Nations, 1996, 900-901 Doc. E, ECE (Economic Commission for Europe), 1250.

34. For example see *The Independent Sector—Networks* published by the Centre for Our Common Future, Geneva, Switzerland. Not published since 1995.

35. Elizabeth Pinckard, "ISO 14000," *Colorado Journal of International Environmental Law and Policy* 8, no. 2 (Summer 1997): 423-450.

36. Supra, n. 12.

37. United States General Accounting Office International, *Environment*: *International Agreements are Not Well - Monitored*. D. C.: GAO/RCED - 92 - 43 (January 1992).

38. Victor H. Martinez, "Hacia la creación del sistema interamericano para la conservación de la naturaleza," *Ambiente y Recursos Naturales* 4, no. 2 (abril-junio 1987): 12-34.

CHAPTER 6

NEPA AND THE GLOBAL ENVIRONMENT

1. 447 Fed. Reg. 21786, (April 12, 1979).

2. See Jan Schneider, *World Public Order of the Environment*: *Toward an International Ecological Law and Organization* (Toronto: University of Toronto Press, 1979), and any of the more comprehensive treaties on International law, e. g. Ian Brownlie, *Principles of Public International Law*, 4th ed. (Oxford: Clarendon Press, 1990). see also Kenneth Dahlberg, ed., *The Environment in the Global Arena* (Durham: Duke University Press, 1985); Marvin S. Soroos,

Beyond Sovereignty: The Challenge of Global Policy (Columbia: University of South Carolina Press, 1986); David W. Orr and Marvin S. Soross, *The Global Predicament* (Chapel Hill: University of North Carolina Press, 1979); and Lynton K. Caldwell, *International Environmental Policy: From Twentieth to the Twenty-First Century* (Durham: Duke University Press, 1996); "International Environment Politics: American's Response to Global Imperative," *Environmental Policy in the 1990's: Toward a New Agenda*, Norman J. Vig and Michael E. Kraft, eds. (Washington, D. C. : CQ Press, 1990), 301–321; Oran Young, George J. Demko, and Kilaparti Ramakrishna, eds. , *Global Environmental Change and International Governance* (Hanover, N. H. : University of New England Press), 1996.

3. Quincy Wright, "The Corfu Channel Case," *American Journal of International Law* 43 (1949): 491–494 and *Encyclopedic Dictionary of International Law* (1986): 177.

4. Rudolph Preston Arnold, "The Common Heritage of Mankind as a Legal Concept," *International Lawyer* 9, no. 1 (1975); 153–58. See also James K. Sebenius, *Negotiating the Law of the Sea* (Cambridge: Harvard University Press, 1984).

5. Treaty Banning Nuclear Weapons Tests in the Atmosphere, in Outer Space, and under Water (Partial Nuclear Test Ban Treaty, 1963), and Treaty on Principles Governing the Activities of States in the Exploration and Use of Outer Space, Including the Moon and other Celestial Bodies (1967).

6. See for example*Institutions for the Earth: Sources of Effective International Environmental Protection*, Peter M. Haas, Robert O. Keohane, and Marc A. Levy, eds. (Cambridge: MIT Press, 1993).

7. 7487 F Supp. 749 (September 28, 1990).

8. See "Bases of jurisdiction to prescribe," *Restatement of the Law: The Foreign Relations of the United States*. 3rd series. American Law Institute, 1987 (Section 402. 2). Perhaps in adherence to the separation of powers doctrine and the constitutional role of the president in foreign affairs, the courts are reluctant to inject their opinions into the actions of Federal agencies abroad except as required

to do so by the specific congressional mandate or by the Constitution or treaty obligations. See also Jordan. J. Paust, *International Law as Law of the United States* (Durham: Carolina Academic Press, 1996).

9. For a survey of legal and institutional arrangements for the global commons, see Lynton K. Caldwell, "International Commons: Air, Sea, Outer Space," *International Environmental Policy: From the Twentieth to the Twenty-First Century*, supra, n. 2, 202-241; Susan J. Buck, *The Global Commons: An Introduction* (Washington, D. C. : Island Press, 1988); and Young, Demko, and Kilaparti, supra, n. 2.

10. See assessments of the UN review of RIO and U. S. reservations published in *The New York Times* (Friday, June 27, 1997): Al and A7 and "Half-Hearted Global Warming Conference Closes Gloomily" (Saturday, June 28, 1997).

11. United States General Accounting Office, *International Environment: International Agreements Are Not Well Monitored.* Washington, D. C. : GAO/RCED-92-43 (January 1992); and *International Environment: Strengthening the Implementation of Environmental Agreements.* D. C. : GAO/RCED-92-188 (August 1992).

12. Thaddeus C. Trzyna, ed. , *World Directory of Environmental Organizations.* 3rd ed. : *A Handbook of National and International Organizations and Programs—Governmental and Non - Governmental, Concerned with Protecting the Earth's Resources* (Claremont: California Institute of Public Affairs, 1989).

13. F. M. Auburn, *Antarctic Law and Politics* (Bloomington: Indiana University Press, 1982). See also Susan B. Fletcher, *Antarctica: Environmental Protection Issues* (Washington, D. C. : Congressional Research Service, April 10, 1989). See also Public Law 101-620 (November 16, 1990). Antarctic Treaty-Global Ecological Commons.

14. James G. Titus and Vijay K. Narayanan, The Probability of Sea Level Rise (Washington, D. C. : U. S. Environmental Protection Agency, 1995).

15. United Nations Environment Programme, *Achievements and Planned Developments of UNEP's Regional Seas Programme and Comparable Programmes*

Sponsored by other Bodies. *UNEP Regional Seas Reports and Studies* No. 1, 1982, and issues of UNEP's bulletin *SIREN*, a publication of UNEP's program of Oceans and Coastal Areas.

16. L. Anathea Brooks and Stacy D. VanDeveer, eds., *Saving the Seas: Values, Scientists, and International Governance* (College Park: A: Maryland Sea Grant Book, 1997).

17. *The New York Times* (Friday, June 27, 1997): supra, n. 10.

18. Richard E. Benedick, *Ozone Diplomacy: New Directions in Safeguarding the Planet* (Cambridge: Harvard University Press, 1991).

19. Marvin S. Soroos, "Telecommunications: Managing A Technological Revolution" *Beyond Sovereignty: The Challenge of Global Policy* (Columbia: University of South Carolina Press, 1986), 323-49; Frances Lyall, *Law and Space Telecommunications* (Aldershot, UK: Gower, 1989); Milton L. Smith, *International Regulation of Satellite Communication* (Dordrecht: Martinus Nijhoff, 1990); and Anne W. Branscomb, *Toward a Law of Global Communication Networks* (New York: Longman, 1986).

20. Ricardo Umali, "Landsat: Uninvited Eye," *East - West Perspectives* 1 (Winter 1980): 12-21, See also Nicholas N. Matte and Hamilton De Sassure, *Legal Implications of Remote Sensing from Outer Space* (Leyden: A. W. Sijthoff, 1976).

21. *Remote Sensing from Outer Space: Prospects for Developing Countries. Report of the Ad Hoc Committee on Remote Sensing for Development* (Washington, D. C.: National Academy of Science, 1977).

22. American Association for the Advancement of Science, Committee on Science thePromotion of Human Welfare, "The Integrity of Science," *American Scientist* 53 (June 1965): 174-198. This report provides extensive citations to documents of the Department of Defense and various scientific groups.

23. For example, Robert U. Ayers, *Environmental Effects of Nuclear Weapons*. Vol. I, II. Cameron Station, Alexandria, Virginia: Defense Documentation Center for Scientific and Technical Information, December 1, 1965.

24. R. P. Turco, et al. "Nuclear Winter: Global Consequences of Multiple Nuclear Explosions," *Science* 222 (December 23, 1983): 1283-1292 and Paul R. Ehrlich et al, "Long-Term Biological Consequences of Nuclear War," ibid., 1293-1300. See also Anne Ehrlich, "Nuclear Winter—A Forecast of the Climatic and Biological Effects of Nuclear War," *Bulletin of the Atomic Scientists* (April 1984): 16 pp.

25. Seon-ki Park, *Legal Aspects of the Strategic Defense Initiative* (Washington, D. C.: World Peace Through Law Center, 1987).

26. Christopher C. Joyner and Sudkir K. Chopra, *The Antarctic Legal Regime* (Dordrecht: Martin Nijhoff, 1988); and Gillian D. Triggs, ed., *The Antarctic Treaty Regime: Law Environment and Resources* (New York: Cambridge University Press, 1987). See also Tullio Scovazzi, "The Antarctic Treaty System and the New Law of the Sea," *International Law for Antarctica*, Francesco Francioni and Tullio Scovazzl eds. (Netherlands: Kluwer Law International, 1996), 377-394.

27. Philip Shabecoff, "Development Seen for the Minerals of All Antarctica," *New York Times* (June 8, 1988): 1, 7; Malcolm W. Browne, "French and Australians Kill Accord on Antarctica," *New York Times* (September 25, 1989); also Harry H. Almond, Jr., "Demilitarization and Arms Control: Antarctica," *Journal of International Law* 17, no. 2 (Spring 1985): 229-284.

28. *Environmental Defense Fund v. Walter Massey*, 1991, Court of Appeals for the District of Columbia 772. Fed. Supp. 1296; Fed. Rep. 986, 2nd Series, p. 528, January 29, 1993.

29. For a summary of UNCED see*Bruntland Bulletin* Issue 16 (July 1992 Special Earth Summit Issue). See also Nicholas C. Yost, "Rio and the Road Beyond," *Environmental Law Quarterly Newsletter of the Standing Committee on Environmental Law—American Bar Association* 11, no. 4 (Summer 1992): 1-6, also whole issues of the *Colorado, journal of International Law and Policy* 4, no. 1 (Winter 1993) and *Environmental Law and Policy* 22, no, 4 (August 1992). For an assessment by the Deputy Secretary General of UNCED, Nitin Desae, see "The Outcome of Rio," *Network*' 92 (Centre for Our Common Future) 18 (June-

July 1992): 1, 18-19.

30. United Nations, *Environmental Summit+5: Special Session of the General Assembly to Review and Appraise the Implementation of Agenda* 21. *New York*, 23-27 *June* 1997. New York: United Nations Department for Policy Coordination and Sustainable Development.

31. Riley E. Dunlap, "International Opinion at the Century's End: Public AttitudesToward Environmental Issues," *International Environmental Policy: Transnational Issues and National Trends*, Lynton K. Caldwell and Robert V. Bartlett, eds. (Westport, Conn.: Quorum Books, 1997), 201-224.

CHAPTER 7 FUTURE DIRECTIONS:

BEYOND NEPA

1. Alexander King and Bertrand Schneider, *The First Global Revolution: A Report to the Club Rome* (New York: Pantheon Books, 1991).

2. Frederick Anderson, *NEPA in the Courts: A Legal Analysis of the National Environmental Policy Act* (Baltimore: Johns Hopkins Press, 1973); Lettie M. Wenner, *The Environmental Decade in Court* (Bloomington: Indiana University Press, 1982); Fredric P. Sutherland and Roger Beers, "Supreme Indifference," *Amicus Journal* (Spring 1991): 38 - 42; and Keith Schneider, "Thwarted Environmentalists Find U. S. Courts are Citadels No More," *The New York Times* (March 23, 1992).

3. Hanna J. Cortner, "A Case Analysis of Policy Implementation: The National Policy Act of 1969," *Natural Resources Journal* 16 (April 1969): 323-338.

4. René Dubos, *Man Adapting* (New Haven: Yale University Press, 1965).

5. See for example Nicholas C. Yost, "NEPA—The Law That Works," *The Environmental Forum* (January 1985): 38, 40; Sally K. Fairfax, "A Disaster in the Environmental Movement," *Science* 199 (17 February 1978): 743 - 748; Lynton K. Caldwell, "Is NEPA Inherently Self-Defeating?" *Environmental Law Reporter* 9 (January 1979): 50001-07.

6. *The President's Committee on Administrative Management*: *Report of the Committee with Studies of Administrative Management in the Federal Government* (Washington, D. C. : U. S. Government Printing Office, 1937); and *Administrative Management in the Government of the United States*: *Report of the President's Committee* (U. S. Government Printing Office, January 8, 1937).

7. For a criticism of this trend see Walter Williams, *Mismanaging America*: *The Rise of the Anti-Analytic Presidency* (Lawrence: University of Kansas Press, 1990). See also Ronald C. Moe, "Traditional Organizational Principles and the Managerial Presidency: From Phoenix to Ashes, " *Public Administration Review* 50 (March–April 1990): 129–140 and "The Institutional Presidency: A Tale of Retreat and Decline," 25 *Years from the Bureaucrat to the Public Manager* (Spring 1996): 9–12.

8. Fritjof Capra and Charlene Spretnak in collaboration with Rudiger Lutz, *Green Politics*, rev. ed. (Santa Fe: Bear, 1986); Stephen Rainbow, *Green Politics* (New York: Oxford University Press, 1993).

9. Robert L. Heilbroner, *An Inquiry into the Human Prospect*: *Updated and Reconsidered for the 1980s* (New York: W. W. Norton, 1980), 158. For similar assessments see Jay W. Forrester, *World Dynamics* (Cambridge: Wright–Allen Press, 1971), "Epilogue," 123–128, and William R. Catton, Jr., *Overshoot*: *The Ecological Basis of Revolutionary Change* (Urbana: University of Illinois Press, 1980).

10. Lynton K. Caldwell, *Population and Environment*: *Inseparable Policy Issues, a Monograph in Two Parts* (Washington, D. C. : The Environmental Fund, 1985); Garrett J. Hardin, *Living Within Limits*: *Ecology, Economics, and Population Taboos* (New York: Oxford University Press, 1993); and Shridath Ramphal and Steven W. Sinding, *Population Growth and Environmental Issues* (Westport, Conn. , Praeger, 1994).

11. *Background Materials Related to the Environmental Policy and Conflict Resolution Act of* 1987. *Recently Introduced as S*. 399 *by U. S. Senator John McCain* (*R-AZ*), *March* 5, 1997 (Tucson, Ariz: Udall Center for Studies in Public Pol-

icy, University of Arizona, 1997).

12. Philip Michael Ferester, "Revitalizing the National Environmental Policy Act: Substantive Law Adaptions from NEPA's Progeny," *Harvard Environmental Law Review* 16 (1992): 207-260.

13. See *Pacific Legal Foundation v. CEQ*, *U. S. Court of Appeals District of Columbia Circuit* (1986). One of the purposes of this foundation is to fight environmental regulations especially as they affect property rights.

14. *The Executive Presidency: Federal Management for the 1990s: A Report by an Academy Panel for the 1988 - 89 Presidential Transition* (Washington, D. C. : National Academy of Public Administration, September 1988).

15. Scott C. Whitney, "The Case for Creating a Special Environmental Court System," *William and Mary Law Review* 14 (1973): 473-522. See also Harold Leventhal, "Environmental Decisionmaking and the Role of the Courts," *University of Pennsylvania Law Review* 122 (1974): 509-555; Comment, "The Environmental Court Proposal: Requiem, Analysis, and Counterproposal," *University of Pennsylvania Law Review* 123 (1975): 676-696.

16. Richard B. Stewart, "Paradoxes of Liberty, Integrity and Fraternity: The Collective Nature of Environmental Quality and Judicial Review of Administrative Action," *Environmental Law* 7 (1977): 463-484.

17. Texts of many of these proposals were printed in the *Environmental Amendment Circulars* published for the Comprehensive Environmental Project by Marshall Massey of Thornton, Colorado, notably *Circular No. 4, A Gallery of Proposals*, June1991. Among them, the text of a proposed Environmental Quality Amendment was published in March 1987 by the National Wildlife Federation and revised in September 1989. Similar proposals have been made by concerned citizens (e. g. Marshall Massey and Carolyn Merchant, Richard O. Brooks, and more recently by Rodger Schlickeisen in the *Tulane University Environmental Law Journal* 8 [Winter 1994]: 181-220). Some philosophic proposals (e. g. Richard Cartwright Austin, *Environmental Theology* [1987]; Roderick Nash, *The Rights of Nature* [1989]; and Christopher Stone, *Should Trees Have Standing: Toward*

Legal Rights for Natural Objects [1975]) would extend rights to all living species and natural systems. A novel amendment including more than environmental affairs has been proposed by Bruce Tonn. His "Court of Generations" (May 1990, privately circulated) is described as an adjunct of the Supreme Court but separate from the Federal judicial system. It would convene periodically to consider issues of transgenerational justice. It would not declare judgments but acting as a grand jury would issue indictments for the political branches to consider. For a critical review of the environmental rights concept see J. B. Ruhl, "An Environmental Rights Amendment: Good Message, Bad Idea," *Natural Resources and Environment* (American Bar Association) 11, no. 3 (Winter 1997): 46–49.

18. David Sive, "National Environmental Policy Act, Little NEPAs, and the Environmental Impact Process," American Law Institute—American Bar Institute Course of Study 1995, available in WESTLAW, ALI–ABA database (there is a 1997 revision); Nicholas A. Robinson, "SEQRA's Siblings: Precedents from Little NEPAs in the Sister States," *Albany Law Review* 46 (1982): 1155–1176. See also Elizabeth H. Haskell and Victoria S. Price, *State Environmental Management: Case Studies of Nine States* (New York: Praeger, 1973).

19. Richard J. Tobin, "Some Observations on the Use of State Constitutions to Protect the Environment," *Environment Affairs* 3 (1974): 473–485. See also A. E. DicK Howard, "State Constitutions and the Environment," *Virginia Law Review* 58 (February 1972): 192–229, Oliver A. Pollard Ⅲ, "A Promise Unfulfilled: Environmental Provisions in State Constitutions and the Self‐Executive Question," *Virginia Journal of Natural Resources Law* 5 (1986): 351–370; and Jose L. Fernandez, "State Constitutions, Environmental Rights Provisions, and the Doctrine of Self-Execution: A Political Question?", *Harvard Environmental Law Review* 17, no. 2 (1993): 333–387. Also Sheldon M. Nosick et al., "State Law and Programs (b) State Constitutional Provisions," *Law of Environmental Protection* (Environmental Law Institute) (St. Paul: West, 1998, 601 (2) (b)).

20. See Coalition of Legislators for Environmental Action Now (CLEAN), Media Advisory, "Unprecedented National Debate on the Role of the Constitution

in Protecting Public Health and the Environment" (1996). See also Richard L. Brodsky and Richard L. Russman, "A Constitutional Initiative," *Defenders* 71, no. 4 (Fall 1996): 37-38.

21. For listing of leading treaties and soft law see Lynton K. Caldwell, *International Environmental Policy*. 3rd ed. *From the Twentieth to the Twenty-First Century* (Durham: Duke University Press, 1996). Appendices D and E-. Comprehensive lists of international environmental treaties may be found in *Environmental Quality: The Twentieth Annual Report of the [U. S.] Council on Environmental Quality* (Washington. D. C.: Council on Environmental Quality, 1990), Appendix C and in *Breakthrough* [Global Education Associates] (Summer-Fall 1989): 18-19. F.

22. For status of treaties in relation to U. S. domestic and international law see Jordan J. Paust, *International Law as Law of the United States* (Durham: Carolina Academic Press, 1996). Cf. *Missouri v. Holland*, 252 U. S. 416 (1916). See also Sherman S. Hayden, *International Protection of Wildlife: An Examination of Treaties and Other Agreements for the Preservation of Birds and Mammals* (New York: Columbia University Press, 1942; reprinted by AMS Press, 1970) and Simon Lyster, *International Wildlife Law: An Analysis of International Treaties Concerned with the Conservation of Wildlife* (Cambridge, U. K.: Grotius, 1985).

23. *International Legal Materials*, vol. 30 (1991): 802. See also Economic Commission for Europe, *Current Policies, Strategies and Aspects of Environmental Impact Assessment in a Transboundary Context*. Environmental Series 6, New York: United Nations, ECE/CEP 19, 1996.

24. Amedeo Postiglione, "A More Efficient International Law on the Environment and Setting up an International Court for the Environment Within the United Nations," *Environmental Law* 20 (1990): 322.

25. Christian Calliess, "Toward a European Constitutional Law," *European Environmental Law Review* 6, no. 4 (April 1997): 113-120.

26. Quincy Wright, "International Law in its Relation to Constitutional

Law," *American Journal of International Law* 17 (1923): 234-244.

27. Edith Brown Weiss, *In Fairness to Future Generations: International Law, Common Patrimony and Intergenerational Equity* (Ardsley-on-Hudson, New York: Transnational Publishers, 1989), Appendix B, 247-327.

28. Samuel P. Hays, *Conservation and the Gospel of Efficiency: The Progressive Conservation Movement*, 1890-1920. 2nd ed. (Cambridge: Harvard University Press, 1969); and *Beauty, Health and Permanence: Environmental Politics in the United States*, 1955-1985 (Cambridge: Cambridge University Press, 1985).

29. See for a "libertarian" perspective Calvin W. Stillman, "On Saving Places," *Environmental Law* 7 (1977): 485-497.

30. For example see King and Schneider, supra, n. 1; Robert Nisbet, *Prejudices: A Philosophical Dictionary* (Cambridge: Harvard University Press, 1982), "Environmentalism," 101; and Max Nicholson, *The Environmental Revolution: A Guide to the New Masters of the World* (New York: 1970). (The message may be right but the prospect premature.) Compare with Lester Milbrath, *Environmentalists: Vanguard for A New Society* (Albany: State University of New York Press, 1984).

31. Lynton K. Caldwell, "The Positive Role of Environmental Management," *Final Report on Managing the Environment* (Washington, D. C.: Environmental Protection Agency, Socioeconomic Studies Series, 600-5-73-010, 1973), 130-134 and "Restoration Ecology as Public Policy," *Readings from the Environmental Professional: Natural Resources*, John Lemons, ed. (Cambridge: Blackwell Science, 1995), 134-143.

32. *Global Future: Time to Act. Report to the President on Global Resources, Environment, and Population* (Washington, D. C.: Council on Environmental Quality and the Department of State, January 1981), a consideration of the *Global 2000 Report* which curiously under the section on *A Comprehensive U. S. Strategy* never mentions the National Environmental Policy Act, nor is NEPA included in the index to this report. The full study is reported in three volumes: I Summary, II Technical Report, III Documentation on the Government Global Models. See the

Global 2000 *Report to the President*: *Entering the Twenty-First Century* (Washington, D. C. : U. S. Government Printing Office, 1981).

33. Philip Shabecoff, *A New Name for Peace*: *International Environmentalism*, *Sustainable Development and Democracy* (Hanover: University Press of New England, 1996).

索 引

（页码为本书边码）

A

Adaptive environment management, 适应性环境管理, 56

Administrative Procedures Act of 1946, 《行政程序法》(1946年), 23, 100

Agenda for Tomorrow (Udall, 1968), 《明日议程》(尤德尔, 1968年), xi,

air pollution, 空气污染, 17, 27, 33, 100, 127, 134-36, 参见 atmosphere, 大气, global concern for, 全球关注; atmospheric depositions, 大气沉积; outer space, 外层空间, global concern for, 全球关注; pollution, 污染

Alaska oil and gas pipelines, 阿拉斯加油气管道, 67, 148

American Bar Association, 美国律师协会, Natural Resources Law Section, 自然资源法部门, 62

American Enterprise Institute, 美国企业研究所, 7, 43, 58

American Medical Association (AMA), 美国医学会, 27

Andrews, Richard N. L., 理查德·N. L. 安德鲁斯, 22

Andrus v. Sierra Club (442 U. S. 347 at 358), 安德勒斯诉塞拉俱乐部, 185 n. 25

Antarctic Treaty (1959), 《南极条约》(1959年), 140

"Antarctic Treaty - Global Ecological Commons" (PL 101-620), 《南极条约——全球生态公域》(第101-620号公法), 126

Antarctica, 南极: development of, 开发, 140-41; protection of, 保护,

索　引

123，124，126，130，131，140-41

Anthropocentrism，人类中心主义，defined，定义，13

anti-environmentalism，反环境主义，7，9-10，50，56，58，75，154，157

antipollution issues，反污染问题，4，27，28，33，37-38，78

Apollo VIII mission，阿波罗八号任务，27

Army, U.S.，美国陆军，110；Corps of Engineers，工程兵部队；65，75，参见 military bases，军事基地

Ashby, Sir Eric，埃里克·阿什比爵士，17-18

Assessment，评价，defined，定义，48

Atmosphere，大气层，global concern for，全球关注，134-36，参见 air pollution，空气污染；global climate change，全球气候变化；greenhouse gas emissions，温室气体排放；ozone depletion，臭氧耗竭

atmospheric depositions，大气污染物沉降，113

Austin, Richard Cartwright，理查德·卡特赖特·奥斯汀，197 n. 17

B

Bacon, Francis，弗兰西斯·培根，xvi

Barnes, Michael，迈克尔·巴恩斯，115

Base Closure and Defense Authorization Amendments and Realignment Act of 1988，《军事基地关闭和国防授权修正案及调整法》(1988年)，85

Becker, Ernest，欧内斯特·贝克尔，7

Bennett, Charles E.，查尔斯·E.贝内特，162

Bible (New Testament)，《圣经》（新约）；Book of John，约翰书，8

Big Bang theory，"大爆炸"理论，8

Biocentrism，生物中心主义，defined，定义，13

Biodiversity Treaty (1992)，《生物多样性公约》(1992年)，100，124，125，130，131，142，169

Biosphere，生物圈，defined，定义，11，26，参见 environment，环境；global environment，全球环境，interconnectivity (interactivity) of，互联性（相互作用）

Biosphere Conference，生物圈会议，(Paris, 1968)，（巴黎，1968年），7，141

Bird migrations，鸟类迁徙，165

Boulding, Kenneth，肯尼思·博尔丁，9

Bowman, Wallace D.，华莱士·D.

鲍曼，63

British Town and County Planning Acts，英国《城乡规划法》，4

Brooks, Richard O.，理查德·O.布鲁克斯，197，n.17

Brownlow, Louis，路易斯·布朗洛，89

Bureau of Land Management, U.S.，美国土地管理局，85，94

Bureau of Reclamation, U.S.，美国垦务局，62

Bush, George，乔治·布什，Antarctic development under，南极开发，140; environmental policy under，环境政策，37，72，115，124，131

C

Caldwell, Lynton K.，林登·K.考德威尔：national environmental policy formulated by，国家环境政策制订者，5，29，36，59-63，170

Calvert Cliffs Coordinating Committee v. Atomic Energy Commission，卡尔弗特·克里夫斯协调委员会诉原子能委员会案，(449 F. 2d. 1109)，32，43，186 n.37

Capra, Fritjof，弗里特乔夫·卡普拉，16

carbon dioxide emissions，二氧化碳排放，17

Carnegie Endowment for International Peace，卡内基国际和平基金会，*Memorandum to the President Elect* (1992年)，致当选总统备忘录，41，160

Carpenter, Richard A.，理查德·A.卡彭特，63

Carson, Rachel，蕾切尔·卡尔逊，15，26

Carter, Jimmy，吉米·卡特：environmental policy under，环境政策，34，40，44，100，109-11，113，115，159

Cato Institute，卡托研究所，58

Catton, W. R. Jr.，W. R.卡顿，15

Cautionary Guides，《警示指南》，(Design and Industries Association of Great Britain)，(英国设计与工业协会)，58

Centre for Religion and Society，宗教与社会中心，University of Victoria (British Columbia)，维多利亚大学（不列颠哥伦比亚省），10

CEQ，环境质量委员会，见 Council on Environmental Quality，环境质量委员会

Chafee, John H.，约翰·H.查菲，158

Charter on Environmental Rights and Obligations (proposed)，《环境权

利和义务宪章》（拟议），166-67
Checklists, 清单, for environmental policy, 环境政策, 61-62
Checklists for Preparing National Environmental Policy Act Documents,《编制国家环境政策法文件的清单》,（American Bar Association, Natural Resources Law Section, 1987）,（美国律师协会, 自然资源法部门, 1987 年）, 62
chemical biocides, 化学杀虫剂, transport of, 运输, 115
chemical spills, 化学品泄漏, 16
Chemical Weapons Convention（1997）,《化学武器公约》（1997 年）, 131
Citizens' Advisory Committee on Environmental Quality, 公民环境质量咨询委员会, 19
Citizens Advisory Committee on Recreation and Natural Beauty, 公民休闲与自然美咨询委员会, 62
City of New York v. United States, 纽约市诉美国案,（331 F. Supp. 150, 159）, xvi
Claremont Institute, 克莱尔蒙特研究所, 58
Clean Air Act of 1970,《清洁空气法》（1970 年）,（PL 91-604-84）,（第 91-604-84 号公法）, 70, 79
Clinton, 克林顿, William Jefferson,

威廉·杰斐逊; environmental policy under, 环境政策, 2, 12, 35, 37, 40, 42, 45, 71, 115, 135, 136, 159, 169
Club of Rome, 罗马俱乐部, 16, 162, 170
Coast Guard, U.S., 美国海岸警卫队, 110
Commission on Federal Paperwork, 联邦文书委员会, 52
Committee for a National Institute for the environment, 国家环境研究所委员会, 20
Committee for Inter-American Telecommunications（CITEL）, 美洲电信委员会, 137
Committee on Natural Resources, 自然资源委员会, National Academy of Sciences-Natural Resource Council, 国家科学院自然资源委员会, 28
Commons, 公域, 见 "global commons", "全球公域"
Comprehensive Environmental Response Compensation and Liability Act（CERCLA, Superfund）of 1980,《综合环境响应补偿与责任法》（CERCLA 或《超级基金法》, 1980 年）, 85
Conference on the Long-Term Worldwide

283

Biological Consequences of Nuclear War (1983), 关于"核战争对全球生物造成长期后果"的会议 (1983年), 139

Conference on the World After Nuclear War (1983), 关于"核战争之后的世界"的会议 (1983年), 139

conflict resolution, 冲突解决, environmental, 环境的, 2, 71, 155, 157–58, 181 n. 3

Congressional Research Service, 国会研究服务局, 62, 63

Congressional White Paper on a National Policy for the Environment (1968),《国会国家环境政策白皮书》(1968年), 29, 62

Conservation Foundation, 自然保护基金会, 26, 148

conservation movement, 自然保护运动, 4, 26, 28, 169–70

Conservation of Antarctic Marine Living Resources, Convention on the (Southern Ocean Convention, 1982),《南极海洋生物资源养护公约》(《南大洋公约》, 1982年), 134

Constitution, U.S., 美国《宪法》: on executive power, 关于行政权力, 88; hypothetical draft amendment to, 假设修正案草案, 164; lack of environmental protectionism in, 缺乏环境保护主义, 33, 72, 92, 107, 152–53, 155, 160–65; legislative intent in, 立法目的, 43

Convention on Environmental Impact Assessment in a Transboundary Context (1991),《跨界环境影响评价公约》(1991年), 71, 108, 116–17, 134, 166

Convention on Long-Range Transboundary Air Pollution (1979),《远距离越境空气污染公约》(1979年), 114, 130, 134–45

Convention on Prohibition of Military or Any Other Hostile Use of Environmental Modification Technologies (ENMOD, 1978),《禁止为军事目的或任何其他敌对目的使用改变环境的技术公约》(ENMOD, 1978年), 139

Convention on the Conservation of Antarctic Marine Living Resources (Southern Ocean Convention, 1982),《南极海洋生物资源养护公约》(《南大洋公约》, 1982年), 134

Convention on Whaling (1946),《捕鲸公约》(1946年), 134

cosmology, 宇宙学, 169

Council of Economic Advisors (CEA), 经济顾问委员会 (CEA), 38–40, 42, 160

Council on Environmental Quality (CEQ), 环境质量委员会 (CEQ): attempted abolition of, 企图废除, 35, 37, 40-41, 159, 160; dissatisfaction with, 不满, 24; EIS prepared by, 环境影响报告编制, xv; EIS reviewed by, 环境影响报告审查, 67, 70-71; EO 12114 survey by, 第 12114 号行政命令调查, 110; established, 设立, 2, 30, 36-37, 64, 148; fulfillment of mandate of, 履行授权, x, 72, 111, 121, 145, 150; 资助, 158; purpose of, 目的, 18-19, 37, 38-42, 57, 66-67, 156; regulation of, 监管, 12-13, 34, 48, 52, 76, 80, 83-84, 86, 91-92, 149, 151; staffing of, 人员配备, 2, 39, 42, 160; strengthening of, 加强, 155, 159-160.

"Court of Generations" (proposed), "世代法院"（拟议）, 197 n. 17

Cousteau, Jacques, 雅克·库斯托, 167

Cousteau Society, 库斯托协会, 140

Cranston, Alan, 艾伦·克兰斯顿, 163

Creation, 创造, 8

cultural patrimony, 文化遗产, protection of, 保护, 98-99

Cuyahoga River, 凯霍加河, fire on, 着火, 16

D

Daddario, Emilio Q., 埃米利奥·Q. 达达里奥, 28, 36

Daly, Herman E., 赫尔曼·E. 戴利, xv

deep seabed, 深海海底, 见 oceans, 海洋

Deepwater Port Act, 《深水港口法》, 109

Defense Logistics Agency, 国防后勤局, 110

Defense Nuclear Agency, 国防核机构, 110

Deforestation, 森林砍伐, 34, 100, 102, 114

delegated programs, 授权项目, implementation of, 实现, 34

Department of Agriculture, U.S. (USDA), 美国农业部 (USDA), 75, 115

Department of Commerce, U.S., 美国商务部, 115, 127, 132

Department of Defense (DoD), U.S., 美国国防部: international environmental policy of, 国际环境政策, 85, 94, 111, 112, 120, 127, 130, 132, 140; policy of military testing in space, 太空军事试验政

285

策，138

Department of Energy, U.S.，美国能源部，127，132；Environmental Process Improvement Team，环境程序改进小组，62；Office of NEPA Oversight，《国家环境政策法》监督办公室，62

Department of Environmental Protection (proposal)，环境保护部（拟议），35，45

Department of the Interior, U.S.，美国内政部，127，132

Department of the Treasury, U.S.，美国财政部，115

Design and Industries Association of Great Britain，英国设计与工业协会，58

Dingell, John，约翰·丁格尔，xx，28，30，36，63，139

Directory of Higher Education Environmental Programs (DHEEP)，高等教育环境项目目录，20

Disease，疾病，transmission of，传播，132

Dreyfus, Daniel A.，丹尼尔·A.德赖弗斯，29，63，64

Ducks Unlimited，野鸭基金会，27

E

Ecological Research and Surveys Bill (S. 2282)，《生态研究和调查法案》（参议院第2282号法案），28，57

Ecology，生态，development of，开发，28，169

ecosystem management，生态系统管理，94

education，教育：about environmental issues，关于环境问题，18–25，155–57；and NEPA，《国家环境政策法》，87，参见 social learning，社会学习，need for，需要，

EIS，环境影响报告，见 environmental impact statement，环境影响报告

Eisenhower, Dwight D. 德怀特·D.艾森豪威尔. environmental policy under，环境政策，27

Endangered Species Act of 1973 (PL 93-205)，《濒危物种法》，（1973年）（第93-205号公法），33，79，85–86，94，110，115

Engle, Clair，克莱尔·恩格尔，28

Environment，环境：adaptive management of，适应性管理，56，152；conception of，概念，9；defined，定义，xiv–xv, xix, 13, 26, 65, 171；differing perceptions of，不同的看法，4, 5, 13, 24；ethical imperatives for，道德责任，

7-9；manageability of，可管理性 61；as a natural resource，作为一种自然资源，28

"Environment: A New Focus for Public Policy"（Caldwell, 1963），《环境：公共政策的新焦点》，（考德威尔，1963年），5，63

Environmental Agenda for the future，《未来环境议程》，An（Leaders of America's Foremost Environmental Organizations, 1985），（美国最重要的环保组织的负责人，1985年），xi

Environmental Amendment Circulars，《环境修正案通告》，197 n. 17

Environmental Assessment（EA），环境评估（EA），50

Environmental Assessment Checklist（U. S. Department of Energy, Office of NEPA Oversight, 1994），《环境评价清单》（美国能源部《国家环境政策法》监督办公室，1994年），62

environmental bill of rights（proposed），环境权利法案(提案)，152，162-63

Environmental Defense Fund（EDF），环境保护基金会，15，126，141

Environmental Defense Fund, Inc. v. Corps of Engineers（470 F. 2d. 289, Gillham Dam case），环境保护基金会诉工程兵部队案（《联邦地区法院判例汇编》第二辑第470卷，第289页，吉勒姆水坝案），43，65，82，185-86 n. 30

Environmental Defense Fund v. Walter Massey，环境保护基金会诉国家科学基金会主任沃尔特·马西案（772 F. Supp. 1296），126，141

Environmental disasters，环境灾难：avoidance of，避免，60；growing frequency of，增长频率，16-17；prediction of，预测，60；response to，反应，10-11，155

Environmental education，环境教育，见 education，教育

Environmental Education, Advisory Council on，环境教育咨询委员会，19

Environmental Education Act of 1970（PL 91.516），《环境教育法》（第91.516号公法，1970年），19

Environmental Education and Communication Project（Green COM），环境教育和交流项目（绿色交流），USAID，美国国际开发署，114

Environmental Health Planning Guide（U. S. Public Health Service），

287

《环境健康规划指南》(美国公共卫生局),59

environmental impact assessment (EIA), 环境影响评价: development of, 开发, 48; finding of no significant impact (FONSI), 查无重大影响的报告, 50; purpose of, 目的, 48–49; science in, 科学, 55–58; significance of, 重要性, 57; transnational, 跨国的, 165–66

Environmental impact Assessment in a Transboundary Context, Convention on (1991),《跨界环境影响评价公约》(1991年), 71, 108, 116–17, 134, 166

Environmental impact statement (EIS), 环境影响报告: availability to public, 公众可用性, 49–50, 51, 53; bureaucratic objections to, 官僚反对, 53; concept introduced, 概念引入, 29, 38, 43, 63–64; criticism of, 批评, 43; EPA review of, 环境保护局审查, xvi, 67, 70; extraterritorial application of, 域外适用, 106; funding of, 资助, 67–68; guidelines for, 指导方针, 43, 44, 52; identification of alternatives in, 替代方案的识别, 12, 54–55, 58; influence of, 影响, 46, 52, 64, 145; mandated, 授权, xvi–xvii, 12, 30, 34, 43, 51, 64–66; misunderstanding of, 误解, 52–55; preparation of (draft, final, and supplementary), (编制初稿、终稿和补充稿), xvi, 50, 66–70; purpose of, 目的, xvii, xviii, 4, 24, 48, 参见 NEPA Process (Section 102)《国家环境政策法》程序 (第102条)

environmental imperialism, 环境帝国主义, 103, 107

environmental law, 环境法: codification of, 法典编纂, 96; relationship to NEPA, 与《国家环境政策法》的关系, xviii, 52, 164

Environmental Management of Enclosed Coastal Seas (EMECS), 封闭沿海海域环境管理, International Conferences on, 国际会议, 133

environmental movement, 环境运动: development of, 开发, xvii, 3–6, 13–16, 20, 26–30, 98–99, 152; and ethics, 伦理, 7–9, 13; government response to, 政府响应, 2; opposition to, 反对, 7, 9–10, 15, 参见 conservation movement, 自然资源保护运动; environmentalism, 环境主义

Environmental Policy and Conflict

Resolution Act of 1998（PL 105-156），《环境政策和冲突解决法》（第 105-156 号公法，1998 年），2，71，157-58，181 n. 3

Environmental Policy and the Congress（Jackson, 1968），《环境政策与国会》（杰克逊，1968 年），77

Environmental Professional，《环境职业》，The（journal），（杂志），186-87 n. 1

Environmental Protection Agency（EPA），环境保护局：congressional support for，国会支持，39；EIS reviewed by，环境影响报告审查，xvi，67，70；environmental education program of，环境教育项目，20；established，设立，91；and global environmental policy，全球环境政策，132；National Conference on Managing the Environment（1973），全国环境管理大会（1973 年），152；purpose of，目的，37，57，66

Environmental Quality: The Twenty-First Annual Report of the Council on Environmental Quality（1990），《环境质量：环境质量委员会第 21 次年度报告》（1990 年），83

Environmental Quality Reports，《环境质量报告》，mandated，授权，42

Environmental Rights Amendment（proposed），《环境权利修正案》（提案），164

environmental stewardship，环境管理，见 stewardship，管理

environmentalism：civic commitment to，环境主义：公民承诺，154；defined，定义，14-15；development of，开发，170；opposition to，反对，7，9-10，50，56，58，75，154，157；political agenda for，政治议程，155，157；rejection of，拒绝，169. 参见 environmental movement，环境运动

environmentalists: Vanguard for a New Society（Milbrath, 1984），《环境主义者：一个新社会的先锋》（米尔布拉思，1984 年），16

EPA，见 Environmental Protection Agency，环境保护局

Ethics, of environmental policy，环境政策伦理，7-9

European Conference of Postal and Telecommunications Administrations（CEPT），欧洲邮电管理委员会，137

European Union，欧盟，71，108，116，143，166

Everglades（Florida），大沼泽地（佛罗里达州），75

Executive Office of the President（E-

OP），总统行政办公室，见 presidents，U. S.，美国总统

Executive Order 11991（1977），第 11991 号行政命令（1977 年），149，151

Executive Order 12088（*Federal Compliance with Pollution Control Standards*，1978），第 12088 号行政命令（《联邦遵守污染控制标准》，1978 年），113

Executive Order 12114（*Environmental Effects Abroad of Major Federal Actions*，1979），第 12114 号行政命令（《重大联邦行动对国外环境影响》，1979 年），100，101，102，109-11，112，127，130

Executive Order 12264（*Federal Policy Regarding the Export of Banned or Significantly Restricted Substances*，1981），第 12264 号行政命令（《关于出口违禁或重大限制物质的联邦政策》，1981 年），115

Executive Order 12290（*Federal Exports and Excessive Regulations*，1981），第 12290 号行政命令（《联邦出口和过度管制条例》，1981 年），115

Executive Presidency，The：*Federal Management for the 1990s*（NAPA，1988），《行政总统：1990 年代的联邦管理》（国家公共行政学院，1988 年），40

Exotic species，外来物种，spread of，传播，113

Export-Import Bank，进出口银行，106，115

F

Federal Aviation Administration（FAA），联邦航空管理局，75，132

Federal Communications Commission（FCC），联邦通信委员会，132

Federal Facilities Compliance Act，《联邦设施合规法》，85

Federal Facilities Environmental Journal，《联邦设施环境杂志》，190 n. 16

Federal Highway Administration，联邦公路管理局，75

Federal Land Policy and Management Act（FLPMA）of 1976，《联邦土地政策和管理法》（1976 年），78

Federal Register，《联邦公报》，127

Ferester，Philip M.，菲利普·M. 费瑞斯特，158

Fifth Amendment，美国《宪法第五修正案》，"taking" clause of，征用条款，92

Final Procedures（DoD，1979），《最终程序》（国防部，1979 年），127

Finn，Terence T.，特伦斯·T. 芬恩，25

First Global Revolution,《第一次全球革命》, The (King and Schneider, 1991),(金与施耐德, 1991年) 16, 145

Fish and Wildlife Service, U.S., 美国鱼类和野生动物管理局, 94

Fisheries, 渔业, access to, 进入, 127, 133

Foley bros. Inc. v. Filardo, 弗利兄弟公司诉菲拉尔多案, 130

"Foley doctrine", 弗利主义, 101, 106, 191 n. 12

FONSI (finding of no significant impact), 查无重大影响的报告, 50

Forest Service, U.S., 美国森林管理局, 85, 94

Framework Convention on Global Climate Change,《联合国气候变化框架公约》, 135

Francis of Assisi, Saint, 阿西西的方济各, 10

Freedom of Information Act,《信息自由法》, 50, 53

Freedom space station (proposed), "自由号"空间站(拟议), 138

Friendly, Henry J., 亨利·J. 弗兰德利, xvi, xvii

Frontier hypothesis, 前沿假说, x

Future Environments of North America (conference, 1965), 北美未来环境(会议, 1965年), 26

G

General Accounting Office (GAO): 政府问责局, on international environmental policy, 关于国际环境政策, 130; on national environmental policy, 关于国家环境政策, 52, 67, 78, 84, 118, 151

General Agreement on Tariffs and Trade (GATT),《关税及贸易总协定》, 101, 120

Gibbons, John H. 约翰·H. 吉本斯, 85

Gillham Dam case (*Environmental Defense Fund, Inc. v. Corps of engineers*, 470 F. 2d. 289), 吉勒姆水坝案(环境保护基金会诉工程兵部队案,《联邦地区法院判例汇编》第二辑第470卷, 第289页), 43, 65, 82, 85–86 n. 30

Global climate change, 全球气候变化, 17, 34, 58, 97, 99–100, 133, 134–36

Global Climate Change Treaty (1992),《联合国气候变化框架公约》(1992年), 100, 130, 136, 142

"global commons", "全球公域": defined, 定义, 126; environmental policy in, 环境政策, 123–29,

142-44

Global communications technology, 全球通信技术, 137

Global environment, 全球环境, interconnectivity（interactivity）of, 互联性（相互作用）, xix, 4, 9-13, 121。参见 biosphere, 生物圈, defined, 定义; international environmental policy, 国际环境政策; multinational environmental policy, 跨国环境政策

Global 2000 Report,《2000年全球报告》,（CEQ, 1980-1981）,（环境质量委员会, 1980年至1981年）, x, 162, 170, 171

Goals and Principles of Environmental Impact Assessment（UNEP Working Group, 1987）,《环境影响评价的目标和原则》（联合国环境规划署工作组, 1987年）, 116

Gore, Al, 阿尔·戈尔, 114, 186 n. 35

Government in the Sunshine Act of 1976（PL 94-409）,《阳光政府法》（第94-409号公法, 1976年）, 100, 159, 160

Great Britain, 大不列颠, environmental policy in, 环境政策, 4

Great Lakes, 北美五大湖地区, pollution of, 污染, 100

"green" parties, 绿党, rise of, 崛起, 151

Greenhouse gas emissions, 温室气体排放, 100, 125, 134

Greenpeace USA v. Stone, 美国绿色和平组织诉斯通案,（7487 F. Supp. 749）, 129

H

Haiti, 海地, environmental devastation in, 环境损害, 114

Harvard Environmental Law Review,《哈佛环境法评论》, 158

Hawaii, 夏威夷, U.S. military bases in, 美国军事基地, 112

Hazardous substances, 有害物质, transport of, 运输, 115-16

Hazardous Substances Export Task Force, 有害物质出口特别工作组, 115

Heibroner, Robert, 罗伯特·海尔布罗纳, 152

Heritage Foundation, 传统基金会, 58

High seas, 公海, 见 oceans, 海洋

Historic Preservation Act of 1966（PL 89-665）,《历史保护法》（第89-665号公法, 1966年）, 33, 86, 149

Hoover, Herbert, 赫伯特·胡佛, 88

House Committee on Ways and Means, 众议院筹款委员会, 101

House Subcommittee on Fisheries and Wildlife Conservation, 众议院渔业及野生动物保护小组委员会, 148

House Subcommittee on Science, Research, and Development, 众议院科学、研究和发展小组委员会, 28-29

Hudson Institute, 哈德逊研究所, 112, 139

"Human Environment, The: A Growing Challenge to Higher Education", (Caldwell, 1966), 《人类环境: 高等教育日益面临的挑战》（考德威尔, 1966 年）, 5

I

Image, The 《形象》, (Boulding, 1956), (博尔丁, 1956 年), 9

Impact Assessment (journal), 《影响评价》（杂志）, 186-87 n. 1

Indonesia, 印度尼西亚, air pollution in, 空气污染, 135

Institute for Environmental Conflict Resolution, 环境冲突解决机构, 2, 71, 157-58, 162

Institute for International Economics, 国际经济研究所, 160

interagency coordination 机构间协调, benefits of, 益处, 75-76, 77-78, 85-86; obstacles to, 障碍, 87-92

intercontinental ballistic missiles (ICBMs), 洲际弹道导弹, 138-39

intergovernmental Oceanographic Commission (IOC), 政府间海洋学委员会, 132

Intergovernmental Panel on Climate Change (IPCC), 政府间气候变化专门委员会, 135

International Association for Impact Assessment (IAIA), 国际影响评价协会, 20, 108

international Conference on a More Efficient International Law on the Environment and Establishing a International Court for the Environment Within the United Nations System (Rome, 1989), 关于"一个更有效的国际环境法与设立一个联合国系统内的国际环境法院"的国际会议（罗马, 1989 年）, 166

International Conferences on the Environmental Management of Enclosed Coastal Seas (EMECS), 关于"封闭沿海海域环境管理"的国际会议, 133

international conventions (and treaties), 国际公约及条约, 100-102, 113-17, 165

293

International Council of Scientific Unions (ICSU), 国际科学联盟理事会, 135; Scientific Committee on Problems of the Environment (SCOPE), 环境问题科学委员会, 20

International Court for the Environment (proposed), 国际环境法院(提案), 166

International environmental policy, 国际环境政策: expansion of, 扩张, 7, 34, 98; implemented, 执行, 4, 71-72; international agreements on, 国际协定, 113-17; prospects for, 预期, 117-19; scope of, 范围, 97-122, 165-69; and U.S. foreign relations, 美国外交关系, 99-111

International Institute for Economics, 国际经济研究所, 41

International Institute for Environment and Development, 国际环境与发展研究所, 118

International law, of common spaces, 国际法, 公域, 128, 129,, 165

International Maritime Organization (IMO), 国际海事组织, 133, 137

International Maritime Satellite Organization (INMARSAT), 国际海事卫星组织, 137

International Organization for Standards (ISO), 国际标准化组织, 117

International Society for Ecological Economics, 国际生态经济学会, 20

International Summer Institute on Population and the Environment: Pollution Pressures, Resources, Consumption, Religions, and Ethics (1993), 人口与环境: 人口压力、资源、消费、宗教和伦理国际暑期学院(1993年), 10

International Telecommunications Union (ITU), 国际电信联盟, 137

Isaac Walton League, 艾萨克·沃尔顿联盟, 27

J

Jackson, Henry M, 亨利·M. 杰克逊: as environmental advocate, 环保倡导者, xvi, xx, 1-2, 3, 7, 13-14, 28, 29, 36, 41, 43, 44, 59, 63, 76, 84, 102, 123, 139; on land use policy, 土地利用政策, 74-75; support for EIS by, 支持环境影响报告, 48

Jefferson, Thomas, 托马斯·杰斐逊, 33, 88

Johnson, Lyndon B. 林登·B. 约翰逊: environmental policy under, 环境政策, 11, 26

Joint Chiefs of Staff-Pacific Command,

太平洋司令部参谋长联席会议, 110
Joint House-Senate Committee on the Environment (proposed), 国会参众两院环境联合委员会（提案）, 91, 155, 158

K

Kennedy, John F, 约翰·F. 肯尼迪: environmental policy under, 环境政策, 28; personal presidency of, 个人总统任期, 45, 89
King, Alexander, 亚历山大·金, 16, 145
Kyoto Protocol (1997),《京都议定书》(1997年), 125-26, 136

L

Lake Erie, 伊利湖, pollution of, 污染, 16
LANDSAT, 陆地卫星, (United States Earth Resources Sensing System),（美国地球资源遥感系统）, 137
land use laws, 土地利用法律, 74-75
Law of the Sea conferences (1958-1982), 海洋法会议（1958年至1982年）, 133, 141
Law of the Sea Convention (1982),《海洋法公约》(1982年), 125, 129, 130, 131, 134, 142, 168
League of Women Voters, 妇女选民联盟, 75
Legacy Resource Management Program (DoD), 遗产资源管理计划（国防部）, 94
Leopold, Aldo, 奥尔多·利奥波德, 15, 26
Libertarianism, 自由主义, 54
Limits to Growth,《增长的极限》, The (Meadows et al., 1972),（梅多斯等人, 1972年), 15, 16
Linton, Ron, 罗恩·林顿, 28
"little NEPAs", "小《国家环境政策法》", 52, 164
Living Resources of the Sea conference (1955), 海洋生物资源会议（1955年）, 133
Long-Range Transboundary Air Pollution, Convention on (1979),《远距离越境空气污染公约》(1979年), 114, 134-35
Los Angeles Times,《洛杉矶时报》, 112
Lujan, Secretary of the Interior v. Defenders of Wildlife et al. (505 U.S. 555, 112), 内政部部长卢汉诉野生动物保护者等案, 110, 191-92 n. 13

M

Magnuson, Warren, 沃伦·马格努森, 139

"Making Environmental Concepts Operational" (Caldwell),《使环境概念具有可操作性》,（考德威尔）, 60-61

Man and Nature,《人与自然》, (Marsh, 1964),（马什, 1964年）, 26

Managing the Environment,《管理环境》, (House Subcommittee on Science, Research, and development, 1968),（众议院科学、研究和发展小组委员会, 1968年）, 29

Mankind at the Turning Point,《人类的转折点》, (Club of Rome, 1973),（罗马俱乐部, 1973年）, 16

Man's Role in Changing the Face of the Earth (1956),《人类在改变地球面貌中的作用》(1956年), 26

Marine Mammal Commission, 海洋哺乳动物委员会, 132

Marine Mammal Protection Act,《海洋哺乳动物保护法》, 101, 115

Marine Mammals, 海洋哺乳动物, protection of, 保护, 101, 115, 132, 133

Marine Pollution and its effects on Living Resources and Fishing Conference (1970), 海洋污染及其对生物资源和渔业的影响会议（1970年）, 133

Marine Protection Research and Sanctuaries Act,《海洋保护研究和禁渔区法》, 109

Marsh, George Perkins, 乔治·珀金斯·马什, 26

Marsh v. Oregon Natural Resources Council, 马什诉俄勒冈自然资源委员会, (490 U.S. 360), 185 n.25

Martinez, Victor H., 维克托·H.马丁内斯, 119

Massey, Marshall, 马歇尔·马西, 197 n.17

Massey, Walter, 沃尔特·马西, 126

Mawson, C. O. Sylvester, C. O.西尔维斯特·莫森, 14

McElfish, James, 詹姆斯·麦克尔菲什, xix

McGee, Gale, 盖尔·麦吉, 28

McGovern, George, 乔治·麦戈文, 28

Meadows, Donella W., 德内拉·W.梅多斯, 15

mediation, 调解, (conflict resolution, 冲突解决), 2, 71, 155, 157-58, 181 n.3

Merchant, Carolyn, 卡罗琳·麦钱特, 197 n.17

merged sovereignty, 合并主权, 141

migration, 迁徙: of birds, 鸟类,

165. Of refugees，难民，114；as survival strategy，生存策略，169

Milbrath, Lester W.，莱斯特·W. 米尔布拉思，16

Military bases，军事基地：closure and transfer of，关闭和转移，85，86；overseas，海外，100，111-13

Miller, George，乔治·米勒，36

Mining act of 1872，《矿业法》（1872年），94

Mobil Oil Corp. et al. v. Federal Trade Commission，美孚石油公司等人诉联邦贸易委员会（430 F. Supp.），188 n. 23

Moffett, Dr. James，詹姆斯·莫菲特博士，8

Morris K. Udall Foundation，莫里斯·K. 尤德尔基金会，2

Mountain States Legal Foundation，山区州法律基金会，58

Multinational corporations，跨国公司，environmental conscience of，环境意识，98-99

Multinational environmental policy，跨国环境政策，97，123-44

Multiple Use-Sustained Yield Act of 1960，《多用途持续收益法》（1960年），49，74

Murray, James E. 詹姆斯·E. 默里，25，27-28，74

Muskie, Edmund，埃德蒙·马斯基，xx，29，36，63，70，97，102，106

N

Nash, Roderick，罗德里克·纳什，197 n. 17

National Academy of Public Administration（NAPA），国家公共行政学院，40，77，95-95，160

National Academy of Sciences，国家科学院，132，135

National Aeronautics and Space Administration（NASA），美国航空航天局，132

National Association of Environmental Professionals，全国环境专业人员协会，20

National Audubon Society，美国奥杜邦协会，157

National Environmental Education and Training Partnership，国家环境教育与培训伙伴关系，19-20

National Environmental Policy Act, Administration of the（House report, 1971），众议院关于《国家环境政策法》实施的报告（1971年），106

National Environmental Policy Act, The: A Study of Its Effectiveness After Twenty-Five Years（CEQ, 1997），

《国家环境政策法：25 年后的有效性研究》（环境质量委员会，1997 年），22，66

National Environmental Policy Act in DoD（1990），国防部关于《国家环境政策法》的报告，87

National Environmental Policy Act of 1969（NEPA，PL91-190），《国家环境政策法》(1969 年)（NEPA，第 90-190 号公法）：agency responsibility for，机构责任，80-82，92-96；criticism of，批评，24，32，43，61，72；description of，描述，xv-xviii，xx；enacted，xx，2，17，29-30，148；enforcement problems of，执法问题，33，44，64，78，93；evaluation of，评价，22，23，147，171；exceptions to，例外，ix，24，72，104，148；extraterritorial and global applicability of，域外和全球适用性，110，120-32，142-44；funding of，资助，67-68，154；historical context of，历史背景，xiv，3-6，25-30；impediments (obstacles) to，障碍（阻碍），4，5，6-7，21，87-92，149；implementation of，实施，xviii，2，24-25，34，39，42-44，46，73-96，121，153-55；indifference to，漠视，146-47；integrative strategies for，融合策略，83-87；intentions of framers (and Congress) of，制订者（和国会）的意图，36-38，78-80，103，104-105，147-49；international impact of，国际影响，97-122；judicial interpretation and review of，司法解释与审查，32-33，38，55，65-66，78，92，104，106-107，110-11，124，145；legislative history of，立法史，25-30，42，79，104，105-106，149，179；misinterpretation of，曲解，17，27-28，37-38，52-55，65；and multiple uses of natural resources，自然资源的多用途，49；policy stated on，政策声明，xvi，xx，2-3，23-24，30-36，38，73，79-80，102-103，146-147，149-53，171；potential of，潜力，x，xi，xii，xiv，xvii，21-22，46，145-72；purpose of，目的，xvi-xvii，1，2，3，5-6，11-13，43，73，78；retroactivity of，溯及力，65-66，82；scope of，范围，103；statutory amendment of，法定修正案，155，158-59；strengthening of，加强，155-61；text of，文本，172-79；

values and goals expressed in, 价值观和目标表达, xiv, xvi, xviii, xix, 1-22, 31, 33, 79-80, 145-46

"National Environmental Policy Act to Major Federal Actions Outside the United States, The Application of the",《美国海外重大联邦行动的〈国家环境政策法〉适用》, (Office of the General Counsel, DoD, 1978), (国防部总法律顾问办公室, 1978年) 103-107, 130

National Forest Management Act of 1976,《国家森林管理法》(1976年), 78

National Land Use Planning and Assistance Act (proposed),《国家土地利用规划和援助法》(提案), 75

National Land Use Policy Act (proposed),《国家土地利用政策法》(提案), 74-75

National Marine Fisheries Commission, 国家海洋渔业委员会, 132

National Oceanic and Atmospheric Administration (NOAA), 国家海洋和大气管理局, 127, 132, 135

National Park Service, 国家公园管理局, 62, 75, 86, 94

National Policy for the Environment,《国家环境政策》, A (Senate Committee on Interior and Insular Affairs, report, 1968), (参议院内政与岛屿事务委员会, 报告, 1968年) 29, 31, 36, 59, 62

National Policy for the Environment, Draft Resolution on a (1968)《关于〈国家环境政策〉的决议草案》(1968年), 31-32, 36

National policy for the Environment (Joint House–Senate colloquium, 1968), 国家环境政策 (参众两院联合座谈会, 1968年), 29, 36, 79

National Research Council, 国家研究委员会, 57, 137

National Science and Technology Council, 国家科学技术委员会, 96

National Science Foundation (NSF), 国家科学基金会, 26, 57, 126, 127, 132, 140-141

National Trust for Historic Preservation, 国家历史保护信托基金, 86

National Wildlife Federation, 国家野生动物联合会, 197 n. 17

National Workshop on Environmental Monitoring and Research (1996), 全国环境监测和研究讲习班 (1996年), 85

NATO，北大西洋公约组织，见 North Atlantic Treaty Organization，北大西洋公约组织

natural resources，自然资源：conservation of，保护，4，26，28，169-70；development demands on，发展需求，49

Natural Resources Defense Council，自然资源保护委员会，15

Nature，自然：human dichotomy with，人类二分法，10，169；stewardship of，管理，10，94，154，168

Nature Conservancy，自然保护协会，86，154，157

Nelson，Gaylord，盖洛德·纳尔逊，xx，28，36，158，163

NEPA，《国家环境政策法》，见 National Environmental Policy Act of 1969，《国家环境政策法》（1969年）

NEPA Process（Section 102），《国家环境政策法》程序（第102条）：*Consideration of Alternatives in the NEPA Process*（CEQ），《〈国家环境政策法〉程序中替代方案的考虑因素》（环境质量委员会），55；*Considering Cumulative Effects under the National Environmental Policy Act*（CEQ，1997），《国家环境政策法》规定考虑积累性影响（环境质量委员会，1997年），62；criticism of，批评，50；defined，定义，xvi-xvii，51，64-66；emphasis on，强调，50-52；implemented，执行，43，66-70，148；misunderstanding of，误解，50-52；outcome of，结果，xvii；purpose of，目的，48，49-52，参见 environmental impact statements，环境影响报告

NEPA Reinvention Workshop（1997），《国家环境政策法》重塑研讨会（1997年），87，90

Netherlands，荷兰，environmental policy in，环境政策，4

New Engineer（journal），《新工程师》（杂志），67

New Environmental Age，《新环境时代》，The（Nicholson，1987），（尼科尔森，1987年），16

New Name for Peace，《和平的新名称》，A（Shabecoff，1996），（沙别科夫，1996年），171

New York Times，《纽约时报》，37

Nicholson，Max，马克斯·尼科尔森，16

Nisbet，Robert，罗伯特·尼斯贝特，15，170

Nixon，Richard M.，理查德·M.尼

克松: environmental policy under, 环境政策, 17, 27-28, 30, 37, 65; interagency coordination under, 机构间协调, 88; supersonic transport research under, 超音速运输研究, 139

nongovernmental organizations (NGOs), 非政府组织, 20, 34-35, 98, 117, 118, 140

North American Association for Environmental Education (NAAEE), 北美环境教育协会, 19, 20, 157

North American Commission for Environmental Cooperation (NACEC), 北美环境合作委员会, 102, 113, 117, 143

North American Free Trade Agreement (NAFTA),《北美自由贸易协定》, 101, 102, 113, 116, 142

North American Wildlife Federation, 北美野生动物联合会, 157

North Atlantic Treaty Organizations (NATO), 北大西洋公约组织（北约）, 100

Notice of Intent (NOI), 意向通知, EIS, 环境影响报告, 50

nuclear contaminations, 核污染, 16, 26

nuclear Regulatory Commission, 核监管委员会, 132

nuclear technology and testing, 核技术与试验, 128, 138, 139-40

"nuclear winter", "核冬天", 139

O

Oceans, 海洋: contamination of, 污染, 97, global concern for, 全球关注, 124, 126, 128, 132-34; international treaty covering, 国际条约覆盖, 125, 129, 130, 131; navigation of, 航行, 133; territorial limits of coasts, 海岸的领土范围, 130

Office of Civil Defense (DoD), 国防部民防办公室, 139

Office of Environmental Education, 环境教育办公室, 19

Office of Environmental Policy (proposed), 环境政策办公室（提案）, 45

Office of Environmental Quality (CEQ), 环境质量办公室（环境质量委员会）, 158

Office of Management and Budget (OMB), 管理和预算局, 67, 77, 84-85, 100, 150-51, 159

Office of Science and Technology Policy (OSTP), 科学技术政策办公室, 85

oil spills, 石油泄漏, 16

Organization for Economic Cooperation and Development（OECD），经济合作与发展组织，xix, 100, 118

Organization of American States（OAS），美洲国家组织，119

Osborn, Fairfield，费尔菲尔德·奥斯本，26

Ottinger, Richard，理查德·奥廷格，162

Our Common Future,《我们共同的未来》,（Bruntland Commission report, 1987)（布伦特兰委员会报告，1987 年），170

Outdoor Recreation Resources Review Commission，户外休闲资源审查委员会，16, 27

outer space，外层空间，global concern for，全球关注，124, 126, 136–40

Overshoot: *The Ecological Basis of Revolutionary Change*（Catton, 1980），《超越：革命性变化的生态基础》（卡顿，1980 年），15

ozone depletion，臭氧消耗，34, 97, 99, 134, 136

P

Pacific Legal Foundation，太平洋法律基金会，58

Panama，巴拿马，proposed highway across Darien region in，跨越达里安地峡的公路提案，102, 118

Parker, Elissa，艾莉萨·帕克，xx

Partial Nuclear Test Ban Treaty,《部分核禁试条约》,（Treaty Banning Nuclear Weapons Tests in the Atmosphere, in Out Space, and Under Water, 1963),（《禁止在大气层、外层空间和水下进行核武器试验条约》，1963 年），139, 194 n. 5

Peccei, Aurelio，奥雷利奥·佩切伊，16

Pell, Claiborne，克莱本·佩尔，71, 116, 163, 166

Personnel，人员，(environmentalists)，(环境主义者)，need for change in，需要变革，69

Pollution，污染：common law remedies for，普通法救济，33；prevention of，预防，4, 27, 28, 33, 37–38, 78；transboundary，跨界，100, 114, 130, 参见 air pollution, 空气污染；water pollution, 水污染

"Positive Role of Environmental Management, The"（Caldwell, 1973），"发挥环境管理的积极作用"（考德威尔，1973 年），152, 199 n. 31

presidents U.S.，美国总统：appointment of CEQ by，环境质量

委员会的任命, 39, 42; constitutional powers of, 宪法权力, 44-45, 88, 150; Environmental regulations implemented by, 环境法规实施, 34, 36, 37, 38, 40-43, 44-46, 47, 65, 72, 89, 93-94, 121, 150-51; personal versus institutional role of, 个人与机构角色, 44-45, 88-89

President's Committee on Administrative Management, 总统行政管理委员会, 41, 45-46, 89, 150

private property rights, 私人财产权, 4, 9, 154

"Problems of Applied Ecology: Perceptions, Institutions, Methods, and Operational Tools",《应用生态学的问题：观念、制度、方法和操作工具》, (Caldwell, 1966), (考德威尔, 1966年), 62, 187 n. 12

Prohibition of Military or Any Other Hostile Use of Environmental Modification Technologies, Convention on (ENMOD, 1978),《禁止为军事目的或任何其他敌对目的使用改变环境的技术公约》(ENMOD, 1978年), 139

Project Appraisal,《项目评估》: the *Journal*, 杂志, 186-87 n. 1

Project Starfish, 海星计划, (DoD, 1962), (国防部, 1962年), 138

Project West Ford, 西福特计划, (DoD, 1961), (国防部, 1961年), 138

Proxmire, William, 威廉·普罗克斯迈尔, 139

Public Health Service, U.S., 美国公共卫生局, 59

Public Land Law Review Commission, 公共土地法审查委员会, 27

Public trust doctrine, 公共信托原则, 164

PuertoRico, 波多黎各, environmental laws of, 环境法, 164

U.S. military bases in, 美国军事基地, 112

Q

Quality-of-life issues, 生活质量问题, xvii, 33

Quiet Crisis,《宁静的危机》, The (Udall, 1963), (尤德尔, 1963年), 15, 26

R

Reagan, Ronald, 罗纳德·里根, Antarctic development proposed under, 南极开发提案, 140-41; environmental policy under, 环境政策, 19, 37, 40, 72, 115,

124，131，134，136；"star wars" initiative of，"星球大战"计划，139-40

Record of Decision（ROD），决策记录，EIS,《环境影响报告》，50

Rediscovering and Implementing the National Environmental Policy Act（CEQ，1997），《重新发现和实施国家环境政策法》（环境质量委员会，1997 年），72

Rediscovering the National Environmental Policy Act: Back to the Future,《重新发现国家环境政策法：回到未来》,（McElfish and Parker, 1995),（麦克尔菲什和帕克，1995 年），xix-xx

Refugees，难民，migration of，迁徙，114

Regulations（CEQ），《CEQ 条例》（环境质量委员会），12-13，34，48，52，76，80，83-84，86，91-92，149，151

remote sensing，遥感，137

Remote Sensing for Development Ad Hoc Committee on，遥感开发特设委员会（U.S. National Research Council, 1977),（美国国家研究委员会，1977 年），137

Reorganization Act of 1939,《重组法》（1939 年），(53 Stat. 561), 150

Resource Conservation and Recovery Act,《资源保护和回收法》，85

Resources, Conservation, and Environmental Quality Act of 1969,《资源、保护和环境质量法》（1969 年），158

Resources and Conservation Act of 1959,《资源和保护法案》（1959 年），25，27-28，74

"Restoration Ecology as Public Policy", "生态作为公共政策",（Caldwell, 1995),（考德威尔，1995 年），199 n. 31

Robertson v. Methow Valley Citizens Council, 罗伯逊诉梅特豪谷公民委员会案,（490 U.S. 332), 185 n. 25

Roosevelt, Franklin D., 富兰克林·D. 罗斯福，41，89，150

S

Sagan, Carl, 卡尔·萨根，xv

Sand County Almanac,《沙乡年鉴》,（Leopold, 1949),（利奥波德，1949 年），15，26

San Ignacio lagoon salt factory, 圣伊格纳西奥泻湖盐厂，102

Satellites, 人造卫星，137，138

Schlickeisen, Rodger, 罗杰·施利克森，197 n. 17

Schneider, Bertrand, 伯特兰·施耐

德，16，145

Science，科学，role in EIA，环境影响评价中的作用，55-58

Science (journal)，《科学》（杂志），38

Science: The Endless Frontier，《科学：无尽的前沿》，(U. S. Office of Scientific Research and Development, 1945)，(美国科学研究与发展办公室，1945年)，x

Scoping，范围界定，83-84，87，91

Sears, Paul，保罗·西尔斯，26

Seas，海洋，见 oceans，海洋

Senate Bill 399，参议院第399号法案，2，181 n. 3

Senate Bill 1075，参议院第1075号法案：drafting of，草案，63；enacted，制定，xx，2，29-30，148；hearing on，听证会，xvii，1，29，41，43，63，77，84；text of，文本，173-79

Senate Committee on Environment and Public Works，参议院环境与公共工程委员会，35

Senate Committee on Interior and Insular Affairs，参议院内政与岛屿事务委员会：environmental report prepared by，编制环境报告，29，59，62；hearing on NEPA (Bill 1075) by，《国家环境政策法》

（参议院第1075号法案）的听证会，xvii，1，29，41，43，59，63，77，84，148

Shabecoff, Philip，菲利普·沙别科夫，171

Sierra club，塞拉俱乐部，157；Legal Defense Fund，法律保护基金，15

Silent Spring，《寂静的春天》，(Carson, 1962)，(卡尔逊，1962年)，15，26

social learning，社会学习，need for，需要，xix，21，78

Southern Ocean Convention (Convention on the Conservation of Antarctic Marine Living Resources, 1982)，《南大洋公约》（《南极海洋生物资源养护公约》，1982年），134

sovereignty，主权，national，国家的，141

space. 太空，见 outer space，外层空间，global concern for，全球关注

space debris，太空碎片，138

space exploration and research，太空探索与研究，137-38

Staats, Elmer B.，埃尔默·B. 斯塔茨，40

State Department, U. S.，美国国务院，110，127，132，140

State Heritage Programs，国家遗产计

划, 86
stewardship, 管理, 10, 94, 145, 168
Stewart, Richard B., 理查德·B. 斯图尔特, 160
Stone, Christopher, 克里斯托弗·斯通, 197 n. 17
Strategic Defense Initiative (SDI), 战略防御计划, 124, 139-40
Strategies for Sustainable Development (USAID, 1994)《可持续发展战略》(美国国际开发署, 1994 年), 114
Strategy for a Livable Environment,《宜居环境战略》, A (HEW, 1967),(美国卫生、教育和福利部, 1967 年), 28
Stratospheric ozone layer treaty,《保护臭氧层维也纳公约》, 130, 136, 142
Studds, Gerry, 格里·斯塔兹, 158
sub-Saharan Africa, 撒哈拉以南的非洲, environmental devastation in, 环境破坏, 114
"substantial deference", "实质性尊重", 39, 185 n. 25
Sunshine Act of 1976 (PL 94-409),《阳光政府法》(第 94-409 号公法, 1976 年), 42
Superfund (Comprehensive Environmental Response Compensation and Liability Act of 1980), 超级基金法 (《综合环境响应补偿与责任法》, 1980 年), 85
Superfund Amendments and Reauthorization Act of 1986,《超级基金修正案和再授权法》(1986 年), 85
Supersonic transport (SST), 超音速运输, 138-39
Sustainable development, 可持续发展, 12, 80, 98, 120-21
Synthesis, 综合, of environmental and economic values, 环境与经济价值观, xv, xix, 32

T

Tiering, 分层, 83, 84, 87, 91
Time (magazine),《时代周刊》(杂志), 64
Tonn, Bruce, 布鲁斯·汤恩, 197 n. 17
Toxic Substances Control Act,《有毒物质控制法》, 85
Trade Representative, U.S., 美国贸易代表, 116
Trail Smelter Arbitration of 1935, 特雷尔冶炼厂仲裁案 (1935 年), 100
Train, Russell E., 拉塞尔·E. 特雷恩, 5, 62, 63
transgenerational equity, 代际公平, protection of, 保护, 12, 14, 32, 167
transnational environmental issues, 跨

国环境问题，international environmental policy，国际环境政策，multinational environmental policy，跨国环境政策

Treaty Banning Nuclear Weapons Tests in the Atmosphere, in Outer Space, and Under Water，《禁止在大气层、外层空间和水下进行核武器试验条约》，(Partial Nuclear Test Ban Treaty, 1963)，(《部分核禁试条约》，1963 年)，139，194 n. 5

Treaty on Principles Governing the Activities of States in the Exploration and Use of Outer Space, Including the Moon and other Celestial Bodies (1967)，《关于各国探索和利用包括月球和其他天体在内的外层空间活动的原则条约》(1967 年)，139，194 n. 5

tropical deforestation，热带森林砍伐，34，102，114

tuna fishing，金枪鱼捕捞，dolphin-free，海豚自由，101，102

Turning Point, The: Science, Society and the Rising Culture，《转折点：科学、社会和崛起的文化》，(Capra, 1984)，(卡普拉，1984 年)，15-16

U

Udall, Morris，莫里斯·尤德尔，162

Udall, Stewart L.，斯图尔特·L. 尤德尔，xi，15，26

Udall Center for Studies in Public Policy，尤德尔公共政策研究中心，University of Arizona (Tucson)，亚利桑那大学（图森），2

Uncertainty，不确定性，in science，科学，56

UNESCO，联合国教科文组织：environmental education programs of，环境教育项目，19，118；Intergovernmental Conference of Experts on the Scientific Basis for Rational Use and Conservation of the Resources of the Biosphere (Paris, 1968)，关于合理使用和保护生物圈资源的科学基础的政府间专家会议（巴黎，1968 年），7，141；Intergovernmental Oceanographic Commission (IOC)，政府间海洋学委员会，132

Union of Concerned Scientists，忧思科学家联盟，xi，20

United Nations，联合国：established，建立，98；Resolution 31/173，第 31/173 号决议，(hazardous chemicals，危险化学品)，115

United Nations Commission on Sustainable Development，联合国可持续发展委员会，108

United Nations Conference on Environment and Development（UNCED, Rio de Janeiro, 1992），联合国环境与发展大会（里约热内卢，1992年），3，4，20，71，99-100，108，113，120，141-42，167-68；Agenda 21，《21世纪议程》，xi，71，108-109，13，114，121，135，143；*Declaration on E-nvironment and Development* (1992)，《环境与发展宣言》（1992年），167-68

United Nations Conference on Marine Pollution and its effects on Living Resources and Fishing (1970)，联合国海洋污染及其对生物资源和渔业的影响会议（1970年），133

United Nations Conference on the Human Environment（UNCHE, Stockholm, 1972），联合国人类环境会议(斯德哥尔摩，1972年)，3，4，20，116，130，141，167；*Declaration on the Human Environment* (1972)，《人类环境宣言》（1972年），167

United Nations Conference on the Living Resources of the Sea (1955)，联合国海洋生物资源会议（1955年），133

United Nations Conferences on the Exploration and Peaceful Uses of Outer Space（1968, 1982），联合国探索与和平利用外层空间会议（1968年和1982年），141

United Nations Conferences on the Law of the Sea（1958-1982），联合国海洋法会议（1958年至1982年），133，141

United Nations *Declaration of Principles* (1972)，联合国《原则宣言》（1972年），167

United Nations Economic Commission for Europe，联合国欧洲经济委员会，62，71，108，117，143，166-67

United Nations Environment Programme（UNEP），联合国环境规划署，108，118，133

United Nations "Environmental Summit +5"（1997），联合国"环境峰会+5"（1997年），142

United Nations Food and Agricultural Organization（FAO），联合国粮食及农业组织，118，133-34

United Nations Framework Convention on Climate Change（1992），《联合国气候变化框架公约》（1992年），125

United Nations High Commissioner for

the Environment (proposed), 联合国环境事务高级专员(提案), 166

United Nations Regional Seas Programme (now Oceans and Coastal Areas, OCA), 联合国区域海洋计划(现为海洋和沿海地区), 133

United Nations Resolution on Protection Against Products Harmful to Health and Environment (1981), 联合国《关于防止对健康和环境有害的产品的决议》(1981年), 168

United Nations World Charter for Nature (1982), 联合国《世界自然宪章》(1982年), 125, 165, 168, 170

United States Agency for International Development (USAID), 美国国际开发署, 114, 118

United States Earth Resources Sensing System (LANDSAT), 美国地球资源遥感系统(陆地卫星), 137

Universe, 宇宙, origins of, 起源, 8

V

Van Ness, William J., 威廉·J.范·内斯, 5, 29, 36, 63, 64

Vogt, William, 威廉·沃格特, 26

W

water pollution, 水污染, 27, 33, 97, 100, 参见 oceans, 海洋

Water Quality Amendments《水质修正案》, 79

Wenner-Gren Foundation, 温纳-格伦基金会, 26

West Germany, 西德, U. S. military bases in, 美国军事基地, 112

Wetland 464 permitting, 第464号湿地许可证, 34

Whaling, Convention on (1946), 《捕鲸公约》(1946年), 134

White House Conference on Natural Beauty (1965), 白宫自然美会议(1965年), 11, 26

Whole environment, 整体环境, 见 biosphere, 生物圈, defined, 定义; environment, 环境; global environment, 全球环境, interconnectivity (interactivity) of, 互联性(互相作用)

Wider Caribbean Regional program, 泛加勒比地区计划, 133

Wild and Scenic Rivers Act, 《野生和风景河流法》, 86

Wilderness Act of 1964,《荒野法》(1964年), 86, 149

Wilderness Society, 荒野协会, 157

World Bank, 世界银行, 100, 118

World Charter for Nature (1982),《世界自然宪章》(1982年), 125,

165, 168, 170
World Conservation Strategy,《世界自然保护战略》, 20
World conservation Union (IUCN), 世界自然保护联盟, 20, 118
World Meteorological Organization (WMO), 世界气象组织, 132, 135
World Resources Institute, 世界资源研究所, 118
World Scientists' Warning to Humanity (Union of Concerned Scientists, 1993),《世界科学家对人类的警告》(忧思科学家联盟, 1993年) xi, 20, 162

World Trade Organization, 世界贸易组织, 101, 120
World Wide Web, 万维网, 117
World Wildlife Fund for Nature, 世界野生动物基金会, 10, 157
Worldwatch, 世界时间, 118
Wright, Quincy, 昆西·赖特, 168
Wright, Skelly, 斯凯利·赖特, 32, 186 n. 37

Y

Yost, Nicholas C., 尼古拉斯·C.约斯特, 98